仙台市若林区：海岸近く（　　　　　　　　　　　　　　　）

仙台市若林区：津波被害、水田と民家（2011/9/3）

南三陸町：平成の森仮設住宅（2014/11/9）

南三陸町：防災庁舎（2015/5/21）

富岡町：津波により破壊された富岡駅（2016/4/5）

女川町：整備された商店街（シーパルピア女川）（2017/9/9）

陸前高田市：奇跡の一本松（2017/9/9）

仙台市：東日本大震災慰霊之塔（2017/9/8）

政策と災害

あの日、政策は命を救えたのか

栗田 昌之

目　次

図　　表

資　　料

はじめに

　「震度6弱の地震を観測しました。津波が予想されますので、ただち
に高台へ避難してください」「水門・陸門操作員、消防団員は、ただちに
水門、陸門を閉鎖してください」[1]これは東日本大震災発災時、宮城県南
三陸町の防災行政無線から聞こえてきた女性職員の声である。南三陸町
危機管理課の職員であった彼女は、災害発生直後から町民に向け冷静な
口調で呼びかけていた。大津波警報が発令された後は「大津波警報が発
令されました。最大6メートルが予想されますので、急いで高台へ避難
してください」と呼びかけている。
　2011（平成23）年3月11日14時46分、気象庁は地震の検知から8.6
秒後に「宮城県、岩手県、福島県、秋田県および山形県で強い揺れが予
想される」旨の緊急地震速報（警報）を発表した。14時49分には宮城県
沿岸には6m、岩手県と福島県沿岸には3mの津波を予想し、宮城県、岩
手県、福島県に対して津波警報（大津波）を発表し、あわせて北海道か
ら九州にかけての太平洋沿岸と小笠原諸島に津波警報（津波）と津波注
意報を発表した。さらに地震発生28分後の15時14分には、津波の予想
を、宮城沿岸は10m以上、福島岩手沿岸は6m、千葉茨城沿岸は4m、
青森沿岸は3mと変更した。[2]その後も順次、津波警報・注意報の続報を
発表し、その対象地域を拡大し、翌3月12日3時20分には日本の全て
の沿岸に対して津波警報または注意報が発表された。[3]
　防災庁舎からの呼びかけは続く。「ただいま、海面に変化が見られます」
「ただいま津波が来襲しています」と落ち着いた口調で警告を発してい
た。その後やや上ずった口調で「10メートル以上の津波が押し寄せてい
ます。高台へ避難してください」「ただいま、宮城県内に10メートル以
上の津波が……」と呼びかけた後「ピー」という機械音を最後に記録は
途絶えている。[4]
　平穏な生活を送ることは、全ての人々にとって共通の願いである。こ

の世に生を受けた新生児から長く人生を過ごしてきた高齢者まで、戦争や災害にあわず、穏やかな生活を送ることは、人類共通の願いであり課題であり、また社会や国家、政府の責務である。人類の歴史は平穏な生活を脅かす「危機」との闘いであった。それ故、危機管理の分野は多くの人々にとって関心事の一つである。

　個人でも社会でも様々な「危機」のなかで暮らしている。特にひとたび大規模な災害が発生すれば、自分たちが築き上げてきた生活、財産が根こそぎ破壊され、時に生命までも奪われる。我が国は太古より災害と闘い、その経験の中で災害への様々な知恵を蓄積し防災のための仕組みを築いてきた。災害や防災についての口伝伝承は各地に残され[5]、また例えば、土木の分野でも防風林や防砂林、火災の延焼防止あるいは消火用の水を確保するための水路が古くから整備されている。さらに理論の蓄積という意味では、現在の地震学会の前身で世界初の地震学会[6]であるといわれる日本地震学会は1880（明治13）年という早い時期に横浜での地震をきっかけに設立されており、その後も危機管理、防災関係の学術団体や研究機関が多く設立されている。

　しかし、自然災害は次々に発生し、時に阪神淡路大震災や東日本大震災などの大規模災害が我々を襲い人々の財産や人命が失われている。これら災害が起きるたびに「政府、政治家は何をしていたのだ」「行政はもっと対策をすべきだったのではないか」との声を聞くことが少なくない。災害への対処では自助、共助が重要であることは間違いない。阪神淡路大震災では自分自身はもちろん、近くにいる人々によって瓦礫の下などから救い出された被災者の数が、消防や警察あるいは自衛隊などにより救い出された数を大幅に上回っている。それでも大規模災害では公助による対応が不可欠である。

　冒頭の自治体職員をはじめ多くの人々が与えられた職責を果たし、あの災害に立ち向かった。この「現場」における懸命な活動を後押しするものは何か、あるいは阻害するものは何か。被災した人々にはその数だけの物語があり悲しみがある。日本列島に住む限り、大規模な自然災害

は避けられない。ときに突きつけられる苛酷な現実、あるいは想定される厳しい事態に対して、政府・行政には何が出来るのか、何をしなければならないのだろうか。そしてそれは効果的な仕組みになっているのだろうか。本書における研究はこの問題意識から始まっている。

　本書は、近年注目されている危機管理の領域の政策をあえて「危機管理政策」とし、その主要な政策である「防災政策」に着目し、特に大規模災害に対処する政府・行政の仕組みを整理し、この領域特有の構造を明らかにすることを目的としている。平成21年3月11日、我が国の政府・行政は東日本大震災にどのように対峙したのか、そして「政策」は大規模災害に対してどのような準備をしていたのだろうか。

　ところで、この領域の研究では、自分が「課題」だと思い研究に着手し始めると、その課題は既に改善されつつあるということがよくある。一研究者が着目する課題は他の人々も課題だと認識しているだろうし、ましてや防災政策の決定にかかわる行政官、あるいは政治家がそれを見過ごすことはない"はず"だ。しかし、阪神大震災でも、東日本大震災でも、あるいはそれ以外の災害でも課題は改善されたはずなのに、多くの被害を生じさせ、絶望の中、人々は涙し、再び様々な課題が浮き彫りになる。この繰り返される悲劇の要因は一体何なのであろうか。

　政府・行政による大規模災害への対策は"政策"によって具体化される。本書ではこの悲しみが繰り返される構造について、政府・行政による対処、すなわち公助の分野に焦点をあて公共政策学の観点から考察している。

　2011年3月、東京では計画停電が実施された。いつもならライトアップされる桜も月光にて照らされていた。夜桜見物の人出もなく、重苦しい空気に覆われていた。その後、久しぶりに営業を再開した洋菓子店のショーケースには、まだ3種類のケーキが並ぶだけだったが、それでもガラスに顔を近づけ、嬉しそうにケーキを選ぶ子供やベビーカーを押しながらケーキを選ぶ女性の姿は、重苦しい空気を和らげてくれた。

　本書は、私自身の東日本大震災の絶望感や無力感の中で、政策と災害の関係の整理、そして"あの日"政府、行政はどのように災害に立ち向かったのかを整理したいと始めた研究が出発点になっている。

　講義で震災の話をすると、阪神淡路大震災はもちろん、東日本大震災ですら、すでに遠い昔の出来事と記憶している学生が少なくない。そのような現実を知ったことは書籍化の一つの動機となった。災害は風化する。しかしその一方で学生達の防災政策に対する関心は決して低くはなく、研究テーマにしたいという学生も多い。本書がこの分野に関心のある方々、特に次の世代を担う若者たちの学習や研究の一助になることを願っている。

---

1 遠藤美恵子（2014）『虹の向こうの未希へ』文藝春秋、p.12。
2 気象庁「東北地方太平洋沖地震への気象庁の対応について（報告）」気象業務の評価に関する懇談会平成23年5月31日 pp.8-9。
3 気象庁HP
https://www.jma.go.jp/jma/kishou/books/saigaiji/saigaiji_201101/saigaiji_201101.html。
4 遠藤美恵子（2014）『虹の向こうの未希へ』文藝春秋、pp.14-15。
5 総務省消防庁HP　http://www.fdma.go.jp/html/life/saigai_densyo/
　「井戸水が引けば、津波が来る」（岩手県普代村）等々。
6 http://www.zisin.jp/modules/pico/?cat_id=326　日本地震学会HPより。

序　政策とシステム

　政府・行政による危機管理の領域は年々その範囲を広げている。政府・行政が対応せねばならない危機の中でも中心的な分野である自然災害への対応は重要である。国民や住民など人々が危機にさらされる災害等の脅威に対し、それが起こった後はもちろん、起こるかもしれないという段階で、政府・行政は何ができ、何ができないのか。自然災害を含む危機管理分野の政策、危機管理政策に限界があるとすればどのようなもので、どのような要因によるものであるのだろうか。

　現在想定されている次の大災害に対して、その解明は重要である。もちろん、このような問いかけに対しては既に多くの分析がなされ、多くの知見、多くの意見がある。防災や自然災害に関する研究では土木、建築関係の領域に多く、土木学会などは被災地への調査や災害後の提言[1]など積極的に活動している。また災害負傷者等に対する対応を第一線で行う医療分野の研究も多い。公共政策学の分野でも、事例研究を中心に興味深い先行研究[2]を数多く[3]みることができる。しかし大規模災害への政府・行政全体としての対処に焦点を当てた研究は少ない。

　危機事態、大規模災害等が発生した場合、政府・行政はそれに対し被害を低減させるために持てる能力で最大限対応することが期待されている。東日本大震災でも、連日のように被災地域での消防や警察、あるいは自衛隊や海上保安庁による人命救助等の活動が報道された。もちろん災害に対処するのはこれら組織だけではない。政府では官邸や各省庁が対応にあたり、自治体では災害対策本部を中心に対応にあたる。これらの活動は「システム」として捉えることができる。そしてこの「システム」は、災害発生時以前の「政策」によって形成されたものである。

　本書は政府による危機管理領域の政策（以下：危機管理政策）のうち、防災政策、特に政府全体で対応せねばならないような大規模災害への対応の仕組みや体制、運用を整理し、防災政策を含めた危機管理政策でみ

られる特徴的な「限界」についての考察を試みている。

　災害への対処は自助・共助・公助が重要だと言われる。しかし例えば阪神淡路大震災や東日本大震災などのような大規模な災害が発生したとき、自助・共助だけではその対応、特に命を守る事が難しい状況が生じる。ましてや東日本大震災での福島第一原発の事故災害などには個人での対応は不可能である。このような場合、自助・共助の重要性を十分認識しつつも、政府・行政の様々な対処の仕組み、本書ではそれを「大規模災害対処システム」として捉えるが、その公助の仕組みが国民の生命財産を守る最後の砦として機能しなければならない。この公助の仕組みは危機管理政策、防災政策の結果作りだされたものであり、それは常に有効に機能することを期待されている。

　阪神淡路大震災や東日本大震災級の災害に対処するには、例えば消防組織など単体の組織だけでは不十分であり、それらの組織を越え政府・行政、あるいは中央、自治体問わずあらゆるリソースを総動員して対処する必要がある。したがって、その分析には個別の組織のみならず、それらの各組織の行動を規定する法律等も横断的に考察する必要がある。そこで本書ではこの政府・行政が大規模災害に対応するために備えるシステム全体を「大規模災害対処システム」とした。

　多くの人は、特に大災害に遭遇した人々は、その「システム」は常に有効なものではなかったのではないか、もっとこうしておけばよかったのではないかと振り返る。日本的な何かの問題があるのではないかとも考える人もいる。しかしこれは日本に限ったことではない。例えば、テキサス大学で公共管理、公共政策を担当するドナルド F.ケトルは、*THE NEXT GOVERNMENTO OF THE UNITED STATES* の中で、死者約 1200 名、物的損害は 23 兆円にも上ったというハリケーン・カトリーナ[4]の事例を引いて "many of the most important problem we face simply do not match the institutions we have created to govern them." すなわち「我々が直面する重要な問題は、多くの場合、これまで作り上げてきた統治する（管理運営する）仕組みとミスマッチを起こしている」（筆者意訳）と述べている。

もし失敗があるとすれば、それが、組織に起因することなのか、リーダーたちの力不足からなのか、それともほかに要因があるのだろうか。

　本書では政府・行政により準備されている災害に対処するシステム、特に大規模災害を念頭にした「大規模災害対処システム」をその機能的な側面から観察し、それに対し政府・行政が行ってきた政策を中心に、法律やそれに基づく予算、防災計画など、いわばシステム全体を統制する仕組みとして把握できるものと、発災に際して実際に救助活動など、実動する組織を中心とした仕組に分けて整理している。前者を「統制システム」後者を「実動システム」とし整理し考察している。なおその考察対象期間は、人命救助に重要だと言われるのちに見る防災サイクルでいう「災害応急対応期」を中心にしている。大災害の発生時には、行政が持つ資源をいかに分配し運用するかが重要になる。東日本大震災発生時「実動システム」の最前線にいた一人[5]は、発災後「初めの一週間の行動が最も重要だ」と話してくれた。

　太古から自然災害の多い我が国では経験的に災害の対処に限界があることを知っている。例えば津波に襲われた地域ではその教訓を後世に残そうと石碑が立てられ、あるいは啓蒙の為、鯰絵などの「災害錦絵」が描かれている。民間信仰でもあり既に生活の中で災害と共存している姿さえも確認できる。現代でも災害が発生するたびにその対処の限界が露呈する。この限界の存在自体も克服すべき課題であることは間違いないが、本書で着目するのは、その政策上の限界である。政府・行政の存在意義、役割については様々な意見、様々な側面があるが「国民の生命と財産を守ること」が大きな役割であることにほぼ異論はなかろう。そのための手段、いわば意志の発露として様々な政策が策定される。危機管理政策はこの目的に対して政策がもっとも直結した領域である。例えば災害への対応に関する基本法として災害対策基本法が定められているが、その第1条は「国土並びに国民の生命、身体及び財産を災害から保護するため、防災に関し、基本理念を定め、国、地方公共団体及びその他の公共機関を通じて必要な体制を確立し、責任の所在を明確にすると

ともに、防災計画の作成、災害予防、災害応急対策、災害復旧及び防災に関する財政金融措置その他必要な災害対策の基本を定めることにより、総合的かつ計画的な防災行政の整備及び推進を図り、もつて社会の秩序の維持と公共の福祉の確保に資すること」が同法の目的だと定めている。いわゆる防災法は、この災害対策基本法を中心に、災害に対して個別の法律や施策が準備されている。また本書でいうところの実動システムに関してみれば、消防組織、警察、自衛隊、海上保安庁、国土交通省、厚生労働省など、災害に対処し実動する各組織に対しても、様々な法律や施策が準備されている。

　結局のところ、ある災害が発生した場合、基本的にはその時点で準備されているシステムで対応するほかない。災害の様相にもよるが、応急対応期、災害の状況を見ながら新しい政策を立案し、それを実施までもっていく余力はあまりない。「想定外」は、元々の想定、計画の中に「想定外」を織り込むか、災害現場で都度応用し対処する他ない。前者にしても「想定外」の正確な「想定」は極めて困難であるし、仮にできたとしても、コストなどその他の要因とぶつかるか、絵に描いた餅になるかもしれない。後者は、災害対処ではよくみられることだが、それはあくまで現場での局所的な対応や、ある組織内のみでの工夫といったレベルにとどまり、政府・行政の全般的な活動に影響を及ぼすには少なくとも発災の最中、対処の最中には難しい。

　危機管理政策の立案に際しては、多くの場合、現に課題となっている問題への対処と言うよりも過去の経験による想像上の事象に対する政策であるということを大きな特徴とする。さらに、阪神淡路大震災や東日本大震災などのようなあらゆる全勢力を投入しなければならないような災害の場合、それ自体を対象とした単体の実動組織は存在せず、活動できるいくつかの組織を横断的に運用しなくてはならない。通常時、災害対処を主たる任務とする消防の他、警察、自衛隊、海上保安庁など組織的に活動できるよう訓練されており、かつ装備が災害対処に利用できる

組織が対処するほかないのである。

　我々が経験的に知っている、災害対処の限界は、例えば情報収集の混乱や救助活動の遅れなど、主として「実動システム」の諸活動を通して感じることが多いが、同時に、実はこの「統制システム」により形作られている制限が大きく影響しているのである。本書ではこの構造に着目している。

　ところで、諸外国の「システム」はどうなっているのだろうか。各国とも我が国同様、組織横断的な対応を迫られる災害等に対しては様々な仕組みを準備している。アメリカでは災害対処は州が行うが、州での対応が困難な大規模災害等発生時には、州知事より大統領に大規模災害宣言（又は緊急事態宣言）の発令を要請し、宣言発令後はFEMA[6]（Federal Emergency Management Agency 連邦危機管理庁）を中心に応急の対処が行われる。この際の基盤となる規定がスタフォード法（Stafford Disaster Relief and Emergency Assistance Act）である。[7]アメリカでは、災害対策の支援計画、「国家対応計画（NRP）」が定められており、その中で交通支援や被災者対応、治安など 15 の緊急支援機能（Emergency Support Function:ESF）を各機関に割り当て担当する。[8]イギリスでは 2001 年に内閣府に設置された CCS（Civil Contingencies Secretariat:民間緊急事態事務局）が災害発生時に対処方針を検討する。緊急事態ごとに定められた主幹省庁（LGD : Lead Government Department）を中心に、複数の省庁が連携し緊急事態対応に当たる。ドイツでは、災害対応は州の担当だが、その対処能力を超えた場合や複数州にまたがる災害の場合内務省が省庁間の調整をおこなう。政府の機関としては BBK[9](Federal Office of Civil Protection and Disaster Assistance:連邦民事防災局）が担当している。フランスでは内務省（担当：Directorate of Civil Defence and Security）が、韓国では安全行政部が、台湾では行政院（災害予防・対策室）が中心となり対処する。これらの仕組みをみると、中心となる部署、機関は設置されているが、大規模災害発生時にはいずれも各省庁等の「調整」の役目が中心であることがわかる。大規模災害がその頻度に於いて非日常であ

る事から、多くの国では大規模災害対応に特化した常設の「システム」を構築していない。それ故、災害発生時にいかに迅速に効果的な対応システムが構築できるかが非常に重要なポイントになってくる。

　尚、本書で取り上げる法令や組織編成等は別段の断りがない限り 2011 年のものを参照している。

1 「東日本大震災後における津波対策に関する現状認識と今後の課題」平成 26 年 9 月 26 日。
2 防災政策をシステムとして捉え考察した風間規男「日本の防災政策~政策ネットワークの失敗構造」『日本公共政策学会年報 1998』（1998.6）などから青山貴洋「災害時初期段階の良好な避難所運営をめぐる地域力と共助組織に関する論考」（『法政大学公共政策志林』2018）など個別状況に対する考察、あるいは復興についての分析など多岐にわたる。また『公共政策研究』第 11 号（2011 年 12 月）では、東日本大震災直後「大震災と政策研究」の小特集が組まれた。
3 今井照（2011）「東日本大震災と自治体政策:原発災害への対応を中心に（小特集 大震災と政策研究）」『公共政策研究』（11）PP.23-31、永松伸吾（2011）「市場メカニズムとポスト 3.11 の減災政策（小特集 大震災と政策研究）」『公共政策研究』（11）pp.48-57、沖田陽介（2009）「JDR と PKO.「災害」は分けることができるのか?」『年報公共政策学』（3）pp.59-74、等。
4 2005/8　アメリカ合衆国南東部を襲った大型ハリケーン。榊原均・中澤哲夫・高野洋雄（2006）「ハリケーン・カトリーナについて」日本気象学会『天気』2006/1　pp.49-59。
5 空自将官。航空自衛隊松島基地にて。2011/9。
6 https://www.fema.gov/。
7 内閣防災 HP 資料「各国の危機管理組織の概要」を参照。
http://www.bousai.go.jp/kaigirep/kaigou/1/pdf/sankou_siryou3.pdf
スタフォード法は「連邦政府が、災害により発生した損害等を軽減する責任を果たすために、州および地方自治体に対して、秩序ある継続的な援助を提供すること」を目的としている。
8 長尾一郎（2017）「米国における応急対応の標準化」『消防防災の科学』消防防災科学センター、No.127(2017 冬号)、pp.35-38。
9 https://www.bbk.bund.de/。

1　政策と危機管理

　政策（policy）とは、平易に言えば「何らかの課題や問題の解決手法」
であり、その範囲は個人の日々の問題解決から、政府等の国家的課題へ
の対処まで実に様々である。足立（2009:3）によれば、これら政策の範疇
は広範囲、多種多様であるが、それらの課題の中から個人的に対処する
ほかない「純然たる私的関心事」や「特定の営利あるいは非営利団体の
構成員にとっては紛れもない共通の関心事ではあるが、その対処を当該
団体に委ねても特に重大な社会的不都合が生じない問題」を除く課題を
「公共問題」（public affairs）と位置づけ、それが政治や行政の扱う問題、
課題であるという。

　本書でも単に「政策」というときはこの考えに従う。危機管理の領域
で例えば防犯を考える場合、自宅の施錠については私的な問題であり対
象にしないが、地域の高い犯罪率は「公共問題」であり、それを低下さ
せる数々の手法は「政策」である。防災政策でいえば、家族内での発災
時の行動やその課題は対象ではないが、避難場所や避難所の整備はまさ
に政策そのものである。

　政策が最も明確に表れるのが法令である。松下（1993:197）は「政策
が、各政府レベルでの公共政策、つまり「政府政策」となるには、⑴基
本法手続きによる政治単位間の相互調整⑵公文書ないし法文としての文
章化による制度決定が必要となる。文章として政策の内容が確定されな
ければ、賛成・反対も決められない。政策は、公文書あるいは法文とし
て文章化され、基本法手続による公共の同意をかちとってはじめて、政
府政策となる。」[1]と述べている。その可否が判断できる法律案になって
初めて政府政策になるのだという。そして議会で審議、採決ののち法令
が制定されるが、我が国の防災法制の中心は災害対策基本法である。災
害対策基本法は我が国の防災政策の「理念」をも示している。その「理
念」の下、災害に対応するための様々な制度や組織が準備されている。

そしてそれは、大規模災害などが起きるたびに更新されている。この制度や組織のありようを観察すると、ある種の「意思」あるいはそこから推測される「理念」が見え、その特徴が浮き彫りになる。

　大規模災害が起きるたびに聞かれる「危機管理」という用語や概念が出現する以前から、危機への対処は人々の、あるいはそこで社会を形成している構成員の最大の関心事であった。古くから人間は意識するとしないに関わらず、助け合い共同して生活を営んでいた。日々の生活はもちろん、いざ天変地異などの危機に際しては、より結束して対抗した。古典の世界を見ても多くの「危機」、その中でも「災害」が描かれている。例えば、『方丈記』[2]では1185年7月9日に起こった「文治地震」について、「土砂崩れ」「地割れ」「津波」「液状化」「建物倒壊」が起こったと描かれ、一日に20〜30回も余震が起こり、3か月続いたとも記されている。同じく『平家物語』でも「この度の地震は、これより後もあるべしとも覚えざりけり、平家の怨霊にて、世のうすべきよし申あへり」と書かれている。それらの文献からも古くから我が国の生活と地震などの災害が切っても切れないことをうかがい知ることができる。[3]

1.1　危機管理と防災政策

　次に危機管理と防災政策の関係について整理する。我が国では対処しなければならない「危機」の中でも、その地理的要因などから自然災害の発生が多く、それにより人命が失われるケースも少なくない。

　「危機管理」という用語は阪神淡路大震災以降、多用され始め、今では広く一般用語として使われるようになっている。一般用語としても学術用語としても、あるいは行政用語としても、使う人により、使う場面によりその示す内容は様々であり、いまだ統一されていない。特に冷戦崩壊以降、外交安全保障など伝統的な意味での危機管理の概念が拡大し、災害への対処もそこに含めるようになる。危機管理の対象となる事案は多種多様であるが、本書では、防災政策を危機管理、危機管理政策の中

心をなす領域であると考え考察を進める。

1.1.1　危機管理とは

今日、我が国ではすでに「危機管理」という用語は日常用語としてもごく自然に用いられるようになっている。[4]それが示す内容は様々で、意味するところの幅は極めて広く使われている。国家の安全保障上の問題から、会社など組織の対外的なリスク対策、個人の生活上の懸念される問題などについても特に意識することなく日常的に使われる。そこで、これまでの危機管理研究の成果を概観し、危機管理の概念の整理をおこなう。[5]

一口に「危機管理」といっても漠然としたイメージは浮かぶが、いざ具体的に考えようとすると、そもそも「何を管理するのか」「何に対処するのか」「何から何を守るのか」あるいは「どのような状況を防止する事なのか」等々、実に捉えどころのない概念であることがわかる。広辞苑（第四版）によると「危機管理」は「事態が破局と収拾との分岐点にあるとき、安定・収拾の方へ対応策を操作すること。経済危機や平和の危機などに際して行われる」と説明されている。

クライシスマネージメントやリスク管理、あるいはリスクマネジメントなど類似の概念も多く区別が難しい。もっとも、それらを厳密に定義し区別して使用しているとは言い難い。「危機」について広辞苑（第四版）では「大変なことになるかも知れない危うい時や場合。危険な状態」と説明されているが、「危機」と捉えられる事象は時代や社会の情勢などによって様々に変化する。このように「危機管理」および「危機」の概念は非常に多義的に捉えられ用いられており、統一した概念を導き出そうとしてもなかなか難しい。本書での考察の土台を統一するために、特に政府・行政の対象とする危機に関して、これまでの危機管理研究、あるいは行政の実務からの教訓等を参考に「危機」および「危機管理」の概念の整理、危機の分類を試みたいと思う。

図表1　危機の分類Ⅰ

種類	例示
自然災害（Disaster）	水害、地震、噴火、落雷
事故（Accident）	爆発、停電、交通事故
事件（Incident）	人質、脅迫、不祥事
感染症（Virus）	鳥インフルエンザ
テロ（Terrorism）	爆破、誘拐、暴行
戦争（War）	戦争

※中邨章・市川宏雄（2014）「危機管理学」第一法規.p9 をもとに
筆者作成

　政治学、行政学の分野から危機管理研究を行っている中邨は、危機を
①自然災害②事故③事件④感染症⑤テロ⑥戦争と分類し整理している。
【図表1】「個人の生活においてもさまざまな危機が生じるが、ここでは
そのような危機は危機管理学の対象としては扱わない。扱うのはあくま
で社会にとっての危機である」（中邨，市川，2014：9）と述べ、この危
機の分類については「これらの事象に共通するのは、いったんこれらの
事象が生ずると、政府・自治体・会社その他、組織の性質を問わず、組
織の運営が平常時とは大いに異なること」（中邨，市川，2014：9.10）と
し、被危機主体としては社会と限定し対応が平常時と異なる点に着目し
分類定義している。社会の秩序を破壊、混乱させる危機、いわば社会的
危機の一般的な認識ではないだろうか。これら社会的危機の多くは、政
府・行政が前面に立ち迎え撃たなければならない危機である。

　元東京都副知事の青山は自治行政の視点から危機を発生原因に着目し
①外的要因②内的要因③内外の複合要因に分け、さらにそれを人為的危
機と非人為的危機および両者の複合要因に分け例示した。この分類は「そ
の防止・回避対策を立案するため及び原因がソフトにあるのかハードに
あるのかの判断をするため、発生原因の所在、人為性・非人為性の区別
という2つの要素が重要である」（青山，2002：11.12）との観点から行っ

たと述べている。本書で中心的に扱う大規模自然災害は発生においては
非人為的であるが、被害の拡大や低減に人為的な要素が大きくかかわっ
てくる。【図表2】

図表 2　危機の分類Ⅱ（発生要因による分類）

要因の種類	例　示
外的要因	人為的な（意図的な）危機 ： 偽造、産業スパイ、恐喝
	非人為的危機（不可抗力） ： 地震、豪雨、冷害
	両者の複合要因 ： ガス爆発、原子力災害
内的要因	人為的な危機 ： 不良製品、業務上横領
	非人為的な危機 ： 失火
	両者の複合要因 ： 工事現場での死亡事故
内外複合要因	内外の人為的な複合要因 ： 債務不履行、業務事故
戦争（War）	人為的・非人為的な複合要因 ： 不良債権

※青山佾(2002)「自治体職員のための危機管理読本」都政新報社.pp12-13
を元に筆者作成

　さらに青山は具体的な「回避対策の立案」を念頭におき実務者ならで
はの分類として、まず「危機」を網羅的に捉え、その後に「国・自治体
として対処すべき危機」との観点で以下のように「危機」の絞り込みと
分類を行っている。（青山，2002：22.25）
　①国家完全保障上の有事等（外国勢力による直接侵略や間接侵略・サ
イバー攻撃等）②大規模自然災害（大規模地震・火山噴火・津波・集中
豪雨・河川氾濫・大規模山崩れ等）③重大事故（化学プラント爆発・コ
ンビナート火災・原子力事故・航空機事故等）④重大事件（テロ・ハイ
ジャック等）と分類している。【図表3】

図表3　危機の分類Ⅲ（国・自治体が対処すべき危機）

分類	例　示
自然災害	地震、火山噴火、台風、大雨、崖崩れ
大事故	火災、飛行機、船舶、電車、自動車、工場
都市設備の事故	電気、ガス、水道、電話などのライフラインや遊園地等施設
食品衛生	食中毒、O157、鳥インフルエンザ、BSE、違法薬品販売
犯罪	凶悪事件、頻発事件、少年犯罪、DV
テロ	NBC、暗殺、爆弾
戦争	着上陸侵攻、ミサイル着弾
不祥事	汚職、職員の犯罪、情報流出、コンプライアンス

※青山佾(2002)「自治体職員のための危機管理読本」都政新報社 pp.21-25 を元に筆者作成

　もちろん行政があらゆる危機に対処することはできないし、する必要もない。しかし、個人の力ではどうすることもできない危機に襲われたときの対応こそ、その存在意義が問われる。大規模災害への対応も自助・共助が重要であるとはいえ、その対応能力を超えたとき、国民、住民を救えるのは国や自治体などである。危機対処に関し行政は"最後の砦"となる。

　次にやや視点は異なるが、安全工学の観点から危機の想定を出発点に、

図表4　危機の分類Ⅳ　対応主体（国）による分類例

分類	代表的な事態
自然災害	大規模地震、火山噴火、集中豪雨等
重大事故	原子力事故、石油・有害物質の流出、ライフラインの事故、輸送機関の事故等
重大事件	無差別大量殺傷、大規模破壊工作、ハイジャック等
情報危機	大規模システム停止、国家機密漏洩等
生物危機	人類の伝染病蔓延、作物・家畜の伝染病等
経済危機	金融危機、石油危機、食料危機等
海外危機	戦争・紛争の勃発。邦人誘拐・テロ、大量難民の到着、近隣諸国での大規模災害等
その他	わが国への直接侵略等

※佐藤洋(2004)「安全工学」Vol.43 No5.p.292 を元に筆者作成

それへの対応の様々な機能を統合したシステムとして構築しようとする
試みの中で、佐藤は危機を対応主体に着目し「国家レベル」か「企業レ
ベル」かに大きく二つに分け捉えた。国レベルの危機として①自然災害
②重大事故③重大事件④情報危機⑤生物危機⑥経済危機⑦海外危機⑧そ
の他とに分類している。【図表4】

　同じく企業レベルの危機として①自然災害②事故③社員被害④商品⑤
サービス⑥その他に分類整理している。（佐藤，2004：291.292）【図表5】

　経済活動のグローバル化に伴い、企業も従来のような対応では危機に

図表5　危機の分類Ⅴ　対応主体（企業）による分類例

分類	代表的な事態
自然災害	地震、落雷、水害等
事故	火災、爆発、環境汚染、設備事故、情報システム停止等
社員被害	労働災害、誘拐・テロ等
商品	ＰＬ問題、大規模クレ.ム、製品タンバリング（意図的ないたずら）等
その他	社員不祥事、セクシャルハラスメント等

※佐藤洋(2004)「安全工学」Vol.43 No5.p.292 を元に筆者作成

対処できなくなる事案が見られるようになってきた。対応主体が企業と
分類されていたとしても、今後は政府・行政など関係各機関との共同で
対処せねばならない事案[6]の増加も予想される。危機管理はその主体にか
かわらず横断的に取り組まなければならない。

　ここまで、危機管理研究等の成果から、特に国家や行政の観点から危
機管理で言うところの「危機」の定義について、いくつかの分類を見て
きた。危機が多様である事から一口に危機管理と言っても、例えば伝統
的な国家安全保障上の危機管理のようないわばマクロ的な危機管理か
ら、製造現場などにおける品質管理上の危機管理、行政組織内での情報
保全、あるいは医療現場などにおけるヒヤリハットの防止などいわばミ
クロ的な危機管理など様々である。これら様々な危機および危機管理の

中で、本書が対象にしているのは、大規模自然災害を中心に、基本的には政府・行政以外の主体では対処できない「危機」である。加藤（1999：18）は行政が目指すべき危機管理に関して「危機とは、獲得した価値に対する損害の高い蓋然性である」とし「危機管理は、獲得した価値に対する損害の高い蓋然性を低くする方策」であると述べている。

　なお「危機管理」について現在、政府の一応の定義は内閣危機管理監に関する条項である内閣法第15条での定義、すなわち「国民の生命、身体又は財産に重大な被害が生じ、又は生じるおそれがある緊急の事態への対処及び当該事態の発生の防止」[7]とされている。

1.1.2　危機管理と防災政策

　ここまでの「危機」および「危機管理」の概念について一応の整理を前提に「危機管理」の概念の変化や拡大について時系列的な整理を試みたいと思う。もともと危機管理の概念は国家安全保障の分野で発展してきた。危機管理という概念が日本で知られたきっかけだと言われているのは「1962年、当時のアメリカ大統領ケネディがキューバ危機に対処したとき」（中邨，市川，2014：27）である。当時の米ソ両国による危機（核戦争）の回避、特に当時のホワイトハウスの対応が我が国に紹介されたのが危機管理を認知した初めだという。この段階ではまだ「危機管理は国家的危機に対する国家首脳の対処」（中邨，市川，2014：27）の問題であった。

　政治分野、我が国の国会で初めて「危機管理」という言葉が取り上げられたのは、災害対策基本法関連の審議の過程、1978（昭和53）年4月21日衆議院災害対策特別委員会である。当時の日本社会党の岩垂寿喜男が、防衛研究所第5研究室長桃井真による「日本の戦略　日本にとっての軍備コントロールと危機管理」[8]を引用した質疑の中で「これは災害が起きてからの出動でございますけれども、それを見ても、指揮、連絡のための指揮通信網の確保、交通統制の警察支援、民生安定、流言飛語などによ

る混乱防止のための情報統制の伝達（中略）私は、言葉が強いかもしれ
ませんけれども、一種の戒厳令的な要素というものを持たざるを得ない。
われわれが常に心配している、つまり防災出動と治安出動との区別はな
かなかむずかしいのではないか。この区別をどう明確にするんだ、そう
いう不安をどうなくすることができるのか、こういうことをやはり心配
せざるを得ない」と発言し、自衛隊の災害派遣についての懸念を当時の
防衛庁に問いただしている。この段階では今の「危機管理」の概念の中
でも、安全保障や軍事の分野での使われ方であった。

　同様に、以降「危機管理」が国会で取り上げられる時は、安全保障や
防衛に関する従来からのいわば「伝統的危機管理」の質疑で取り上げら
れることがほとんどで、その場合も、例えば岩垂の1981（昭和56）年4月
23日衆議院内閣委員会で「全体の危機管理と言われる状況のもとで、国
民の管理といいましょうか、あるいは統制といいましょうか、そして軍
優先といいましょうか、そういうところへ行くとても危険な瀬戸際にあ
ると思うのです」との発言に見られるように、安全保障分野を対象とし
た用語として使われることが多かった。[9]それでも数は少ないが、この頃
からエネルギー、食料問題を取り上げる際に「危機管理」という用語が
見られるようになってきた。[10]

　国会において危機管理の概念が拡大していく様子を質疑における「危
機管理」という用語の登場回数でみると、1995年の阪神大震災後、急激に
増えており、国会において、これを契機に危機管理の概念が拡大あるい
は一般化が起こったことがわかる。【図表6】

図表6　「危機管理」の用語を使った国会での質疑応答数

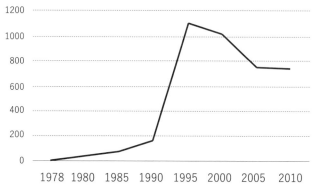

注：縦軸：発言回数　横軸：西暦　※国会議事録より筆者作成

　行政の分野で「危機管理」の概念が持ち込まれたのは1984（昭和59）年の行政管理庁と総理府の一部を除いた組織が母体となり総務庁が7月に発足する過程においてである。総理の中曽根康弘は、新総務庁長官に総理府総務長官の中西一郎を充て、合併吸収で消滅する現行政管理庁長官の後藤田正晴に「危機管理」担当の無任所大臣として留任させる方針を固めていた。彼がこの時「危機管理」として念頭にあったのは、先の大韓航空撃墜事件や、石油危機のような国際的大事件や、地震、風水害等大規模災害が発生した場合、政府が迅速、的確に対処するための仕組みを確立、機動的に運用して、いかに被害を最小限にくいとめるかということであった。すなわち政府、少なくとも中曽根内閣でいうところの危機管理は防衛的側面のみではなく、自然災害、人為的災害等の危機を含めたものであった。

　中央行政の分野で危機管理の概念の変化がもっとも端的に確認できるのが内閣危機管理室の変遷である。それまでは政府における危機管理の中心組織として国防会議事務局を引き継ぐ形で内閣安全保障室が担っていた。しかし阪神大震災や地下鉄サリン事件ののち1998（平成10）年に、「内閣安全保障・危機管理室」と改称され、さらに内閣危機管理監が新

設された。

　内閣危機監理監の職務は「内閣官房長官及び内閣官房副長官を助け、命を受けて第12条第2項第1号から第6号までに掲げる事務のうち危機管理（国民の生命、身体又は財産に重大な被害が生じ、又は生じるおそれがある緊急の事態への対処及び当該事態の発生の防止をいう。第17条第2項第1号において同じ。）に関するもの（国の防衛に関するものを除く。）を統理する。」と規定され、危機管理は「国民の生命、身体又は財産に重大な被害が生じ、又は生じるおそれがある緊急の事態への対処及び当該事態の発生の防止」（内閣法第15条第2項）（下線筆者）と定義された。これを以て行政が担う危機と危機管理の定義が明確になった。

　このように政治や行政の分野で「危機管理」の概念が拡大し認識されてきたが、一般社会においても、浅野や中邨は「危機管理」の用語が広く一般に知れわたり使用されたのは阪神淡路大震災の時であると述べており（浅野, 2010 : 4）（中邨, 市川, 2014 : 28）国会や行政とそして広く一般で「危機管理」の概念が従来のいわば伝統的危機管理の概念を越え捉えられるようになったのは1995（平成7）年であるといえよう。この年に発生した阪神淡路大震災、3月に発生した地下鉄サリン事件は、従来の「危機」の枠を超えた危機として世の中に衝撃を与えた。

　以上見てきたように我が国において「危機管理」は当初、伝統的危機管理、すなわち国家安全保障上の事案に対する概念だったが、次第にその概念が拡大されてきたことが確認できる。

　加藤は1999（平成11）年の日本公共政策学会の年報において「従来、行動科学、歴史学などのアプローチに基づいて危機にはさまざまな定義があった。しかも、その多くは、冷戦という時代を背景に紛争を前提とした、軍事に特化した定義であった」（加藤, 1999 : 1）と述べている。続けて「冷戦が終焉した今日、非軍事分野も含めた新たな危機の定義や概念が必要になった」（加藤, 1999 : 1）とし、従来とは違う危機管理の再定義を提唱した。特に阪神淡路大震災という大規模災害を経たのち「危機管理」の概念や特に政府や行政の対処のあり方は、それまでの危機管

理の概念の再定義を余儀なくされた。また一般社会においても、危機管理はなにも特別な分野の事としてではなく、ごく当たり前に広く使用され広く捉えられるようになった。[11]

　政府や行政による危機管理も、社会が変化し人々の活動が多様化するにつれ益々広がっている。「危機」の領域の拡大とともに、例えば「危機管理学の対象として扱うのは『社会』にとっての危機である」（中邨，市川，2014：9）というように、今日では様々な領域やレベルでの危機が対象となっている。阪神淡路震災の経験などを契機に、政府や行政による危機管理は「伝統的危機管理」の国家安全保障のみならず災害をも当然含むようになった。特に災害の多発する我が国では防災政策が、政府や行政機関にとっても、国民、住民にとっても、危機管理政策の主要な、あるいは注目される分野となっている。

　阪神淡路大震災や東日本大震災などの大規模災害を経験した直後は、防災対策や復興政策へは、被災地の人々はもちろん被災地域以外の人々にとっても大きな関心事となる。他方我が国の防災政策の実態を把握するのは簡単ではない。風間（1999:46）が指摘しているように防災政策は「ほとんど無数ともいえるアクターの錯綜した相互作用によって形成され実施されて」おり、そもそも防災政策を直接的に担うであろうアクターの把握すら容易ではない。一口に防災政策と言っても、例えば発災前の啓蒙活動もあれば、事前の災害対策として、土木建築分野の数々の政策、例えば家屋などの被害を抑えるべく建築行政や道路政策、大規模災害時の負傷者等の受け入れへの施策として、災害拠点病院の整備などの厚生行政、発災時の対応としての消防行政および消防政策、警察、自衛隊等々の対処機関の政策、また復興時の財政支援分野の諸施策や個人への援助等々、あまりに多くのアクターやその行為が対象となる。多くのアクターが関係し、一般的にそれぞれの領域にはそれぞれの政策が作用し形成されている。防災政策という統一した政策として把握することは容易ではない。

1.2　防災政策への視座

　災害などの危機は人々の共通の対処すべき課題、すなわち「公共的な課題」である。政策が公共的な課題を解決することである以上、危機に対処する政策を策定するのは政府、行政の当然の責務である。政府・行政による災害へ対応する政策、つまり防災政策も、基本的には他の様々な政策と同様のプロセスを経て策定される。したがって、まずは政策分析の一般的な手法が活用できる。

　政策過程分析というと、政治学的なアプローチ、例えばアクター同士の政治闘争などを連想する。政策過程研究の役割として早川（2004:8）は「なぜ政策過程なのか？と問われれば、ここに日本の政治（国と地方）のエッセンスが凝縮されているから、と答える」[12]と述べている。また草野（2012:9）は、政策過程分析の今日的な三つの意義として第一は「2009年9月の民意による政権交代」、第二は「2011年3月11日に発生した東日本大震災」そして第三に「政策過程分析を行って初めて具体的に日本の政治を理解できる」と述べている。いずれも、政治の理解に重点を置いた視点からの政策過程分析の意義である。

　他方、森脇（2010:15-16）は「政治過程と政策過程は類似し重複するところも多いが、同一ではない」とし前者はマックス・ウェーバーを引用しながら「ウェーバーは政治を国家内と国家間を問わず支配や権力に関わる現象」と考えていると整理したうえで「この規定に従うならば、権力の獲得をめぐる闘争は政治の最も核心的過程にほかならない」と捉え、自民党政権下での総裁という権力の獲得という政治的過程で総裁候補者の政策が問題になることはなく、それは必ずしも政策をめぐる争いではないことを指摘している。そして政策過程は「かなり技術的・実務的様相を有している。ことに、実施過程においては効率性や実現可能性などが重視され、政治的判断や重大な方針がくだされることは多くない」と述べている。本書においても、原則としてこの考え方に沿って考察を進

める。これから整理する政策（過程）循環モデルで、段階ごとになんらかの政治的作用が影響することが予想されるが、政治の作用による影響ではなく、構造そのものの理解に重点を置き整理をすすめたい。

　防災政策の統一した把握は難しいと前述したが、それは防災政策が対象とする範囲の広さや多様さに一つの要因がある。一口に防災と言っても、防災へ備える段階の事から発災後の復旧・復興までその段階は多岐にわたるし、例えば備えるといっても、建築物などハードの備えなのか、医療体制の備えなのか、あるいは救助体制の備えなのかといったように着目すべき対象は様々である。そこでここではその整理の手がかりとして、政策学や危機管理（学）の分野で従来から一般化されてきたいくつかの代表的なモデルをみながら「政策（段階）モデル」と「危機管理（防災）モデル」を比較し整理したいと思う。例えば、政策モデルでいう「課題認識・課題設定」は危機管理・防災政策に落とし込むと「危機の認識」と言える。危機管理の領域での対象は概ね既に概観整理したような「危機」であるが、その発生を中心にどのように整理するかは、対策を考えるうえでも非常に重要である。

1.2.1　危機管理サイクルと防災サイクル

　ここでは、危機を局面ごとに分類した危機管理サイクルと、災害対応に関して整理した防災サイクルを概観する。これは危機に対して政府・行政がどのように対応しなければならないのか、対応していくのかを考えるうえで重要である。危機の局面の整理、段階的把握は、研究上の観点のみならず、実際に危機や災害に対応する政策や施策を策定、実施する場合、それぞれの局面に応じた有効な準備や対応に役に立つ。前述したように「危機」そのものは多種多様である。例えば災害ひとつとっても発災から収束までのみならず、通常時の啓蒙や準備まで、その対応は多岐にわたる。

　佐々（佐々，1997：1）によれば、危機管理の研究手法は、「①危機の

予測及び予知（情報活動）②危機の防止又は回避③危機対処と拡大防止
（crisis control）④危機の再発防止という各段階に分け、それぞれの段階
で、危機管理の掌にあたるものがなにをなすべきか、を方法論的に検討
する事例研究のかたちで行われている」という。【図表7】

図表7　危機管理サイクル（佐々モデル）

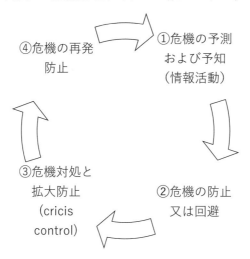

※佐々（1997）「危機管理」を参考に筆者作成

　新治・杉山（2013:33）は、企業活動を想定したリスクマネジメントプ
ロセスから「①リスクの予測及び予知（情報活動）、②リスクの回避と拡
大防止、③事前の不測事態対応計画、④リスク発生時の被害局限、⑤復
旧と復興、⑥リスクの再発防止、⑦人材育成と教育」という7段階に分
け対応することを提唱している。【図表8】

図表8　危機管理サイクル（新治・杉山モデル）

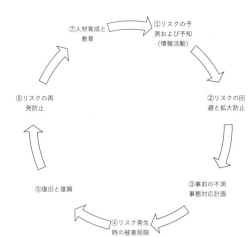

①リスクの予
測および予知
（情報活動）

②リスクの回
避と拡大防止

③事前の不測
事態対応計画

④リスク発生
時の被害局限

⑤復旧と復興

⑥リスクの再
発防止

⑦人材育成と
教育

※新治毅・杉山徹宗（2013）『危機管理入門〜危機にどのよう
に立ち向かうか』鷹書房 pp.33-34 を参考に筆者作成

　「新治・杉山モデル」は細かく段階を区切っているが、佐々同様、出
発点としての情報活動の重要性がうかがえる。これは「最悪の事態を予
知するための組織の情報収集体制と評価方法を策定」「リスク情報を直ち
に組織として評価するシステムを構築する」「予測されるリスクの発生確
率と損害度を評価し、それを予算獲得に反映する」「リスク前兆の評価や
予測法の活用」（2013:34）が大切だと述べている。このプロセスをその
まま防災政策、行政による大規模災害対処へ当てはめるのはいささか違
和感を覚えるかもしれないが、企業におけるリスク対応も政治、行政に
おけるリスク対応も相互に参照できる部分は多い。「情報活動」が基礎に
ある点は佐々と同じである。（佐々，1997：1）

　次に、中邨は「危機管理は、①予防ないし減災②準備③迅速な対応④
修復・復旧などの統制や管理」（新治，杉山，2013：53）と段階化してい
る。【図表9】

図表9　危機管理サイクル（中邨モデル）

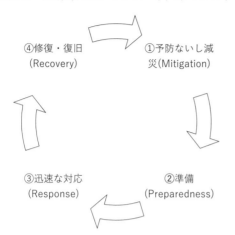

※中邨章・市川宏雄編（2014）『危機管理学～社会運営とガバナンスのこれから』第一法規を参考に筆者作成

中邨は「危機管理の議論においては、『対処』段階に焦点があたり、その他の段階にはあまり関心が寄せられない。しかしながら、研究がおこなわれなければ効果的な対処はできず、予防ができなければ対処段階の作業がより過大なものとなってしまう。そして、非常事態が発生する前から修復に関する準備を行っておかなければ、被災者は長期間にわたって平常の生活に戻れなくなってしまう。危機管理の4段階の活動内容は全てが重要なものであり、対処のみに関心を払ってはいけない事を肝に銘じなくてはならない」（中邨，市川，2014：16）と述べている。

　ここまで、いくつかの防災サイクルモデルについてみてきたが、本書の対象である「応急対応期」については、「危機の対処と拡大防止」（佐々）、「リスク発生時の被害局限」（新治・杉山）、「迅速な対応」（中邨）と整理している。どの整理でもこの段階では、被害の拡大防止、局限化と迅速な対応が求められていることが分かる。一方、我が国の政府・行政では防災政策の基礎として「防災サイクル」[13]すなわち、発災後の段階を災害→「①災害応急対応」→「②復旧・復興」→「③予防・減災」→「④事前準備」という段階に分類把握し、災害（危機）を、この「防災サイクル」に沿って段階的に捉えることを原則としている。【図表10】

政府の防災サイクルでは 4 つの局面に整理しているが、他方で、我が国の防災対策の中心である「防災基本計画」ではその内容を「災害予防」「災害応急対策」「災害復旧・復興」の 3 段階に区分し記述している。【図表 11】

これは「防災には時の経過とともに（中略）の 3 段階が

図表 10　政府の防災サイクル

※「平成 17 年防災白書」より筆者作成

あり、それぞれの段階において最善の対策をとることが災害の軽減につながる」という考え方に基づく。災害の予防段階においては「周到かつ十分な災害予防」「ハード・ソフトを組み合わせて一体的に災害対策の推進」「最新の科学的見地の動員と被害想定、過去の大規模災害からの教訓を生かす」、災害応急段階には「迅速かつ円滑な災害応急対策」「情報収集と多様なニーズへの対応」、災害復旧、復興段階においては「適切かつ速やかな災害復旧・復興」すなわち「速やかな施設の復旧と，被災者に対しての適切な援護」などを施策の理念にすべきと規定している。[14]

ここまで整理した危機管理サイクル、政策サイクルをふまえた上で、「大規模災害対処システム」の側の「対処（実動）」と「政策形成」に焦点を当て危機管理・防災サイクルを考えると、以下のようにまとめることができる。

図表 11　防災基本計画の防災サイクル

※中央防災会議「災害基本計画」（令和元年 5 月）を参考に筆者作成

　①発災（危機事態発生）の段階。何らかの災害等が発生しそれに対し対処が必要になる。②対処（実動）の段階。災害の様相に応じ行政が保持するリソースを駆使しその回復を図る状況。基本的にはその危機の直前までのシステムで対応することになる。初期対応が落ち着いた段階から復旧・復興のフェーズに移る。③教訓・反省まとめ。それぞれの機関が対処における活動から教訓・反省を導く。次の災害等への対応に重要なだけでなく、政策サイクルにおいて次の政策策定に対し影響を与える。④政策への反映・運用への反映は、③の作業のみならず、政府自身による審議会検討会、国会等での審議、学会等専門家からの各種意見そして世論等に影響を受け次の政策に反映される。⑤政策策定（立法。予算等）④の影響などを背景に、具体的な立法、法律の改正、あるいは組織運用の修正などが提示策定される。それをうけ⑥政策の運用への反映/装備等の整備・訓練などが実施される。【図表12】

　大規模災害へ対応する実動組織は、過去の経験をベースにしつつも、それを超える対処、目前の苛烈な状況への対処を求められる。図表12の②対処の内訳には数限りない様々な「状況」が存在し、都度それに対処していくことになるが、その経験は次の大災害への糧となる。しかし現実には多くの場合対処に注力するので、その教訓は意識的に収集整理する必要がある。

　反省や教訓は、各

図表12　災害対処に焦点を当てた防災サイクル（私案）

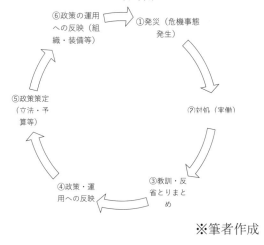

※筆者作成

組織での取りまとめも重要だが、それと同時に広く国民、人々へ公開することが重要である。国土庁による「阪神淡路大震災の教訓とりまとめ」の公開[15]や、神戸市に設立された「阪神・淡路大震災記念 人と防災未来センター[16]」などの取り組み、あるいは東北各地に整備されてきている震災伝承の施設などは防災サイクルの啓蒙・教育としての側面でもあり重要な活動である。

　ここまで、危機管理、あるいは防災サイクルを整理してきたが、一般的な危機にせよ、防災にせよ、その対応の局面はおよそ共通している事がわかる。もちろんこれらの各局面が明確に区分され段階を踏んで進むわけではない。また「危機」あるいは「災害」の様相により、このサイクルは修正される。例えば、地震のように発災が予想できずかつ瞬間的なもの、台風のように、規模や進路等が比較的予想でき、襲来までの時間的余裕があるもの、豪雪のように、大雪、いわば発災そのものが長く続くもの等々、危機の様相は様々でその事案ごとに対応を変えることになる。

　他方、このような段階的アプローチに対しては「時系列的推移における段階的な状況を基礎とした上で定点を定め、その定点における特性を分析して危機を認知」（加藤，大田，2010：31）し捉えようとする、いわば「還元論的」な手法は、危機の多様性や重層性、実際の危機は「1（定点で切り取られた危機）対1（管理戦略の単一化）」ではなく「多（危機の多様性）対多（管理戦略の多様性）」（加藤，大田，2010：34）として認識せねばならないという立場から問題提起もなされている。

　確かに「型」に依存する対応は特に実務としては課題が多い。しかし後述するように、危機や災害に対応するとすれば、ある一定の想定あるいは指針の下準備するほかない。実際の危機や災害はその種類も様相も多様であり、そのような対象に対して、画一的な、あるいは単純化されたサイクルモデルをもとに対処する事には多くの問題や課題があることは間違いない。しかし、だからと言って、多種多様な対象に対して、現在、政府・行政がどのようにリソースを準備、整備するのか、現在保持

するリソースでどこまで対応するのか、あるいは、できるのか、対応できないとすればどこまで対応できるようにするのか、その際、他の課題との関係をどうするのか、このバランスは難しい。我が国の防災政策は、のちに見る災害対策基本法にしても、防災基本計画にしても、実務上は、防災サイクルに即した準備、対応がなされている。防災サイクルの意識は、ある意味防災政策の段階化であるが、防災の実務においても、その領域の研究考察においても、段階化、モデル化には一定の意義があるだろう。

1.2.2　政策段階モデル〜キングダン政策の窓モデル

　「政策」およびその作用を実体として捉えるのは容易ではない。社会的課題の認識から政策の実現やその検証に至る流れはどのようなものなのか。「政策」とはどのような流れで作られ実行され社会に影響を与える、あるいは与えようとするのだろうか。

　公共政策学や政策科学では、「公共問題」の認識からその解決方法の策定、実施、評価まで、一連の流れについて、いくつかのモデル[17]がその研究に資する為に提案されている。政策の立案や決定、実施といったプロセスは、防災政策も例外ではなく、きわめて属人的な作用によるものであることは経験的に理解できるが、そうであればこそ、モデル化、一般化し観察することで、何らかの共通の事象が浮き彫りになるはずである。災害による被害は、もちろん政策だけで防げるものではない。しかし政策により防げる範囲をどこまでも広げ続ける責任が政府・行政にはある。そのためにも、個別の事象を個別事例としてばらばらに捉えるのではなく、なるべくモデル化し考察することが有効である。前述したように、本書では、政策循環における政治的作用は重視しない。もちろん防災政策、危機管理政策では、政治的対立が表面化する場面も多い。[18]

　本書では大規模災害に対処する政府・行政の作用や組織を「システム」として捉えており、有効なシステムを考えるうえで政策段階モデルは大

いに参考になる。ここでは政策学の分野でよく取り上げられる「キングダン（John W. Kingdon）の政策の窓」モデルに触れておきたいと思う。

　「政策の窓モデル」はゴミ箱モデルに基づいているという。[19]すなわちそこでの意思決定は必ずしもすべての案を合理的に検討した結果ではないことが前提となっている。そのうえでキングダンは、政策が決定されるタイミングを「問題の流れ」「政策の流れ」「政治の流れ」の合流で説明している。【図表13】

図表13　キングダンの3つの流れ

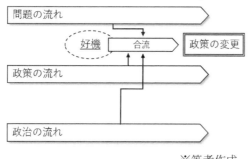

※筆者作成

　社会には多く課題が存在するが、それを解決すべき公共政策的問題になる3つの要因として、まずそれを①認識する事、あるいは②何らかの衝撃的な出来事が発生する事、そして③現行のプログラムのフィードバック、市民からの苦情や公務員自身の経験などから問題として指摘される事をあげている。

　政策の窓モデルを大規模災害等に関する防災政策に当てはめて「問題の流れ」を考えてみると、①は防災関係者以外なかなか生じないのではないかと思われる。一般的に我々は明日も当然今日のように過ごせると考えがちな性質、恒常性（正常性）バイアスという特性をもっているということや、行政の特性である前例踏襲なども背景にあるのではないだろうか。②は言うまでもなく実際の災害の発生であろう。のちに整理する、防災関係予算の推移を見れば明らかなように、現実の災害、特に大災害がその執行を後押しする。③は防災政策あるいは危機管理政策の分野においてはもっとも難しい要因ではないだろうか。何故なら、大災害も、ましてや武力攻撃事態は、頻度としては、他の日常的な「公共的問

題」に比較して圧倒的に低いからである。

　では「政策の流れ」はどうか。議員や行政官、専門家から様々なアイディアが出されていても、他の政策課題と比較して、選択されるか否かの問題がある。例えば、中央官庁にアメリカのFEMAのような危機管理庁や防災庁のような組織を作るべきだという国会における議論は既に昭和29年[20]から50回以上為されているが特に実現される動きはない。

　「政治の流れ」は政策形成に携わる人々が特定の政策案に対してどの程度受け入れの姿勢を示すかに関わるという。国民のムードや利益集団の指示もしくは反対、議会における勢力変化などが影響要因であろうが、前述の「防災庁」設置の案もさして盛り上がりを見せていない。もちろん、その「課題解決案」そのものに説得力、例えば防災庁を設置すれば、来る大災害への対処が今と比べ物にならないくらいに有効になるなどの理由と納得が必要なことは言うまでもないが、その効果が見えにくいのも一つの要因ではないだろうか。さらに、政治家や行政官、何より国民が、大規模災害の発生する頻度とそれにかけてもいいと思うコストのバランスの問題を考えたときのそれら諸政策に対し合意する意志決定の優先順位の問題も背景にあろう。

　大規模災害（危機事態）が発生するとそれまで閉じられていた政策の窓が開く、あるいは開かざるを得ない時がある。【図表14】

　それまで想像、想定の世界であった苛酷な状況が現実に突き付けられ、すぐさまそれに対処しなければならない状況がトリガー

図表14　キングダンの政策の窓と大規模災害

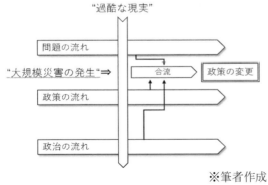

※筆者作成

となり、3つの流れが一気に結合する。この状況下では、政策決定者にはそれぞれのアイディア、案を吟味している時間的余裕はない。通常時と大規模災害等への対処時における"窓"の開き方の違いはこの領域の特徴のひとつである。

1.2.3　防災政策と政策実施　〜防災上の政策課題

　危機管理サイクルにせよ、防災サイクルにせよ、政策サイクルにせよ、全てのプロセスが段階モデルに従い粛々と進むわけではないことは言うまでもない。実際はこの過程を往き来し、またそれぞれの段階内にも、様々な段階が複雑に影響しつつ進むことになる。

　再度、一般的な政策サイクルを整理してみると、概ね①課題設定(agenda setting)→②政策立案(policy making)→③政策決定(policy decision)→④政策実施(policy implementation)→⑤政策評価(policy evaluation)と整理できる。【図表15】

　例えば、東北の復興には道路網の整備が課題であると認識された場合、その課題が政策サイクルのプロセスに乗せられることが、①の課題設定の段階である。それが国の中央なのか、自治体内なのか、省庁内なのかは別として、課題設定がなされない「問題」は、原則として政策形成のプロセスには参加しない。一般的な防災政策も他の政策領域同様、政策課題の認識の後、政策立案および決定のプロセス[21]に移行する。

図表15　政策サイクル

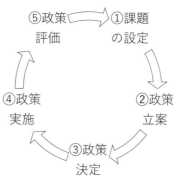

※筆者作成

　もっとも、一般的な政策モデルの「政策実施」の段階区分に対して、

そもそも「どこから或いはどこまでが政策実施過程なのか」という問題がある。政策モデル（政策循環モデル）に従い理解すれば、政策が立案され政策が決定されたのち「政策実施」の段階に入るのだが、それを政府や行政からの何らかの公式発表をもって「政策決定」とみなし、その後を政策実施とする、例えば田丸（2004:191）は「法案が議会を通過した後の段階、言い換えれば、決定された政策を実際に行ってみる段階」[22]であるとする考え方など様々なとらえ方がある。[23]高橋（2016:86）は「公式の政策決定は内容がまだそれほど具体的でないことが多く、議会や政権執行部は政策の実質的な内容をあとの行政過程に委ねる。そこで、具体化された計画は市民が想像したのとは大きく異なった姿になることもある。」[24]と、このプロセスがすべて国民や市民に可視化されるわけではない点も指摘していることは留意すべきである。とくに、大規模災害対応は実質的には具体的な対応から教訓を得るほかなく、次の防災政策への反映という意味でも発災時の対応、復興時の対応問わず社会全体での情報共有は極めて重要である。

　さて、様々な意見はあるが、このプロセスの観点からみると、大規模災害が発生したのちの応急対応それ自体を本書では「政策実施」と捉える。発災時の行政の対応、危機管理サイクルでいう「対処」（政府モデル）、「危機対処と拡大防止」（佐々モデル）、「迅速な対応（Response）」（中邨モデル）等、本書ではこの「応急対応」の段階は、政策モデルでいえば「政策実施」過程として捉えている。【図表16】

　防災政策で考えれば、政策決定は防災上の政策課題の解決のための作用であるが、この「防災上の政策課題」の設定の難しさがこの領域の政策を難しくしている。通常の政策であれば、多くの場合、政策課題は現に存在し継続している課題の解決を企図し策定され、政策が実施されればその課題が解決する様子が確認できる。それに対し、防災政策は、将来起こりうる状況で課題となる問題、例えば人命救助や避難などに対し

て如何に有効な政策が打てるかに力点が置かれ、その政策は、ほぼすべて、それ以前の何らかの経験や体験を含む具体的な事象、例えば過去の災害などの影響を受け策定される。例えば応急対応期の政策には、過去の教訓をもとに政策が立案決定され、その効果は、次の災害で政策が実施されるまでわからないものも存在する。

それに加えひとたび災害が発生すると人命救助活動などの実動が中心となる「応急対応」のプロセスに入る。この政策実施におけ

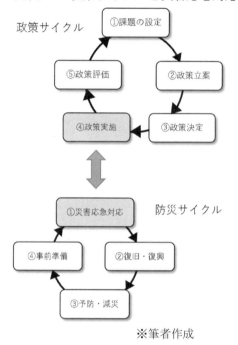

図表16　政策サイクルと災害応急対応

政策サイクル

①課題の設定
②政策立案
③政策決定
④政策実施
⑤政策評価

防災サイクル

①災害応急対応
②復旧・復興
③予防・減災
④事前準備

※筆者作成

る発災時の「応急対応」のプロセスは、刻一刻と変化する政策課題に都度対処し続ける「政策実施」のプロセスである。まさに大規模災害発生時においては、新たな課題に対して政策サイクルを回そうとしても、時に、課題の設定、アジェンダセッティングする暇もなく「政策の窓」が次々に開き、あるいは開かざるを得ず、平素、重要問題として認識されていない想定外の事象に関しても、政策として解決すべき課題として認識、課題設定され、政策プロセスを回さねばならない場面が至る所で現れる。危機事態の発生、大規模災害の発生により、平常時、ある意味淡々回っていた政策プロセスが次々に出現する問題に対し「政策課題」として政策サイクルを回す暇なく、対処せざるを得ない。平素の政策決定過程と、災害時の政策決定過程のいずれにおいても、このような不確実な

状況の中で政策サイクルを回さざるを得ないことは危機管理・防災政策の領域における特徴の一つである。

　いずれにしても、様々な危機への対応の仕組み、例えば大規模災害発生時の政府・行政による対応、捜索や人命救助の中心となる消防や警察、自衛隊などを規定する様々な制度や組織の編成、装備などは、その危機発生以前の、それまでの「政策」により形成されたものであり、その時点でのそれらの仕組みが持つ災害等に対する対処能力である。

---

1 松下圭一（1993）『政策型思考と政治』第 4 刷、東京大学出版会 p.197。
2 「山くづれて川を埋み、海かたぶきて陸をひたせり。土さけて水わきあがり、いはほわれて谷にまろび入り、なぎさこぐふねは浪にたゞよひ、道ゆく駒は足のたちどをまどはせり。いはむや都のほとりには、在々所々堂舎廟塔、一つとして全からず」。
3 以下の論文に詳しい。都司嘉信『平家物語』および『方丈記』に現れた地震津波の記載(<特集>都市の危機管理)『建築雑誌』(1446),pp46-49、1999-11-20（日本建築学会）。
4 例えば大手書籍のネットショップを見ると、amazon では危機管理を表題あるいは内容で扱っている書籍は約 1400 冊、楽天ブックスでは約 750 冊の扱いが確認できる（2014/11/25）。
5 危機管理の概念整理については国際政治学視点から、加藤朗（1999）「危機管理の概念と類型」『日本公共政策学会年報 1999』でも論じられている。ここでは「ボールドウィンの「獲得した価値に対する損害の低い蓋然性」という安全保障の定義を援用して、危機を「獲得した価値に対する損害の高い蓋然性」と定義する。この定義にしたがえば、危機管理の目的は、「獲得した価値に対する損害の高い蓋然性」をいかに低くするかにある」と述べており危機管理における基本的な考え方が示されている。
6 例えば 1986 年三井物産マニラ支店長誘拐事件や 2013 年のアルジェリア人質事件など通常の企業活動の中で事件、特にテロなどに巻き込まれた場合一企業で対処するのは困難であろう。
7 「国家安全保障会議の創設に関する有識者会議」第 2 回（平成 25 年 3 月 13 日）配布資料。

8 高坂正尭,桃井真共編（1973）『多極化時代の戦略（下）さまざまな模索』日本国際問題研究所掲載論文。

9 他にも、志苫裕の 1981（昭和 56）年 03 月 26 日参議員地方行政委員会、金子満広の 1982（昭和 57）年 01 月 28 日衆議院本会議発言等々。

10 1981（昭和 56）年 6 月 3 日参議院農林水産委員会で山根参考人が食糧問題の発言中に使用されている。

11 栗田昌之（2015）「我が国の災害政策と危機管理研究の一考察　～「危機」への認識の変化と「災害政策」の変化』『公共政策志林』第 3 号を参照のこと。

12 早川純貴・内海麻利・田丸大・大山礼子（2004）『政策過程論～政策科学への招待』学陽書房、p.8。

13 「平成 16 年防災白書」内閣府　1-6「総合的な防災政策」の推進の項目では防災のサイクルを示した後に「災害後の応急的な対応のみにとどまらず，これらの防災の各サイクルにおいて適切な対処を行うことが重要である」と述べている。

14 中央防災会議『防災基本計画』（令和元年 5 月）pp.2-3。

15 内閣府 HP で公開されている。
http://www.bousai.go.jp/kyoiku/kyokun/hanshin_awaji/data/index.html。

16 住所：神戸市中央区脇浜海岸通 1-5-2　http://www.dri.ne.jp/。

17 「段階モデル」「政策サイクルモデル」とも呼ばれる。

18 特に安全保障の領域ではイデオロギー的対立がしばしばおこる。

19 岩崎正洋編『政策過程の理論分析』三和書籍 2012,松田憲忠、第 2 章「キングダンの政策の窓モデル」p.33。

20 第 19 回国会、衆議院内閣委員会、昭和 29 年 2 月 25 日「防災庁設置に関する陳情書」、第 26 回国会、衆議院地方行政委員会、昭和 32 年 10 月 22 日、第 75 回国会、衆議院地方行政委員会、昭和 50 年 6 月 18 日、阪神淡路大震災直後の第 132 回国会、参議院予算委員会、平成 7 年 3 月 1 日、東日本大震災直後の第 177 回国会、参議院予算委員会公聴会、平成 23 年 3 月 23 日等々、50 回以上。

21 城山英明、鈴木寛、細野助博編（1999）『中央省庁の形成過程』中央大学出版部同じく（2002）『続・中央省庁の政策決定過程』は具体的な省内での政策形成を見ることが出来る。

22 早川純貴・内海麻利・田丸大・大山礼子（2004）『政策過程論～「政策科学」への招待』学陽書房 p.191。

23 大橋洋一編著（2010）『政策実施』ミネルヴァ書房に詳しい。特にその捉え方については pp.3-9 を参照。

24 真山達志編（2016）『政策実施の理論と実像』ミネルヴァ書房、p.86。

2　防災政策の端緒としての災害

　防災政策ではどのようなきっかけで何が課題として認識され政策が形成され実現されていくのであろうか。それはここまで見てきたような一般的な政策過程、政策循環モデルに沿って進むのだろうか。それとも別の特徴があるのだろうか。

　防災政策の特性について風間は「非日常性と錯綜性」[1]を挙げている。（風間 1998:3-4）防災政策の持つ非日常性の特質とは、「防災」という国家の持つ機能のなかで最も古典的な機能であるとともに、それは市場のメカニズムによっては容易に供給されないことにあるという。この要因には「防災政策のありようが試される機会が限られた地域に限られた時期にしか訪れないこと」（風間 1998:2）すなわち、災害発生の特性によるものだと述べている。これは同時に「政策の正しさを実証する機会」が少なく今一つの「錯綜性」は「防災政策に関わる関係機関、関係者、関係法令の多さ」（風間 1998:3）のことで、その結果「防災政策を展開する際の調整コストが他の政策領域と比較して高くなっている」（風間 1998:3）と指摘している。

　防災政策は、様々な主体によるそれぞれの政策の総称といえるが、政策形成には現実の災害はいうまでもなく、その被災体験が大きく影響を与えることが特徴の一つである。伊勢湾台風などの経験を経て災害対策基本法が制定され、阪神淡路大震災の影響、東日本大震災ののち、様々な政策の大きな変更が行われている。そこでまず、我が国の防災政策に大きな影響を与える災害について整理したいと思う。

2.1　災害

　危機管理の概念、対象はおおよそ整理したが、ここでは「災害」について整理する。しかし一般に「災害」と言ってもそれは多岐にわたる。

地震など自然現象を原因とする災害もあれば、運転ミスによる交通事故
や戦争、あるいはテロなど社会や人間により引き起こされる人為的な災
害もある。そこで本書では、災害を「自然災害」と「人為災害」に、す
なわち発生の要因により大別し主な災害とその特徴について整理する。

2.1.1　自然災害

　自然災害はその種類や規模などの様相や、発生時間についても避けよ
うがなく、平素からの備えと、多少の予測などにより減災を目指すこと
が中心となる。例えば「全国にある 1,741 市区町村（2015〈平成 27〉年
末）のうち、平成 18 年から 27 年までの 10 年間に一度も河川の氾濫など
による水害が起きていないのは、わずか 49 市区町村（2.8％）」[2]であると
いう。我が国では例えば水害などに対しては古くから堤防を築き、河川
のルートを変更するなど対処してきた。現在でも例えば国土交通省は河
川事業として堤防の整備や洪水調整施設（遊水地、ダム）、あるいは川幅
の変更（引提）などを進めている。[3]しかし地理的な要因から我が国では
繰り返し自然災害が発生している。
　災害は一瞬にして人々の人生を変えてしまう。自然災害の前に我々人
間はいかに無力かを思い知らされる。災害対処は「自助・公助・共助」
と言われるように、元々公的部門のみで対処してきたものではなく、む
しろ公的部門の関わり方が変化したといえる。例えば平成26年の豪雪[4]で
は、関東を中心に各地で降雪による交通障害が起きたが、埼玉の某市駅
前では数日間商店街ですら除雪がなされなかった。かつてこういう場面
で中心的に活躍した商店会は、その構成員も高齢化しあるいは減少し対
処できなくなっている。社会の変化は「自助・公助・共助」を構成する
人々や組織の防災へかかわり方の変化をもたらす。本来、自分たち又は
その地域で対処できた災害ですら、その地域での人口構成の変化などを
要因として対処できなくなっている。ここでは、その自然災害について
整理しておく。

　自然災害のなかでも、気象災害をもたらすものとしては「突風・竜巻・強雨・雷災」など主として積乱雲によりもたらされるものや、近年よく聞かれるようになったゲリラ豪雨などの「豪雨」、通常の降雪を超える異常な降雪である「豪雪」、我が国に気象災害をもたらす代表的な要因である「台風」、この台風やそれに匹敵する低気圧などにより潮位が著しく高まり生じる「高潮・高波」、河川等の氾濫により生じる「洪水」などがある。

　地殻変動による災害としては「地震」及び「火山噴火」、また主として海底地震を原因とする「津波」、地震や激しい降雨を引き金としておこる「土石流」や「地滑り」「がけ崩れ」や「斜面崩壊」「山体崩壊」「岩屑なだれ」などをあげることが出来る。

　これらの災害が個々に発生する場合もあるが、複合して発生する場合もある。例えば東日本大震災は、東北地方太平洋沖地震を起因とし津波、土砂崩れなどが引き起こされ、さらに福島第一原発事故等を発生させた複合災害である。

　さてこれらの代表的な災害を、発災から対処、終息までの段階を整理すると、その多様性が浮かび上がる。以下大規模災害につながり得る代表的な自然災害について整理する。

【突風・竜巻】：「突風・竜巻」は「強い竜巻やダウンバーストは、雲の中に低気圧性の回転（メソサイクロンと呼ばれる）を持つ特殊な積乱雲から発生」[5]する。気象庁では「突風関連指数」等での数値解析[6]により予測をし、平成 22 年 5 月 27 日から「竜巻発生頻度ナウキャスト」[7]で、竜巻などの気象情報を提供している。その予報は「今後 1 時間以内に竜巻が発生[8]しやすいことを伝えるものである。突風・竜巻は比較的短時間（数分から 10 数分）でかつ狭い範囲（数 10m から数 100m）に被害をもたらし、かつそれ自体の移動は非常に速い（時速数 10km）。これらに関しては「竜巻注意情報」の発令により注意喚起が為されるが、気象庁によると、その捕捉率（実際に発生した突風回数のうち、竜巻注意情報が予測できた突風の数の割合）は、2008 年から 2012 年までの 5 年間の平均で

26.6％であったという。[9]

【強雨・豪雨】及び【土石流、地滑り・がけ崩れ】：「強雨・豪雨」及び「土石流、地滑り・がけ崩れ」前者は気象災害、後者は地殻変動に分類される現象及び災害ではあるが、両者には密接な関係があるので合わせて整理する。強雨とは、積乱雲に伴う気象災害で強く激しく降る雨の事。豪雨とは、強く激しい勢いで大量に降る雨の事を指し、強雨よりも強いものを指す。なお、気象庁では雨の強さは気象庁の用意する「解説表」[10]に基づき「やや強い雨」（1 時間雨量 10mm 以上 20mm 未満。以下単位とも同じ）「強い雨」（20 以上 30 未満）「激しい雨」（30 以上 50 未満）「非常に激しい雨」（50 以上 80 未満）「猛烈な雨」（80 以上）とあらわしている。

　では降雨や雨量の予測はどのような状況であろうか。同じく気象庁によれば、過去の事例を用い分析した大雨に関する予測は、20mm の降雨量を対象とする 6 割程度、24 時間 100mm を対象とする場合 3〜5 割程度としており「発生頻度の低い激しい現象ほど、また予測対象の時間までが長くなるほど、地域を特定した予測精度は低下する傾向」があると述べている。[11] ただし、甚大な被害が予想される「記録的な大雨に関する情報」の発表と実際に甚大な被害が発生した率は 48％だとする。同様に、土砂災害警戒情報の発表が行われ実際に災害が発生した割合は、2010 年 4％、2011 年 3.8％であり、それらの災害を補足していた割合は、同じく 73.5％、82.1％であったという。[12]

【台風】：「台風」は我が国に気象災害をもたらす最大要因の一つである。熱帯低気圧が発達し最大風速が 34 ノット（17.2m/s）を超えたものを台風と呼ぶ。[13]地理的条件から、台風は毎年同じような時期にほぼ必ず発生し日本列島にやってくる。前述した強雨や豪雨などの局地的な現象に比して、その様相を把握するのに比較的時間的余裕がある。台風はその強さに応じて分類されている。最大風速が 33m/s 以上のものを「強い台風」44m/s 以上のものを「非常に強い台風」54m/s 以上のものを「猛烈な台風」と呼ぶ。また強風半径が 500km 以上のものを「大きい台風」800km 以上

のものを「非常に大きい台風」と呼ぶ。台風による被害は、降雨や強風によるもののほか、高波や高潮、塩害などによるものもある。

【高潮・高波】：高潮は、台風や発達した低気圧が通過するときに潮位が大きく上昇する現象のことを言う。高潮の主な原因は吸い上げ効果と吹き寄せ効果がある。したがってその被害も台風に伴うものが多い。例えば伊勢湾台風（伊勢湾）や第2室戸台風（大阪湾）、近年では平成16年台風16号（瀬戸内海）などでも被害が発生している。[14]また、高波も台風などとともに発生するがその原因は「風」である。高波も時に大きな被害を発生させることがある。[15]

【洪水】：大雨や融雪などを原因として、河川[16]の流量が異常に増加することによって堤防の浸食や決壊、橋の流出等が起こる災害を洪水災害[17]という。（外水氾濫）一方、近年開発や都市化などの進行により、街中の排水が間に合わず地下水路や側溝などから水があふれだしたり、河川の本流の排水が間に合わず支流に逆流したり、河川からあふれだしてしまう内水氾濫も大きな問題となっている。

【地震】：地震は地下で起きる岩盤の「ずれ」により発生する現象といわれる。プレート境界上に位置する我が国が地震大国といわれる所以である。地震に対する自然科学的な分析は数多くの研究が存在する[18]のでそれに譲るが、ひとたびある一定以上の規模の地震が発生すると大きな被害が生ずる。特に前述したように阪神淡路大震災のように都市で発生すれば人的、物的被害は計り知れない。また東日本大震災のように地震そのものの被害、津波による被害、それらに併せ原子力発電所の事故など広域複合災害を引き起こす。地震発生の正確な予知が難しい[19]こともありその対応は難しい。

【火山噴火】：火山噴火も地球の活動の一環[20]である。陸のプレートの下に沈み込んだ海のプレートからの水の働きによって上部マントルの一部が融けて上昇していき、マグマが形成され、地下で発生したマグマが地表に噴出する現象が噴火である。噴石や火砕流、火山ガスや土石流などにより被害を発生させる。火山も地震同様プレートの境界に多い。我が

国の火山災害は近年だけでも 1991(平成 3)年 6 月 3 日雲仙岳（不明を含む死者 43 名：火砕流による）、2014(平成 26)年 9 月 27 日御嶽山（不明を含む死者 63 名：噴石等による）など多くの犠牲者を生じさせている。

【津波】：海底下で大きな地震が発生すると、断層運動により海底が隆起もしくは沈降し、これに伴って海面が変動する現象が津波である。どこで海底の隆起・沈降が起きたか、海底の地形、また接岸時の陸上の地形によりその速度や強さは大きく変化する。また東日本大震災でも取り上げられたように、強烈な引き波による被害も大きい。東日本大震災以外の主な戦後の津波災害は、昭和 21(1946)年 12 月 21 日南海地震（M8）死者不明 1,443 名、昭和 23(1948)年 6 月 28 日福井地震（M7.1）死者 3,769 名、昭和 35(1960)年 5 月 23 日（日本での揺れはなし。現地 M9.5）チリ地震津波、死者不明 142 名、昭和 58(1983)年 5 月 26 日日本海中部地震（M7.7）死者 104 名、平成 5(1993)年 7 月 12 日北海道南西沖地震（M7.8）死者 202 名、不明 28 名である。チリ地震では、我が国で地震がなくても津波が到達し被害が出た。

　ここまでの自然災害を表に示した。【図表 17】

　以上、防災政策の前提としての自然災害を概観した。ここまで整理しただけでも、自然災害の多様さに驚かされる。行政による災害対処と言った場合、これら多様な災害への対処が求められるが、同じ災害であっても、個々の災害の様相は同一ではなく、それを考えただけでも被害を起こさせないような完全な対処が難しいことがわかる。

図表 17　自然災害の分類

		災害
自然災害	気象災害	突風
		竜巻
		強雨／豪雨
		雷災（雷害）
		台風
		高潮・高波
		洪水
	地殻変動	地震
		火山噴火
		津波
		土石流・地滑り・がけ崩れ
		斜面崩壊
		山体崩壊・岩屑なだれ

※気象庁 HP などを参考に筆者作成

政策の対象、いわば政策課題の原因である災害の多様性は、防災政策の難しさを表している。しかし、だからと言って手をこまねいていることは政府・行政には許されない。災害による被害を完全に防ぐことはできなくとも、低減させることはできるはずである。これが近年よく言われるようになった「減災」[21]の考え方である。

2.1.2 人為災害

人為災害は危機管理を考察するにあたって、自然災害と並び重要な対象である。ここでは人間の何らかの行為を要因とする災害を人為災害とする。この人為災害は、原則として何らかの意図に基づかない事故を「事故災害」とし、何らかの意図に基づく行為による事故を「緊急事態」とに整理する。【図表18】

主な事故災害としては「列車事故」「航空機事故」「原子力関連事故」「大規模環境汚染事故」「感染症」「大規模システム障害」などがある。

平成に入り、列車事故では、例えば1991（平成3）年5月14日、信楽高原鉄道において列車衝突事故、死者42名、負傷者614名をだす大惨事が発生した（信楽高原鐵道列車衝突事故）。また2005（平成17）年4月25日、JR福知山線で起きた列車脱線事故は死者107名、負傷者562名をだした（JR福知山線脱線事故）。

図表18　人為災害の分類

		災害
人為災害	事故災害	列車事故
		航空機事故
		原子力関連事故
		大規模環境汚染事故
		感染症
		大規模システム障害
	緊急事態	爆破テロ
		生物剤テロ
		化学剤テロ
		放射性物質によるテロ
		航空機・列車等によるテロ

※筆者作成

航空機事故では 1985（昭和 60）年 8 月 12 日午後 6 時 56 分東京・羽田空港発、大阪・伊丹空港行の日本航空 123 便が、群馬県多野郡上野村の高天原山の尾根（標高 1,565 メートル、通称：御巣鷹の尾根）へ墜落した事故[22]は死者 520 名をだした、我が国最大（本書執筆時点）の事故を挙げざるを得ない。被災者の多さもさることながら、その現場が山深く、発見救出は困難を極めた。原子力関連事故では 1999 年 9 月 30 日、茨城県那珂郡東海村にある株式会社 JOC のずさんな作業による原子力事故（臨界事故）は死者 2 名の他多くの被曝者をだす災害であった。この事件を受け原子力災害対策特別措置法（平成 11 年法律第 156 号）が制定された。[23]東日本大震災でも東京電力福島第一原子力発電所に事故が発生した。

　大規模環境汚染事故では、例えば 1997 年 1 月、島根県沖島沖で発生したナホトカ号重油流出事故はその後それまで自然災害を対象としていた防災基本計画へ「大規模な事故災害時の対策」を盛り込ませる事になった。感染症は鳥インフルや新型コロナなど数年おきに発生している。大規模システム障害は、2002 年 4 月のみずほ銀行の事例が例示できる。第一勧業、富士、日本興業の 3 銀行のシステム統合作業中にトラブルが発生し、現金自動預入払出機(ATM)の障害、公共料金の自動引き落としなどの口座振替に遅延が生じるトラブルが発生し金融庁の立ち入り検査を招く事態となった。今日、規模の大小を問わず、国内外を問わず、経済金融活動を中心に、あらゆるものがネットワークでつながるようになり、一旦システム障害が発生すると大きな影響を及ぼすようになっている。

　主な緊急事態としては「爆破テロ」「生物剤テロ」「化学剤テロ」「放射性物質によるテロ」「航空機・列車等を使ったテロ」などが挙げられる。我が国が経験したテロとして最初に思い浮かぶのは「地下鉄サリン事件」ではないだろうか。1995（平成 7）年 3 月 20 日に東京都で発生した同時多発テロ事件[24]である。オウム真理教によるテロで死者 13 名負傷者 5800 名[25]を超える大惨事となった。

　自然災害同様、これらが複合的に発生することもあるし、自然災害が

引き金になりこれらの人為災害が発生することもある。また危機管理の対象ではあるが災害の範疇、その延長にあると捉えて良いかどうかには議論があると思うが、「紛争」や「戦争」も人為災害の側面があるのではないだろうか。かつて、危機管理の一分野である安全保障では、国対国の関係、すなわち対象脅威が主たる領域であったが、近年、テロなどの発生を見てもわかるように、非対称脅威への対処は大きな課題になっている。

　危機管理の対象を考える場合、具体的対処ではかなり方法が異なるこれらの災害に対し、例えば、それを所管する自治体における多くの防災部門、危機管理部門では、自然災害のみならず、人為災害への対処も担当することが多い。[26]

　本書では、原則として大規模自然災害を対象としているので、この人為的災害は概観するにとどめるが、危機管理全体で考えた場合、人為災害は今後ますます複雑化しその対応は大きな課題である。

2.2　政府による自然災害の定義〜防災政策の前提としての災害

　自然災害の各様相についてはすでに整理したが、ここでは政府が想定している危機・災害について確認する。この領域において、政府・行政はどこまで対応するのかということを考えるうえで、現在政府がどのような危機や災害を想定しているのかについて整理することは重要である。

2.2.1　緊急事態

　政府として具体的に対応しなければならない影響の大きな危機として、何を想定しているかについて 2013（平成 25）年の「国家安全保障会

議に関する有識者会議[27]」に政府より提出された資料をもとに確認する。

　「緊急事態」に関しては 2000 年代に入って、朝鮮民主主義人民共和国のミサイル発射実験 (1993、1998)、不審船による領海侵犯 (1999、2001)、アメリカ同時多発テロ事件 (2001)、イラク戦争 (2003) 等の危機に対処するためにいわゆる有事法制の議論が行われるようになった。その結果、2003 (平成 15) 年武力攻撃事態対処関連 3 法[28]が、2004 (平成 16) 年有事関連 7 法[29]が成立した。この審議の過程で、本書が対象としている大

図表 19　緊急事態の主な分類

大規模自然災害	地震災害
	風水害
	火山災害
重大事故	航空事故
	海上事故
	鉄道・道路事故
	危険物事故・大規模火災
	原子力災害
重大事件	ハイジャック・人質等
	NBC・爆弾テロ
	サイバーテロ
	不審船
	ミサイル
武力攻撃事態	武力攻撃事態
その他	邦人救出
	大量難民流入
	新型インフルエンザ (ヒト・ヒト感染)
	核実験・海賊

※国家安全保障会議の創設に関する有識者会議 (第 2 回会合) (平成 25 年 3 月 13 日)配布資料 2 をもとに筆者作成

規模災害等への対処も併せて議論されている。

　我が国では危機管理を「国民の生命、身体又は財産に重大な被害が生じ、又は生じるおそれがある<u>緊急の事態への対処及び当該事態の発生の防止を</u>」（下線筆者）と定義しているが、ここでは、その対処の対象としての事態を「緊急事態」と分類していると読み取れる。すなわち、危機管理の対象たる「危機」と同義であると解すことが自然であろう。そこでは主な緊急事態はⅠ大規模自然災害Ⅱ重大事故Ⅲ重大事件Ⅳ武力攻撃事態Ⅴその他に分類される。さらにⅠの大規模自然災害は①地震災害②風水害③火山災害に、Ⅱの重大事故は①航空事故②海上事故③鉄道・道路事故④危険物事故・大規模火災⑤原子力災害、Ⅲ重大事故は①ハイジャック・人質等②NBC・爆弾テロ③重要施設テロ④サイバーテロ⑤不審船⑥ミサイルに分類、Ⅳ武力攻撃事態は単独で武力攻撃事態、Ⅴその他は①邦人救出②大量難民流入③新型インフルエンザ（ヒト・ヒト感染）④核実験・海賊と整理されている。【図表19】

2.2.2　災害の法的定義

　さて、本書が主に対象としている主として自然災害への対処は、我が国の災害対処の基本法である、災害対策基本法では自然災害を以下のように定義している。同法では「災害」を「暴風」「竜巻」「豪雨」「豪雪」「洪水」「崖崩れ」「土石流」「高潮」「地震」「津波」「噴火」「地滑り」「その他の異常な自然現象」又は「大規模な火事」若しくは「爆発」「その他その及ぼす被害の程度においてこれらに類する政令で定める原因」により生ずる被害と定義している。（第2条）尚、「防災」「災害を未然に防止し、災害が発生した場合における被害の拡大を防ぎ、及び災害の復旧を図ること」と定義している。（同条2）なお「政令で定める原因」は、放射性物質の大量の放出、多数の者の遭難を伴う船舶の沈没その他の大規模な事故と規定されている。また被災者生活再建支援法では自然災害とは、「暴風、豪雨、豪雪、洪水、高潮、地震、津波、噴火その他の異常な

自然現象により生ずる被害」と規定している。【図表20】

図表20　災害対策基本法による自然災害の類型

災害類型	災害対策基本法	被災者生活再建支援法
暴風	○	○
竜巻	○	
豪雨	○	○
豪雪	○	○
洪水	○	○
崖崩れ	○	
土石流	○	
高潮	○	○
地震	○	○
津波	○	○
噴火	○	○
地滑り	○	
その他異常な自然現象	○	○
大規模な火災	○	
爆発	○	
その他その及ぼす被害の程度においてこれらに類する政令で定める範囲	○	
放射性物質の大量の放出、多数の者の遭難を伴う船舶の沈没その他大規模な事故（施行令）	○	

※筆者作成

　他にも例えば海洋汚染及び海上災害防止に関する法律では「海上災害」を「油もしくは有害液体物等の排出又は海上火災により人の生命若しくは身体又は財産に生ずる損害」（同法3条17号）と定義しているし、石油コンビナート等災害防止法では「災害」を「火事、爆発、石油等の漏洩若しくは流出その他の事故又は地震、津波その他の異常な自然現象により生じる被害」（同法2条3号）とし、大規模地震対策特別措置法では「地震災害」を「地震動により直接に生ずる被害及びこれに伴い発生す

る津波、火事、爆発その他の異常な現象により生ずる被害」（同法 2 条2）、原子力災害対策特別措置法では「原子力災害」を「原子力緊急事態により国民の生命、身体又は財産に生ずる被害」（同法 2 条 1）、「南海トラフ地震に係る地震防災対策の推進に関する特別措置法」「地震災害」を「地震動により直接に生ずる被害及びこれに伴い発生する津波、火事、爆発その他の異常な現象により生ずる被害」（同法 2 条 3）と定義している。それぞれの法律内では、その法律の目的ごとの対処としての災害が定義されているのが一般的である。

　ここまで見てきたように災害の様相は様々であり、その全てにあらかじめ対応するのは困難である。そして元々防災関係法令は、社会的に衝撃の強い、要請の強い事案が発生すると、それに対処するための法律がその都度制定されてきた。のちに見るように我が国の防災行政のかなめである各種防災計画は災害対策基本法の定義を原則としている。

2.3　戦後我が国における災害の発生状況

　災害対策基本法で定められた「災害対策本部」は災害に際し地方自治地が設置するものであり、さらに大きな影響が予想される場合、政府が設置する機関に「非常災害対策本部」「緊急災害対策本部」等がある。[30]制度としては「災害緊急事態の布告」「原子力緊急事態宣言」「激甚災害の指定」等の手続きがある。これらの設置あるいは手続きがなされた災害は比較的影響が大きい災害である。

　ここでは、防災政策変更の要因になりうるような主な戦後の大規模自然災害とその他の災害について整理する。

2.3.1　戦後の主な自然災害

　我が国はその地理的要因から多くの自然災害に見舞われてきた。ここでは第二次世界大戦後の災害について概観する。[31]1945（昭和20）年以降

図表 21　戦後昭和期の我が国の主な災害と死者・行方不明者数

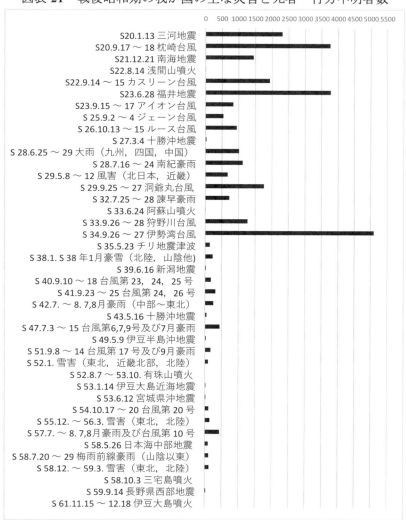

注 1：単位（人）注 2：死者行方不明者 500 人以上の風水害、同 100 人以上の雪害、その他死者行方不明者 10 人以上の被害が出た災害及び、政府に非常災害対策本部等対策本部が設置された災害　※内閣府「平成 26 年度版防災白書」附.4 をもとに筆者作成

昭和期の死者行方不明者500人以上の風水害、同100人以上の雪害、その他死者行方不明者10人以上の被害が出た災害及び、政府に非常災害対策本部等対策本部が設置された災害は41件、内500人以上の死者行方不明者を出した災害は15件、内1000名以上の死者行方不明者を出した災害は10件発生した。この内訳は、台風13件、地震11件、豪雨大雨6件、噴火5件、豪雪4件、津波および風害が各1件であった。なかでも、もっとも死者行方不明者（以下被害者数）が多かったのが、伊勢湾台風（1959.9）の5098人、次いで福井地震（1948.6）3769人、枕崎台風（1945.9）3756人、三河地震（1945.1）2306人、以下カスリーン台風（1947.9）1930人、洞爺丸台風（1954.9）、昭和南海地震（1946.12）1443人、狩野川台風（1958.9）1269人、南紀豪雨（1953.7）、昭和28年西日本水害1013人と続く。【図表21】

　これら41件について期間を区切り被害者数を見てみると、昭和20年代は14件で20,136人であったのに対し、昭和30年代は7件で7,500人、昭和40年代は5件で1,283人、昭和50年代は13件で1,415人、昭和60年代は1件0人となっている。被害者数だけ見ると昭和期の全被害者に対して20年代は66％、30年代は24％と激減し、以下40年代50年代は各4％、60年代は0％となっている。戦後の荒廃期から高度経済成長期に向かうにつれ河川の整備や住宅構造の変化などハード面の進化や、災害対策の様々な仕組み、例えば気象予報や避難体制、あるいは救助体制の変化などが生じることになった。昭和期、我が国に衝撃を与えた災害は何と言っても、1959年（昭和34年）9月26日に潮岬に上陸し、東海地方を中心とし、ほぼ全国にわたって甚大な被害を及ぼした「伊勢湾台風」[32]である。死者・行方不明者数5,098名をだす大災害であり、のちの災害対策基本法制定への一つの契機になった災害であった。

　平成期に入り早々、雲仙岳の噴火災害、北海道南西沖地震などが立て続けに発生するが、我が国の以後の防災政策へ影響を与えることになる阪神淡路大震災が1995（平成7）年1月17日に発生する。さらに、その後中越沖地震、岩手・宮城内陸地震など大きな地震が立て続けに発生する。

そして、2011（平成23）年3月11日、東北地方太平洋沖地震が発生した。東日本大震災は防災政策のみならず、それまでのあらゆる防災関連の手法が根本から問い直された震災であった。【図表22】

図表22　平成期の我が国の主な災害と死者・行方不明者数

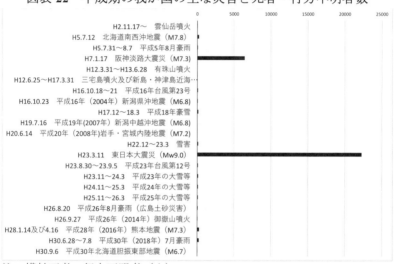

注：横軸死者・行方不明者（人）
※内閣府「令和元年版防災白書」附属資料6をもとに筆者作成

2.3.2　非常・緊急災害対策本部が設置された災害

　一般的な災害が発生、あるいは発生する恐れのある場合、当該地域の自治体の首長は災害対策基本法第23条または第23条の2により地方自治体が地域防災計画の定めに則り災害対策本部を設置することが出来ることになっている。

　一方、非常災害対策本部は、災害対策基本法第24条により内閣総理大臣が「非常災害が発生した場合において、当該災害の規模その他の状況により当該災害に係る災害応急対策を推進するため特別の必要があると

認めるとき」に内閣府に臨時に設置する機関である。なお本部長は国務大臣とされる。また非常災害対策本部の権限が及ぶ範囲は告示された区域に限られるが、災害応急対策の総合調整を行うため本部長は関係機関に対し必要な指示を行うことが出来る。さらに、非常災害対策本部に派遣された指定行政機関の職員に対し、指定行政機関の長はその権限の一部または全部を委任することが出来るとされている。

　また緊急災害対策本部は災害対策基本法第28条の2により、内閣総理大臣が「著しく異常かつ激甚な災害が発生した場合において、当該災害に係る災害応急対策を推進するため特別の必要があると認めるとき」に閣議決定により内閣府に臨時に設置する機関である。内閣総理大臣を本部長とし、すべての国務大臣が参加する。東日本大震災時、東北地方太平洋沖地震が発生した際に初めて設置された。[33]尚、実務上既にその災害に対して非常災害対策本部が設置されている場合は、それは廃止され緊急災害対策本部がその事務を継承する。尚、災害緊急事態の布告の例はまだない。

　なお、原子力災害対策特別措置法第16条では「原子力緊急事態宣言」をした場合、閣議により「原子力災害対策本部」を内閣府に設置するものと規定されている。本部長は内閣総理大臣、副本部長は経済産業大臣及び原子力防災担当大臣である。東日本大震災の2011（平成23）年福島第一原発事故の時に初めて設置された。[34]

　さて、災害対策基本法で規定された非常災害対策本部であるが、初めて設置されたのが、1963（昭和38）年1月豪雪いわゆる三八豪雪災害である。（豪雪地帯非常対策本部）1962（昭和37）年12月末から翌1963（昭和38）年2月初めまでの約1か月にわたり北陸地方を中心に東北地方から九州にかけての広い範囲で降雪が持続し、最深積雪は福井で213cm、富山186cm、金沢181cm、伏木（富山県高岡市）225cm、長岡（新潟県長岡市）318cm、九州や四国でも降雪を観測した。鉄道はストップ、道路も除雪が追いつかず、孤立する集落も発生し、最終的に死者228名、行方不明者3名、負傷者356名、住家全壊753棟、半壊982棟、床上浸

水 640 棟、床下浸水 6,338 棟などを発生させた。なおこの時の非常災害対策本部は 1963（昭和 38）年 1 月 29 日に設置され、同年 5 月 31 日に廃止された。以後、1964（昭和 39）年の新潟地震、1968（昭和 43）年の十勝沖地震、1977（昭和 52）年昭和有珠山噴火災害、1978（昭和 53）年の宮城県沖地震、1979（昭和 54 年）昭和 54 年台風第 20 号の災害、1982（昭和 57）年の長崎大水害、1983（昭和 58）年昭和三宅島噴火災害など、災害対策基本法の制定された 1961（昭和 36 年）年以降、昭和期だけでも、17 の災害で政府に非常災害対策本部が設置されている。平成に入ると、1991（平成 3）年の雲仙普賢岳噴火災害に始まり、1993（平成 5）年、北海道の奥尻島を津波が襲った北海道南西沖地震、1997（平成 9）年 7 月東京湾原油流出事故（ダイヤモンドグレース号油流出事故）が発生し「汚染」に対処する初めての非常災害対策本部が設置された。これは同年 1 月日本海で発生した、ナホトカ号重油流出事故の対応で、政府の初動対応への批判を教訓[35]とするものである。またこのほか「防災基本計画」平成 9 年 6 月の中央防災会議において、同計画に海上災害対策などの事故災害に対する防災対策が追加されることになった。さらに 2004（平成 16）年、新潟県中越地震、2014（平成 26）年の平成 26 年豪雪、同年、広島市の土砂災害をもたらせた 8 月豪雨、さらに同年の御嶽山噴火災害、2016（平成 28）年の熊本地震、2018（平成 30）年西日本を中心に北海道や中部地方まで全国的に広い範囲で、死者 224 名、行方不明者 8 名、負傷者 459 名（重傷 113 名、軽傷 343 名、程度不明 3 名）住家全壊 6,758 棟、半壊 10,878 棟、一部破損 3,917 棟床上浸水 8,567 棟、床下浸水 21,913 棟などの被害が発生した平成 30 年 7 月豪雨（西日本豪雨）[36]が平成期最後の非常災害対策本部が設置された災害である。[37]

　非常災害対策本部が設置された事案は、災害対策基本法設置の1961年以降2019年まで33回、対象別にみると「地震：14」「台風：6」「豪雨：6」「噴火：4」「豪雪：2」「汚染：1」であった。それを全事案における割合で見ると「地震災害」が最も多く全体の42%、次いで「台風災害」「豪雨災害」がそれぞれ18%、「噴火災害」が12%、「豪雪災害」が6%、「汚染

災害」が3％であった。非常災害対策本部の設置件数と、自然災害による発生件数を比較すると、同対策本部の設置は、発生件数が一番多い台風よりも、地震が多いことがわかる。もっとも、我が国では年間有感地震は1000~2000回程度発生[38]していると言われており、その中で非常災害対策本部が設置される事案というのは、大きな被害が出る、あるいは出ている地震災害であることが想像できる。年間を通じて台風を含む風水害の被害者数は一定数存在する[39]が、ひとたび大規模地震が発生するとその被害が大きい。【図表23】

図表 23　非常災害対策本部の災害別設置割合

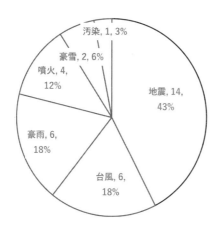

※1963年～2018年まで。件数及び割合。筆者作成。

災害対策基本法では「非常災害が発生し、又は発生するおそれがある場合において、当該災害の規模その他の状況により当該災害に係る災害応急対策を推進するため特別の必要があると認めるときは、内閣総理大臣は、内閣府設置法第四十条第二項の規定にかかわらず、臨時に内閣府に非常災害対策本部を設置することができる。」（同24条）と規定されている。災害対策基本法制定以降、2018年までに非常対策本部が置かれた災害は32緊急災害対策本部が置かれたのは1（東日本大震災）である。【図表24】

図表 24　非常災害対策本部・緊急災害対策本部の設置

西暦	本部の名称	備考（災害/本部長/期間）
1963	豪雪地帯非常対策本部	昭和38年1月豪雪（三八豪雪）/国務大臣/昭和38年1月29日~5月31日
1964	新潟地震非常災害対策本部	新潟地震/国務大臣/昭和39年6月16日~10月31日
1965	昭和40年台風第23号、第24号及び第25号非常災害対策本部	連続台風/国務大臣/昭和40年9月17日~12月17日
1966	昭和41年台風第24号及び第26号非常災害対策本部	連続台風/国務大臣/昭和41年9月26日~12月27日
1967	昭和42年7月豪雨及び8月豪雨非常災害対策本部	豪雨/国務大臣/昭和42年7月9日~12月26日
1968	1968年十勝沖地震非常災害対策本部	1968年十勝沖地震/国務大臣/昭和43年5月16日~昭和44年5月2日
1972	昭和47年7月豪雨非常災害対策本部	昭和47年6月6日から7月13日までの断続した豪雨等による災害/国務大臣/昭和47年7月8日~12月19日
1976	昭和51年台風第17号非常災害対策本部	昭和51年台風第17号/国土庁長官/昭和51年9月13日~12月10日
1977	昭和52年有珠山噴火非常災害対策本部	昭和有珠山噴火災害/国土庁長官/昭和52年8月11日閣議決定、昭和54年12月4日廃止
1978	伊豆大島近海の地震非常災害対策本部	伊豆大島近海の地震/国土庁長官/昭和53年1月16日閣議決定、同年8月4日廃止
	宮城県沖地震非常災害対策本部	宮城県沖地震/国土庁長官/昭和53年6月13日閣議決定、同年11月28日廃止
1979	昭和54年台風第20号非常災害対策本部	昭和54年台風第20号/国土庁長官/昭和54年10月20日閣議決定、同年12月4日廃止
1982	昭和57年7月及び8月豪雨非常災害対策本部	長崎大水害/国土庁長官/昭和57年7月24日閣議決定、同年12月24日廃止
1983	昭和58年日本海中部地震非常災害対策本部	日本海中部地震/国土庁長官/昭和58年5月26日閣議決定、同年12月23日廃止
	昭和58年7月豪雨非常災害対策本部	山陰豪雨/国土庁長官/昭和58年7月23日閣議決定、同年12月23日廃止
	昭和58年三宅島噴火非常災害対策本部	昭和三宅島噴火災害/国土庁長官/昭和58年10月4日閣議決定、昭和59年6月5日廃止
1984	昭和59年長野県西部地震非常災害対策本部	長野県西部地震/国土庁長官/昭和59年9月16日閣議決定、昭和60年2月19日廃止
1991	平成3年雲仙岳噴火非常災害対策本部	雲仙普賢岳噴火災害/国土庁長官/平成3年6月4日閣議決定、平成8年6月4日廃止
1993	平成5年北海道南西沖地震非常災害対策本部	北海道南西沖地震/国土庁長官/平成5年7月13日閣議決定、平成8年3月31日廃止
	平成5年8月豪雨非常災害対策本部	8.1・8.6水害/国土庁長官/平成5年8月9日閣議決定、平成6年3月15日廃止
1995	平成7年兵庫県南部地震非常災害対策本部	阪神・淡路大震災/国土庁長官→兵庫県南部地震対策担当大臣→国土庁長官→防災担当大臣/平成7年1月17日閣議決定、平成14年4月21日廃止※閣議決定による緊急対策本部（1/19~4/28）
1997	平成9年ダイヤモンドグレース号油流出事故非常災害対策本部	東京湾原油流出事故/運輸大臣/平成9年7月2日設置、同年7月11日廃止
2000	平成12年有珠山噴火非常災害現地対策本部	平成有珠山噴火災害/国土庁長官→防災担当大臣/平成12年3月31日設置、同年8月11日廃止
	平成12年三宅島噴火及び新島・神津島近海地震非常災害対策本部	平成三宅島噴火災害/国土庁長官→防災担当大臣/平成12年8月29日設置、平成17年3月31日廃止　（平成12年（2000年）三宅島噴火非常災害対策本部　平成14年5月16日~平成17年3月31日）
2004	平成16年台風第23号非常災害対策本部	平成16年台風第23号/防災担当大臣/平成16年10月21日設置、平成19年3月31日廃止
	平成16年新潟県中越地震非常災害対策本部	新潟県中越地震/防災担当大臣/平成16年10月24日設置、平成20年3月31日廃止
2011	平成23年（2011年）東北地方太平洋沖地震緊急災害対策本部	緊急災害対策本部（2011/3/11）設置（継続中）
	平成23年（2011年）台風第12号非常災害対策本部	平成23年台風第12号/-/平成23年9月4日設置、平成26年12月26日廃止
2014	平成26年（2014年）豪雪非常災害対策本部	平成26年豪雪/防災担当大臣/平成26年2月18日設置、平成26年5月30日廃止
	平成26年（2014年）8月豪雨非常災害対策本部	広島市の土砂災害/防災担当大臣/平成26年8月22日設置、平成27年1月9日廃止
	平成26年（2014年）御嶽山噴火非常災害対策本部	2014年の御嶽山噴火/防災担当大臣/平成26年9月28日設置、平成26年10月17日廃止
2016	平成28年（2016年）熊本県熊本地方を震源とする地震非常災害対策本部	熊本地震/防災担当大臣/平成28年4月14日設置、平成28年9月16日廃止
2018	平成30年7月豪雨非常災害対策本部会議	西日本水害/総理/災害対策本部設置（10月13日設置、11月30日廃止）

※内閣府「防災白書」、内閣府HP、報道資料を参考に筆者作成
http://www.bousai.go.jp/kaigirep/hakusho/h24/bousai2012/html/honbun/1b_1h_1s_02_01.htm　内閣府HP　平成23年（2011年）東北地方太平洋沖地震緊急災害対策本部　http://www.bousai.go.jp/2011daishinsai/honbu_kaigi/

2.4　大規模災害　～阪神淡路大震災と東日本大震災の概要

　本書では、政府・行政、すなわち公的機関による大規模災害への対応に焦点を当てている。その「大規模災害」の具体的な事例として阪神淡路大震災と東日本大震災を念頭に置いている。それは戦後我が国が経験した数々の災害の中でも特に人的被害、物的被害ともに甚大であり、自治体の機能（行政や消防）が失われる地域があるなど、政府・行政の対応が困難を極めたこと等を理由とする。平成期に経験したその二つの大震災は、繰り返し災害に見舞われている我が国ですら未曾有の災害であった。前者は大都市を襲う都市型地震であり、政府・行政は都市機能の麻痺した地域で、多くの被災者を救援、支援しなければならなかった。後者は大津波を引き起こし広大な地域に被害をもたらしたうえ、原子力災害をも引き起こした。政府・行政は情報が寸断された中広域の救助捜索を強いられ、同時に原子力災害へも対応しなければならなかった。

2.4.1　阪神淡路大震災の概要[40]

　地震が多い我が国にあっても、阪神淡路大震災[41]は大きな衝撃を受ける災害であった。早朝、阪神高速道路が崩れた映像をニュースで放送されたときは多くの人々が予想すらしなかったその光景に目を疑った。発生地域が神戸市を中心とした人口密度の高い地域でありかつ経済活動の中心である大都市であったことも被害を拡大させ、それを見聞きした人々の不安を増幅させた。もちろん、これら被災地外の人々の衝撃よりも、まさに被災している人々の苦痛、不安は想像を絶するものであった。
　ここでは、その阪神淡路大震災の概要について整理をする。

(1) 発生年月日　1995（平成7）年1月17日（火）5時46分
(2) 地震名　「平成7年(1995年)兵庫県南部地震」（気象庁による命名）

(3) 震央地名　淡路島（北緯 34 度 36 分、東経 135 度 02 分）

(4) 震源の深さ　16km

(5) 規模マグニチュード 7.3[42]　直下型地震

(6) 各地の震度

　　震度 7[43]　神戸市須磨区鷹取、長田区大橋、兵庫区大開、中央区三宮、灘区六甲道、東灘区住吉、芦屋市芦屋駅付近、西宮市夙川付近等のほぼ帯状の地域や、宝塚市の一部及び淡路島の東北部の北淡町、一宮町、津名町の一部の地域

　　震度 6　神戸、洲本

　　震度 5　京都、彦根、豊岡

　　震度 4　岐阜、四日市、上野、福井、敦賀、津、和歌山、姫路、舞鶴、大阪、高松、岡山、徳島、津山、多度津、鳥取、福山、高知、境、呉、奈良震度 3　山口、萩、尾鷲、伊良湖、富山、飯田、諏訪、金沢、潮岬、松江、米子、

室戸岬、松山、広島、西郷、輪島、名古屋、大分

　　震度 2　佐賀、三島、浜松、高山、伏木、河口湖、宇和島、宿毛、松本、御前崎、静岡、甲府、長野、横浜、熊本、日田、都城、軽井沢、高田、下関、宮崎、人吉

　　震度 1　福岡、熊谷、東京、水戸、網代、浜田、新潟、足摺、宇都宮、前橋、小名浜、延岡、平戸、鹿児島、館山、千葉、秩父、阿蘇山、柿岡

(7) 津波

　　この地震による津波はなし

(8)主な被害

　　　　　①被害状況等

　　　　　（a）人的被害

　　　　　　　ア 死者 6,434 名

　　　　　　　イ 行方不明 3 名

　　　　　　　ウ 負傷者 43,792 名　（重傷 10,683 名 軽傷 33,109 名）

   (b) 住家被害
       ア 全壊 104,906 棟
       イ 半壊 144,274 棟
       ウ 一部破損 390,506 棟
       エ公共物損壊 1,579 棟
   (c) 被災者の救助活動状況
     救出等総数 約 35000 名
  （救助主体：消防・警察・自衛隊による約 8000 名近隣住民等約 27000 名）[44]

2.4.2　東日本大震災の概要[45]

　阪神淡路大震災以降も、有珠山や三宅島での噴火災害や平成 16 年新潟県中越地震など、地震災害など大きな災害が容赦なく発生した。その中でも、それまでの常識を超え、危機管理のあらゆる分野に根本的な改革を求めるほどの衝撃を与えたのが東日本大震災である。ここではその概要について整理しておく。なお、気象庁発表の震度等については再調査後修正されることがある。

(1) 発生年月日　2011（平成 23）年 3 月 11 日（金）14 時 46 分
(2) 地震名　「平成 23 年（2011 年）東北地方太平洋沖地震」（気象庁による命名）
(3) 震源及び規模　三陸沖（北緯 38 度 06.2 分、東経 142 度 51.6 分、牡鹿半島の東南東 130km 付近）
(4) 震源の深さ 24km
(5) 規模マグニチュード 9.0
(6) 震源域　長さ 450km、幅 200km
(7) 震度（震度 6 弱以上の地域）
　震度 7　[宮城県]：栗原市

　震度6強 [宮城県]：涌谷町、登米市、美里町、大崎市、名取市、蔵王町、川崎町、山元町、仙台市、石巻市、塩竈市、東松島市、大衡村 [福島県]：白河市、須賀川市、国見町、鏡石町、天栄村、楢葉町、富岡町、大熊町、双葉町、浪江町、新地町 [茨城県]：日立市、高萩市、笠間市、常陸大宮市、那珂市、筑西市、鉾田市、小美玉市 [栃木県]：大田原市、宇都宮市、真岡市、市貝町、高根沢町

　震度6弱 [岩手県]：大船渡市、釜石市、滝沢村、矢巾町、花巻市、一関市、奥州市、藤沢町 [宮城県]：気仙沼市、南三陸町、白石市、角田市、岩沼市、大河原町、亘理町、松島町、利府町、大和町、大郷町、富谷町 [福島県]：福島市、郡山市、二本松市、桑折町、川俣町、西郷村、中島村、矢吹町、棚倉町、玉川村、浅川町、小野町、田村市、伊達市、本宮市、いわき市、相馬市、広野町、川内村、飯舘村、南相馬市、猪苗代町 [茨城県]：水戸市、土浦市、石岡市、常総市、常陸太田市、北茨城市、取手市、つくば市、ひたちなか市、鹿嶋市、潮来市、坂東市、稲敷市、かすみがうら市、桜川市、行方市、つくばみらい市、茨城町、城里町、東海村、美浦村 [栃木県]：那須町、那須塩原市、芳賀町、那須烏山市、那珂川町　[群馬県]：桐生市　[埼玉県]：宮代町　[千葉県]：成田市、印西市

(8) 津波

3月11日14時49分 津波警報（大津波）発表

　（津波警報（大津波）が発表された津波予報区）

・岩手県、宮城県、福島県（以上14:49発表）

・青森県太平洋沿岸、茨城県、千葉県九十九里・外房（以上15:14発表）

・伊豆諸島、北海道太平洋沿岸東部、北海道太平洋沿岸西部（以上15:30発表）

・青森県日本海沿岸、千葉県内房、小笠原諸島、相模湾・三浦半島、静岡県、和歌山県、徳島県（以上16:08発表）

・高知県（以上22:53発表）

→ 以後段階的に津波警報・津波注意報に移行

3月13日17時58分 全ての津波注意報が解除

主な検潮所で観測した津波の観測値（6月10日21：00現在）

・相馬　最大波 3月 11 日 15 時 51　9.3m 以上　※1

・石巻市鮎川　最大波 3月 11 日 15 時 26 分　8.6m 以上　※1

・宮古　最大波 3月 11 日 15 時 26 分　8.5m 以上　※1

・大船渡　最大波 3月 11 日 15 時 18 分　8.0m 以上　※1

・八戸　最大波 3月 11 日 16 時 57 分　4.2m 以上　※1

・釜石　最大波 3月 11 日 15 時 21 分　4.2m 以上　※1

・大洗　最大波 3月 11 日 16 時 52 分　4.0m

・えりも町庶野　最大波 3月 11 日 15 時 44 分　3.5m

※1 観測施設が津波により被害を受けたためデータを入手できない期間があり、後続の波でさらに高くなった可能性がある。（気象庁）

※2 モーメントマグニチュードとは、地下岩盤のずれの規模（ずれ動いた部分の面積×ずれた量×岩石の硬さ）をもとにして計算したもの。（規模の大きな地震を正確に表すのに有効）（気象庁）

　(9)　主な被害[46]

　　　①　被害状況等

　　　（a）人的被害

　　　　　ア 死者 19,729 名 ※震災関連の死者を含む

　　　　　イ 行方不明 2,559 名

　　　　　ウ 負傷者 6,233 名

　　　（b）住家被害

　　　　　ア 全壊 121,996 戸

　　　　　イ 半壊 282,941 戸

　　　　　ウ 一部破損 748,461 戸

　　　②　被災者支援の状況

　　　（a）避難者

　　　　　全国の避難者数 47,737 名

　　　　　※親族、知人宅や公営・仮設住宅等への入居者も含む

　（b）仮設住宅等の状況

　　　応急仮設住宅の着工戸数

　　　53,194 戸着工済み（うち 53,194 戸完成）

　（c）被災者の救助活動状況

　　　救出等総数 27,157 名

　ここまで防災政策の端緒となる災害を概観してきた。主な災害だけを見ただけでも、その内容が多種多様である事が分かる。災害のこの多様性が防災政策の複雑さをあらわしている。また、災害はその様相により規模が変化、拡大し、複数の災害が同時に発生することがある。このような複合災害では対処しなくてはならない対象が拡大する。その過酷さはもちろんだが、政策策定に際しての困難さは想像に難くない。

---

1 風間規夫（1998）「日本の防災政策〜政策ネットワークの失敗構造」『日本公共政策学会年報』。

2 政府広報オンライン https://www.gov-online.go.jp/useful/article/201507/1.html（最終アクセス 2019/10/17）。

3 詳しくは国土交通省「河川事業概要 2019」パンフレットを参照のこと。http://www.mlit.go.jp/river/pamphlet_jirei/kasen_gaiyou/panf/pdf/2019/kasengaiyou2019_all.pdf。

4 2014（平成 26）年 2 月に日本で発生した雪害（豪雪）。政府は平成 26 年（2014 年）豪雪非常災害対策本部を設置した。詳細は以下参照の事。http://www.bousai.go.jp/updates/h26_02ooyuki/pdf/h26_02ooyuki_26.pdf　（平成 26 年（2014 年）豪雪について」（アクセス 2019/08/23）。

5 気象庁 HP　https://www.jma.go.jp/jma/kishou/know/toppuu/tornado2-1.html。

6 詳細については、例えば、瀧下洋一（気象庁予報部予報課）「竜巻発生確度ナウキャスト・竜巻注意情報について－突風に関する防災気象情報の改善－」気象庁『測候時報』第 78 巻（2011 年度）p.57-p.93 を参照のこと。

7 気象庁レーダー・ナウキャストhttps://www.jma.go.jp/jp/radnowc/index.html?areaCode=000&contentType=2。

8 「平成 22 年 5 月 27 日から、竜巻などの激しい突風が発生しやすい地域の詳細
な分布と 1 時間先までの予報」としている。
https://www.jma.go.jp/jma/kishou/know/toppuu/tornado0-0.html。
9 気象庁、防災気象情報の改善に関する検討会 第 2 回（平成 25 年 1 月 22 日）
資料 10「降水予測と防災気象情報の精度」p.11。
10 気象庁発行リーフレット「雨と風（雨と風の階級表）」を参照のこと。
11 防災気象情報の改善に関する検討会 第 2 回（平成 25 年 1 月 22 日）資料 10
「降水予測と防災気象情報の精度」参照のこと。
https://www.jma.go.jp/jma/kishou/shingikai/kentoukai/H24johokaizen/part2/part2-
shiryo10.pdf。
12 防災気象情報の改善に関する検討会 第 2 回（平成 25 年 1 月 22 日）資料 10、
p .10。
13 台風は北西太平洋での呼称で、日付変更線より東側の太平洋、大西洋で発生
した場合はハリケーン（Hurricane）、その他の地域（インド洋や南太平洋）で
はサイクロン（cyclone）と呼ばれる。
14 「高潮災害とその対応～高潮による災害を未然に防ぐために」内閣府
（2005）。http://www.bousai.go.jp/kyoiku/pdf/takashio.pdf、気象庁 HP 高潮による
災害 https://www.jma.go.jp/jma/kishou/know/ame_chuui/ame_chuui_p6.html　を参
照のこと。
15 高波による災害については、以下の気象庁 HP を参照のこと。
https://www.jma.go.jp/jma/kishou/know/ame_chuui/ame_chuui_p7.html。
16 尚、河川についての用語等に関しては、国土交通省中部地方整備局木曽川上
流河川事務所の HP を参照のこと。
http://www.cbr.mlit.go.jp/kisojyo/explanation/index.html。
17 洪水災害に関しては気象庁 HP を参照のこと。
https://www.jma.go.jp/jma/kishou/know/ame_chuui/ame_chuui_p4.html。
18 特に地震本部による「日本の地震活動」を参照のこと。
https://www.jishin.go.jp/resource/seismicity_japan/。
19 気象庁 HP「地震予知について」
https://www.jma.go.jp/jma/kishou/know/faq/faq24.html。
20 気象庁 HP「火山噴火の仕組み」
https://www.jma.go.jp/jma/kishou/know/whitep/2-4.html。
21 例えば 2002 年文部科学省による「大都市大震災軽減化特別プロジェクト」
（通称「大大特」）や 2009 年の内閣府による「災害被害を軽減する国民運動」
などにそれが表れている。
22 運輸安全委員会 HP に事故報告書「62-2-JA8119　日本航空(株)所属 ボーイン
グ 747SR-100 型 JA8119 群馬県多野郡上野村」が公開されている。
https://jtsb.mlit.go.jp/jtsb/aircraft/download/bunkatsu.html。

23 尚、陸上自衛隊は、災害派遣要請に基づき、第 101 化学防護隊を派遣するなどの対処を行った。その後、同年 12 月に原子力災害対策特別措置法が制定されたことを受け自衛隊法が改正され、自衛隊の行動区分において「災害派遣」とは自然災害による派遣と定義づけ、原子力事故に起因する災害派遣は新たに「原子力災害派遣」を設け（自衛隊法第 83 条の 3）法律上別のものとして対処することとなった。

24 警察庁『平成 8 年警察白書』。

25 公安調査庁 HP　http://www.moj.go.jp/psia/aum-24nen.html。

26 例えば、東京都では国民保護計画の下、その対処の状況に応じて体制を 5 段階に定めているが、その中心的な職員は総務局総合防災部職員である。（「東京都国民保護計画」令和元年 7 月 p30）総務局総合防災部の平時の分掌は「危機管理体制の整備、災害時の応急対策事務、消防に関する事務、広報・普及啓発・調査研究」である。また例えば宮城県では総務部危機対策課が自然災害、人為災害（国民保護にかかわる事項）の両方を担当している。

27 この会議の趣旨は「我が国の安全保障環境が一層厳しさを増す中、内閣を挙げて外交・安全保障体制の強化に取り組む必要があるとの認識の下、外交・安全保障の司令塔となる国家安全保障会議の創設に向けて、そのあるべき姿について検討するため」だという。（平成 25 年 2 月 14 日内閣総理大臣決裁）。

28 安全保障会議設置法の一部を改正する法律、武力攻撃事態等における我が国の平和と独立並びに国及び国民の安全の確保に関する法律、自衛隊法及び防衛庁の職員の給与等に関する法律の一部を改正する法律。

29 武力攻撃事態等における国民の保護のための措置に関する法律（国民保護法）、武力攻撃事態等におけるアメリカ合衆国の軍隊の行動に伴い我が国が実施する措置に関する法律（米軍行動関連措置法）、武力攻撃事態等における特定公共施設等の利用に関する法律（特定公共施設利用法）、国際人道法の重大な違反行為の処罰に関する法律（国際人道法違反処罰法）、武力攻撃事態における外国軍用品等の海上輸送の規制に関する法律（海上輸送規制法）、武力攻撃事態における捕虜等の取扱いに関する法律（捕虜取扱い法）、自衛隊法の一部を改正する法律（自衛隊法一部改正法）尚この他に、日米物品役務相互提供協定（ACSA）改正、ジュネーブ諸条約第 1 追加議定書（国際的武力紛争の犠牲者の保護）、ジュネーブ諸条約第 2 追加議定書（非国際的武力紛争の犠牲者の保護）も改正、発効した。

30 災害対策基本法第 24 条、28 条の 2。他に 1（令和 3）年より都道府県単独での対応が困難な災害が起きた場合に「特定災害対策本部」（同法第 23 条の 3）が設置できるようになった。

31 内閣府資料（http://www.bousai.go.jp/index.html　アクセス 2014/11/20）、『平成 26 年版防災白書』等をもとに、死者・行方不明者について，風水害は 500 人以

上、雪害は 100 人以上、地震・津波・火山噴火は 10 人以上を基準とし及び大き
く話題になった事例を選んだ。

32 災害教訓の継承に関する専門調査会報告書（平成 20 年 3 月）「1959 伊勢湾台
風」
http://www.bousai.go.jp/kyoiku/kyokun/kyoukunnokeishou/rep/1959_isewan_typhoon/
index.html。

33 2011（平成 23）年 3 月 11 日 14 時 46 分頃、東北地方太平洋沖地震を原因とす
る東日本大震災が発生。菅直人内閣総理大臣は、同日 14 時 50 分に官邸対策室
を官邸危機管理センターに設置し、同日 15 時 14 分には自身を本部長とする
「平成 23 年（2011 年）東北地方太平洋沖地震緊急災害対策本部」を設置し
た。（平成 23 年内閣府告示第 7 号）。

34 「平成 23 年（2011 年）福島第一原子力発電所事故に係る原子力災害対策本
部」が初めて設置された。平成 23 年 3 月 12 日内閣府告示第 9 号原子力災害対
策本部及び原子力災害現地対策本部を設置した件。

35 社団法人日本海難防止協会『海と安全 No.532』2007、（41 巻、春号）の特集
では「あれから 10 年ナ業海難の教訓はどう生かされたか」に詳しい。
http://nikkaibo.or.jp/pdf/532_2007.pdf。

36 気象庁 HP
https://www.data.jma.go.jp/obd/stats/data/bosai/report/2018/20180713/20180713.html。

37 令和に入り最初の非常災害対策本部は、2019（令和元）年の台風第 19 号で設
置された。

38 公益社団法人日本地震学会 HP 参照　https://www.zisin.jp/faq/faq01_06.html。

39 内閣府防災 HP 参照の事。
http://www.bousai.go.jp/kaigirep/hakusho/h17/bousai2005/html/zu/zu1102020.htm。

40 「阪神・淡路大震災について（確定報）（平成 18 年 5 月 19 日、消防庁）」等
を参考に作成。

41 気象庁はこの地震を、「平成 7 年（1995 年）兵庫県南部地震」と命名した
が、さらに政府は、今回の災害の規模が特に大きいことに加え、今後の復旧・
復興施策を推進する上で統一的な名称が必要となると考えられたことから、災
害名を「阪神・淡路大震災」と呼称することとした。

42 平成 13 年 4 月 23 日の気象庁「気象庁マグニチュード検討委員会」結果によ
りマグニチュード 7.2 から修正。

43 気象庁が地震機動観測班を派遣し現地調査を実施した結果、異常の地域は震
度 7 であった。

44 平成 26 年版 防災白書「図表 1　阪神・淡路大震災における救助の主体と救出
者数」を参考にしている。なお阪神淡路大震災の人的被害の分析に関しては、
河田惠昭「大規模地震災害による人的被害の予測」（1997）が詳しい。

45 東日本の概要については既に数多くの資料が存在しているが、ここでは消防庁災害対策本部の発出した資料（平成 31 年 3 月 8 日第 159 報まで）を中心に、各種白書等を参考にしている。
46 緊急災害対策本部「平成 23 年(2011 年)東北地方太平洋沖地震(東日本大震災)について」令和 2 年 3 月 10 日発表。

3　大規模災害対処システム

　災害への対処は「自助・共助・公助」が大事だと言われる。[1]その中でも要救助者への近さを考えれば、発災直後は自助・共助が中心になる。公助として例えば救助隊などが被災地域に投入されるまでは一定の時間を要する。災害の様相にもよるが、特に時間との戦いになる発災直後の人命救助などは、そこに居合わせた人、いわゆるバイスタンダー（bystander）が一次救急処置を行うことにより、その被災者の生存率を高めることが期待できる[2]。同様に発災直後、瓦礫に挟まれた人の救助や、安否不明者の確認などは、共助に頼る事が多い。事実「阪神淡路大震災では、7割弱が家族を含む「自助」、3割が隣人等の「共助」により救出されており、「公助」である救助隊による救出は数％に過ぎなかった」[3]という。

　それでも、災害が激しく、あるいは大規模になればなるほど、個人や地域の力だけではどうにもならない事が多くなる。阪神淡路大震災や、東日本大震災などの規模はもちろんの事、自助・共助だけでは対処できない災害は多い。その場合、救助活動を主務とする消防組織はいうまでもなく、警察や自衛隊、また海上保安庁などあらゆる組織を動員し対処せねばならない。

3.1　公助、災害対処の仕組みをシステムとして捉える

　本書ではこの政府・行政により準備されている災害に対処する様々な仕組みを、システムと捉え、特に大規模災害を念頭にした「大規模災害対処システム」をその機能的な側面から観察している。その中で、政府・行政が行おうとする政策（防災政策、危機管理政策など）を中心として、法律やそれに基づく予算、防災計画などいわばシステム全体を統制する仕組みとして把握できるものと、災害等が発生した場合、実際に救助活

動などで対処する組織を中心に捉えることができる仕組みに分けることにした。前者を「統制システム」後者を「実動システム」としている。ここでいう「システム」には社会学のいわゆる「システム論」における「相互作用する要素の関係」というシステムの概念、例えばニクラス・ルーマン[4]のように社会全体をシステムとして捉えるまでの広さはなく、ハーバート・A・サイモン（2019:3）の「人工物（Artificial）」の概念[5]を参考にしている。

　ハーバート・A・サイモン[6]の言うところの「人工物」が有効に機能する環境の考え方を参考にすると「大規模災害対処システム」は「統制システム」にせよ「実動システム」にせよ政策の結果として形成された「人工物」であるが、発災後「実動システム」が活動するときに、外部環境である災害との間に「インターフェイス」が存在、形成されている。このインターフェイスの在り方は、災害対処の成果に大きな影響を及ぼす。それ以外にも、このインターフェイスは他の組織との間や組織内部の他部署との間など、多くのインターフェイスが存在している。したがって如何にこのインターフェイスをスムーズに通過できるかということが政策目的達成の為には重要である。

　さて、サイモンは自然物から人工物を区別するものとして、4つを挙げている[7]が、そのうち「機能、目標、適応」によって特徴づけられる点に着目したい。「人工物」がある目的を達成しようとするときの要素が、人工物それ自身が持つ「内部環境」と人工物が機能する環境である「外部環境」そしてそれらをつなぐ「インターフェイス（interface）」であるという。【図表25】

図表25　「人工物」が機能する環境

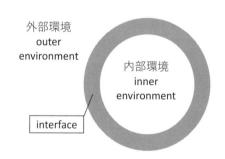

※「Herbert A.Simon,*The sciences of the artificial,*The MIT Press,2019,p6」を参考に筆者作成

　もし「内部環境」が「外部環境」に適合しているか、その逆に「外部環境」が「内部環境」に適合しているならば、人工物はその意図された目的の達成に資することになる[8]という。もっともサイモンが例示している人工物は時計などの「物（物体）」であるが、本書ではこれを主として政治や行政の活動により形成された「仕組み」としている。これらは、何らかの目的を達成するために、人為的に作り出した制度あるいは仕組みであり自然状態とは明確に区別された人工物である。

　それでは「外部環境」としての"危機（例えば災害）"に「内部環境」としての危機対処の"仕組み（本書でいう「対処システム」）"はどのように適合すなわち効果的に対処できているのだろうか。大規模災害という「外部環境」に、その対処を期待される実体としての様々な組織やそれらの活動を統制、運用する仕組みすなわち対処システムが適合していれば、意図された目的、すなわち被害の防止あるいは低減が達成できるはずである。しかし、もしそれが上手くいかないとすればその「対処システム」（内部環境）が「大規模災害」（外部環境）に適合していないといえる。危機管理政策、防災政策において、このシステムの適合の有無はその被害の防止あるいは低減という政策目標にとって極めて重要である。

　さらに留意しなければならないのは、大規模災害などでは、あたかも一体として作用しているその「大規模災害システム」も、その中には、例えば、「火災を予防し、警戒し及び鎮圧し、国民の生命、身体及び財産を火災から保護するとともに、火災又は地震等の災害による被害を軽減するほか、災害等による傷病者の搬送を適切に行い、もつて安寧秩序を保持し、社会公共の福祉の増進に資すること」（消防法第一条）を目的とした消防組織があり、「個人の生命、身体及び財産の保護に任じ、犯罪の予防、鎮圧及び捜査、被疑者の逮捕、交通の取締その他公共の安全と秩序の維持に当ること」（警察法第二条）を責務とする警察組織、「我が国の平和と独立を守り、国の安全を保つため、我が国を防衛することを主たる任務とし、必要に応じ、公共の秩序の維持に当たる」（自衛隊法第三

条）を任務とする自衛隊、「法令の海上における励行、海難救助、海洋汚染等の防止、海上における船舶の航行の秩序の維持、海上における犯罪の予防及び鎮圧、海上における犯人の捜査及び逮捕、海上における船舶交通に関する規制、水路、航路標識に関する事務その他海上の安全の確保に関する事務並びにこれらに附帯する事項に関する事務を行うことにより、海上の安全及び治安の確保を図ること」（海上保安庁法第二条）を任務とする海上保安庁等、様々な組織がそれぞれの政策の下で形成されている。各組織は、その政策目的に従い別々の「システム」が構築され活動している。それぞれが個別の「人工物」であり、この人工物と外部環境としての災害との間にもインターフェイスが存在する。さらに、このそれぞれのシステム内にも別の目的をもついくつもの組織が存在しており、いくつもの「外部環境+インターフェイス+内部環境」の構造が、いわば多層的に存在している。【図表 26】

　この内部環境自体、あるいは内部環境と外部環境としてのシステム間とのインターフェイスが多くなれば、例えば実務であれば「指揮・命令」系統が複雑になり、法制度であれば、運用への影響や、その手続が複雑化する。

　さらに大規模災害などの場合、様々な人や組織が通常の業務ではない立場に立たされたり運用されたりする。例えば阪神淡路大震災での避難所運営に際しての学校や教員の役割など、突如として災害対処の矢面に立たされることがある。これも広義では内部環境と外部環境の不適合である。

図表 26　システムの多層性

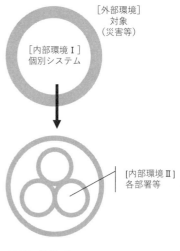

※筆者作成

3.2 個別対処システム

　本書では「大規模災害対処システム」とは、政府・行政の大規模災害
への対応の総称として定義するが、大規模災害が発生していない段階で
は、前述したように、災害の防止、あるいは被害の低減、人命救助など
を目的、任務として政府・行政が準備する様々な仕組みは、それぞれが
細分化、専門化され、個別の対処システム（以下個別システム）として、
存在し機能している。【図表27】

　個別システム
それぞれについ
ては後述するが、
例えば実動する
組織で見ると、通
常の火災や事故
が発生した場合、
消防や警察がそ
の被害を極小化
する目的のため
機能する。日常的
に発生するこれ
らの業務は、一定

図表 27　個別対処システム

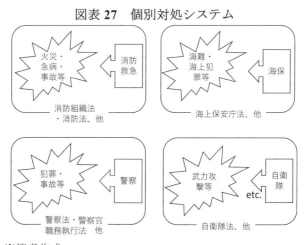

※筆者作成

の仕組み、秩序の中で対処、処理され、それぞれの能力内で収拾がつけ
ばその対処活動は終了する。日常の中におけるある種の異常事態である
火災や事故、事件などへの対処は概ねこの繰り返しであり、これは政府
や行政が備えた火災対処、事故対処へのシステムとして捉えることがで
きる。もちろん消防が対処するのは火災だけではなく救急対応や、日常
業務としての防火対策など多岐にわたる。同じく警察も事故のみならず、
犯罪対処、予防などその活動は多岐にわたる。消防システムはその目的

に向かい任務が遂行されるし、警察システムはその目的のために任務が遂行される。これら現場で対処する各組織は、その組織の目的や任務、活動範囲など、それぞれが個別の法律により規定されており、その規定に従い日々の業務や活動が行われている。

3.3　通常時と大規模災害発生時の対処システム

　個別システムは通常時、各々の目的のために機能しているが、それぞれの持つ対応能力、閾値を越えた「外部環境」に直面した場合を考えてみたい。阪神淡路大震災や東日本大震災など「大規模災害」を考えれば明らかなように、それはもはやある一つのシステム（組織）で対処できる「外部環境」ではなく、その状況では各システムが、統合あるいは総合して対処せざるを得なくなる。そこではあらゆる組織、例えば内閣官房や消防、警察や自衛隊などが被害を極小化するという共通目的のため機能、活動することになる。通常時に適合していた個別システムが、大規模災害など外部環境が激変し、個別システムの閾値を超え、不適合を

図表 28　平常時における「大規模災害対処システム」の概要

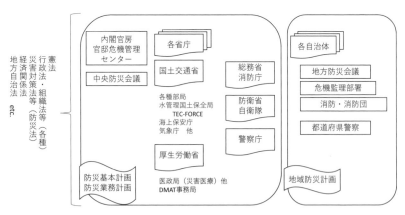

※筆者作成

起こすことがある。もちろん、過去の反省や教訓などから活動状況を想定し法整備や運用の改善、装備の充実や訓練などを図るが、それが不十分の場合や想定を大幅に超えた状況に対処をしなければならない場合、十分に対応できないケースが出てくる。例えば後述する阪神淡路大震災での初動（中央、自治体、各組織）の問題などの課題が発生する。

　このような単独では対処できない事態、例えば大規模災害などが発生すると、個々の組織や機関はそれまでの個々の活動に加えて、「大規模災害対処システム」としての活動を開始し、危機に対処することになる。特に応急対応期の初期段階では、人命救助を中心とした共通の目的、任務に向かい、総合的に機能することになる。例えば、実際の救助活動であれば、自衛隊や国土交通省の担当機関が道路を啓開し警察が交通整理をし、消防、警察、自衛隊が捜索を行い、生存者が発見された場合救急（消防）が搬送するといったように、個別システムが、統合的に運用されることになる。

図表 29　災害時における「大規模災害対処システム」の概要

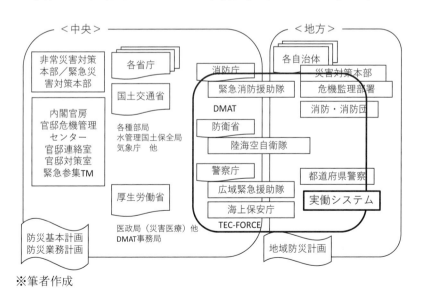

※筆者作成

　このように、大規模災害などが発生した場合、政府・行政の様々な機関や組織が全体として同じ目的のために総合、統合して対処に当たる。この政府・行政の持つ「大規模対処システム」は災害のない平常時と、平常時のシステムでは対処できない大規模災害（危機）の発生時ではその姿を変える。【図表28】【図表29】

　ところで、この個別システムでの対処から、大規模災害対処システムへの変化をもたらす外部環境はその様相により様々だが、本書では、中央（国）であれば非常災害対策本部、地方（自治体）であれば災害対策本部の設置された事案を一つの目安としている。後に整理するが、特に政府が設置する非常緊急対策本部は「当該災害の規模その他の状況により当該災害に係る災害応急対策を推進するため特別の必要があると認めるとき」[9]に内閣総理大臣によって設置されるものであり、多くの場合、自治体による通常の災害対応では不十分なケースで設置される。

　さて、大規模災害に対処する「システム」は、実体として大規模災害発生時、各組織の活動や運用を直接決定する部門や、人命救助など被災地域で直接対処する組織など、国や自治体で対処の中心となる対策本部や、実際に被災地域で活動をする、政府・行政の機関や組織の事としている。そして、災害が発生した場合に備え整備されている様々な制度や法律、対処システムそのものを運用する仕組み（例えば防災に関連する法律や防災計画など）に分けて考えることができる。本書では、前者を「実動システム」（Corresponding　system）、後者を「統制システム」（Control system）と区分して整理する。なお統制としているが、大規模災害に対処するときの法律、裏付けとなる予算など、政府の「大規模災害対処システム」の枠組みを規定する仕組みなどを概念として捉えたもので、災害発生時に諸機関等をそれに応じ統制するというよりは、活動の枠組みなどをあらかじめ決めているという意味合いである。繰り返しになるが、何らかの危機、例えば大規模災害が発生した時、その時点で対応するのは、自助、共助の他、その時点までに策定された政策の所与としての法律やそれに基づく行動、予算で編成された組織やそれに基

づく対処、すなわち共助である。その危機がどのような様相であろうと
も、この「システム」に変更はない。大規模災害に際しては、政府・行
政の様々な組織があたかも一体として対処する。他方、多くの組織は、
平常時には別の目的で運用されており、その目的や運用を変更すること
になる。[10]【図表30】

図表30　大規模災害発生時の対処システム

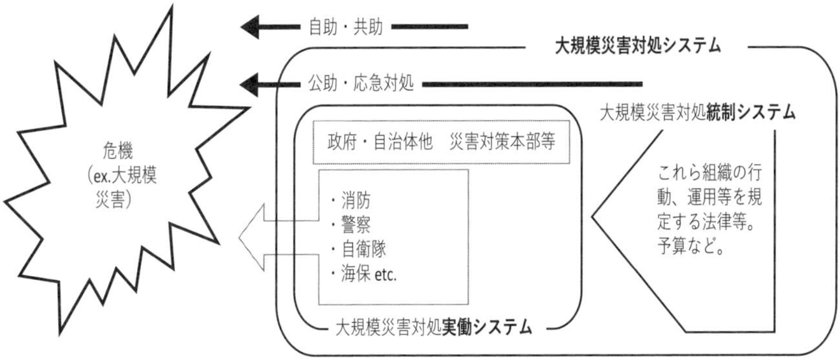

※筆者作成

　大規模災害への政府・行政による対応を「システム」（「大規模災害対
処システム」）として捉えることは、そのシステムが持つ「インターフェ
イス」の特徴と課題、想定、計画そして運用を含めた「リソース」の特
性に起因する特徴と課題の考察に寄与する。政策がもっとも具体的に表
れる法律をもとに、作られた組織の形態や運用は、伊勢湾台風などを受
けて策定された災害対策基本法のように、その政策を策定するに至る何
らかの動機に基づくことが一般的である。そしてそれは災害からの教訓
であることが多い。他方、それは、きっかけとなった災害からの教訓、
いわば限定された範囲（災害）から導き出された教訓であり、その教訓
をもとにした対策や策定された政策には、ある意味あらかじめ"枠"が
はめられている。【図表31】

既にふれたように、危機の様相は様々であり、すべてに対し完全に対処するのは難しい。それは、直接的に対処する「実動システム」のみならず、あらかじめそれを想定し、準備し計画する「統制システム」でも同様である。

目前の具体的な課題に対処する政策を策定する一般的な政策プロセスとは違い、この領域の政策は、将来起こりうる課題に対し、いわば過去の課題、例えば被害、への対処から得た教訓や知見をもとに策定する。どんなに正確に課題を設定したとしても、現実の災害の様相とのズレが生じることは避けられない。

図表 31　危機管理（防災）政策の起案

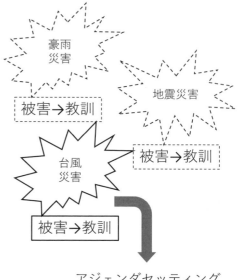

※筆者作成

---

1 例えば『平成 30 年度版防災白書』では一節をさいて、自助と共助の活動状況を検討し自助・公助の大切さを記述している。pp31-57。
2 消防庁『平成 29 年版消防白書』p47。
3 内閣府『平成 30 年版防災白書』p31。
4 Niklas Luhmann。
5 榊原は「人工物には、自動車やテレビや住宅や家具と言った有体物のほか、組織や法律と言った有体物以外のものまで含まれる、文字度とおり、人間が作

りだしたものすべてを含む広い概念である」と述べている。榊原清則（2010）
「「人工物とその価値」の研究」『組織科学』 Vol44 No1,p.27。

6 Herbert Alexander Simon（1916年6月15日 - 2001年2月9日）アメリカ合衆
国の政治学者・認知心理学者・経営学者・情報科学者。"for his pioneering
research into the decision-making process within economic organizations"「経済組織
内の意思決定プロセスに関する先駆的な研究に対して」で、1978年にノーベル
経済学賞を受賞。
https://www.nobelprize.org/prizes/economic-sciences/1978/simon/facts/
https://www.nobelprize.org/prizes/lists/all-nobel-prizes/。

7 Herbert A.Simon, *The sciences of the artificial,* The MIT Press,2019,p5
1.Artificial things are synthesized (though not always or usually with full forethought)
by human beings.
2. Artificial things may imitate appearances in natural things while lacking, in one or
many respects, the reality of the latter.
3. Artificial things can be characterized in terms of function, goals. adaptation.
4. Artificial things are often discussed, particularly when they are being designed, in
terms of imperatives as well ae descriptives.

8 Herbert A.Simon,*The sciences of the artificial,*The MIT Press,2019,p.6
「If the inner environment is appropriate to the cuter environment, or vice versa, the
artifact will serve its intended purpose.」。

9 災害対策基本法（昭和三十六年法律第二百二十三号）第24条（施行日： 平成
三十年六月二十七日）

10 もちろん、そもそも「目的」として災害への対処が定められていることが多
いが、それがその組織の主任務であるかどうかという意味で。

4 大規模災害対処「統制システム」

　政府・行政が、災害、特に大規模災害に対してどのように対処しよう
としているのかについて、制度、計画、予算を中心に整理する。

　大規模災害が発生した時点での対処能力は、それ以前の政策の結果で
あり、また対処そのものは、いわば政策実施のプロセスの一つとして発
動される。したがって、ある災害への対処の結果、人的、物的被害の有
無は当該政策の評価でもある。前述したように、本書では政府・行政に
よる大規模災害への対応する様々な仕組みや組織を一つのシステムとし
て捉え考えている。ここではこの「大規模災害対処システム」のなかで
も重要な組織運用の範囲など規定する法律や計画、そしてシステムを維
持運用する上でもっとも重要な予算、すなわち本書でいう「統制システ
ム」について概観する。

4.1　防災法制

　我が国の防災関係法令の構造について、特に災害対策基本法と災害救
助法を中心に整理する。現在、我が国防災法制の基本法である災害対策
基本法が制定されるまでは、防災に対応する法令は、大規模災害が起こ
るたびにそれに対処すべく個別の法整備で対応していた。1961 (昭和 36)
年の災害対策基本法提出の趣旨説明[1]でもあるように、その「総合的な基
本体制を確立する必要性が痛感」されていた。そこで、災害対策基本法
の制定を契機に、個々別々になりがちだった災害対応を統合、総合化し
て対応する方向へ進むことになった。

4.1.1　防災法制概観

　我が国の防災関係法令は多岐にわたるが主要な法律に関しては、前述

した政府の「防災サイクル」の段階把握、ナショナル・レジリエンス（防災・減災）懇談会[2]（内閣府）第1回資料[3]によると災害対策基本法を中心に「Ⅰ災害予防（18法令）」「Ⅱ災害応急対応（3法令）」「Ⅲ災害復旧・復興（23法令）」に分類されている。ここではこの法令をベースに、さらに本書の主たる考察対象である応急対応期の対処組織にかかわるいくつかの法令など、以下の各法令を加え整理する。なお、災害復興段階における各種支援などの法令は法令名と所管等を提示するにとどめたいと思う。

　同資料ではⅠの災害予防は更に災害の様態により①地震②火山③風水害④土砂災害に分類することができる。①「地震」に関する法令は「大規模地震対策特別措置法」「建築基準法」②「火山」に関する法令は「活動火山対策特別措置法」③「風水害」に関する法令は「河川法」④に関する法令は「砂防法」「森林法」「地すべり防止法」等が整備されている。

　Ⅱの災害応急対応は「災害救助法」「消防法」「水防法」等が整備されている。

　Ⅲの災害復旧、復興に関しては①被災者への救助援助②災害復旧・復興③保険共済に分類され、①は「被災者生活再建支援法」「災害弔慰金の支給に関する法律」「中小企業金融公庫法[4]」「農林漁業金融公庫[5]法」等、②は「公共土木設備災害復旧事業費国庫負担法」「農林水産業施設災害復旧事業費国庫補助の暫定措置に関する法律」「激甚災害に対処するための特別の財政援助等に関する法律」③は「地震保険に関する法」「農業災害時補償法」等が整備されている。

　また、災害対策基本法が我が国の災害対策法制の基本法であるが、これ以外にも個別の想定される災害につき、基本法的性格[6]の法令（災害対策基本法を加え7法令）が制定されている。これらは防災一般の基本法というよりは個別の災害に対する基本法と考えられる。例えば「東南海・南海地震に係る地震防災対策の推進に関する特別措置法」は「東南海・南海地震による災害から国民の生命、身体及び財産を保護するため（中略）東南海・南海地震に係る地震防災対策の推進を図ること」を目的と

し制定されている。

　防災法制は、ここまでの法令に関係法令を加え防災サイクルに対応さ
せると以下のように分類できる。

【基本法的な性格を持つ法令】「災害対策基本法」「海洋汚染等及び海上
災害の防止に関する法律」「石油コンビナート等災害防止法」「大規模地
震対策特別措置法」「原子力災害対策特別措置法」「南海トラフ地震に係
る地震防災対策の推進に関する特別措置法（東南海・南海地震に係る地
震防災対策の推進に関する特別措置法）」「日本海溝・千島海溝周辺海溝
型地震に係る地震防災対策の推進に関する特別措置法」

【応急対応期の対処組織等にかかわる分野の法令】「水難救護法」「災害
救助法」「消防組織法」「消防法」「警察官職務執行法」「水防法」「日本赤
十字社法」「警察法」「自衛隊法」

【予防にかかわる分野の法令】「砂防法」「建築基準法」「森林法」「地す
べり等防止法」「豪雪地帯対策特別措置法」「河川法」「活動火山対策特別
措置法」「地震防災対策特別措置法」「津波防災地域づくりに関する法律」

【復興にかかわる分野】「農業保険法（旧農業災害補償法）」「農林水産業
施設災害復旧事業費国庫補助の暫定措置に関する法律」「公共土木施設災
害復旧事業費国庫負担法」「農林漁業金融公庫法（2008 年まで）」「中小
企業金融公庫法（2008 年まで）」「天災による被害農林漁業者等に対する
資金の融通に関する暫定措置法」「激甚災害に対処するための特別の財政
援助等に関する法律」「地震保険に関する法」「災害弔慰金の支給等に関
する法律」「被災者生活再建支援法」廃止された農林漁業金融公庫、中小
企業金融公庫の業務を引き継いだ株式会社日本政策金融公庫に対する
「株式会社日本政策金融公庫法」等を挙げることができる。[7]

　防災法制は、災害の教訓、被災の体験や経験からのフィードバックで
更新される。内閣府の資料[8]による防災関係法令数をみると、基本法が 7、
災害予防関係が 18、災害応急対策関係が 3、災害復旧・復興，財政金融
措置関係が 23 となっており、災害応急対策関係が極端に少ない事がわ

かる。もっともここにあげられている「災害救助法」「消防法」「水防法」の他、「警察法」や「自衛隊法」も「海上保安庁法」等も災害対策に組織としてあたる事があるので、その意味では災害応急対応関係法といえる。尚、災害対策基本法にも「予防」「災害応急対策」「災害復旧・財政金融措置」それぞれの規定があり、その細目をこれらの法令が補足し規定しているという構造になっている。【図表32】

図表32　防災法制の段階的整理（政府モデルで整理）

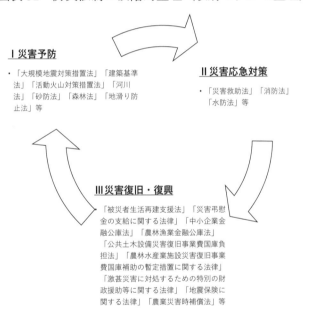

I 災害予防

・「大規模地震対策措置法」「建築基準法」「活動火山対策措置法」「河川法」「砂防法」「森林法」「地滑り防止法」等

II 災害応急対策

・「災害救助法」「消防法」「水防法」等

III 災害復旧・復興

・「被災者生活再建支援法」「災害弔慰金の支給に関する法律」「中小企業金融公庫法」「農林漁業金融公庫法」「公共土木設備災害復旧事業費国庫負担法」「農林水産業施設災害復旧事業費国庫補助の暫定措置に関する法律」「激甚災害に処処するための特別の財政援助等に関する法律」「地震保険に関する法律」「農業災害時補償法」等

※内閣府ナショナル・レジリエンス懇談会平成25年3月5日第1回資料をもとに筆者作成

　これら防災関係法令の成立に着目してみると、戦後、国土も荒廃し防災関係法令がほとんど整備されていなかった時期から概ね高度経済成長期までの1945（昭和20）年から1970年代前半までに、現在（平成26年）成立している防災関係法令の約51法令のうち34法令、約66％が整備され

ている事が確認できる。【図表33】

図表 33　防災関係法令成立年代

	1940年代	1950年代	1960年代	1970年代	1980年代	1990年代	2000年代
基本法			1	3		1	2
災害復旧・復興、財政金融措置	1	12	3	2		4	
災害応急対策	3						
災害予防		7	3	1	1	3	3

※内閣府、ナショナル・レジリエンス（防災・減災）懇談会資料、平成26年版防災白書をもとに筆者作成

　例えば淀川水系の治水に関して「昭和28年、台風13号が襲来し、明治、大正、昭和初期の降雨量を上回る大雨によって全国規模で水害が起こりました。それまでの後追い的な洪水対策ではなく、水系全体を見据えた根本的な治水対策が必要とされ、淀川水系を含む全国の10河川で治水計画の見直しが進められました。この時、利水や発電などを含めた「河川の総合的な開発」という考え方が取り入れられました。」[9]というように、この時期から本格的な治水（利水）事業が始まったことがうかがえる。尚、淀川では、昭和29年11月、流域全体の治水対策について取りまとめた「淀川水系改修基本計画」が策定されることになった。

　尚、災害対策基本法が我が国の災害対策法制の基本法である事は前述したが、これ以外にも個別の災害にそれぞれの基本法的性格の法令が制定されている。それが「海洋汚染等及び海上災害の防止に関する法律」「石油コンビナート等災害防止法」「大規模地震対策特別措置法」「原子力災害対策特別措置法」「東南海・南海地震に係る地震防災対策の推進に関する特別措置法」「日本海溝・千島海溝周辺海溝型地震に係る地震防災対策の推進に関する特別措置法」である。但し、これらは「防災」の基

本法というよりは個別の災害に対する基本法と考えられる。例えば「東南海・南海地震に係る地震防災対策の推進に関する特別措置法」は「東南海・南海地震による災害から国民の生命、身体及び財産を保護するため(中略)東南海・南海地震に係る地震防災対策の推進を図ること」を目的としている法律の整備が為されている。

　ここまで見てきた防災関係法令の内容を、さらに整理すると「災害予防関係」の法令は、砂防法や森林法、海岸法など18法令が整備されている。これら法令を対象別に分類すると、「土木分野」に対する法令が7法令で、割合で言えば38.9%とほぼ4割を占める。自然災害の多い我が国の状況をよく示している。以下、「建物構造物」に対する法令は3法令で16.7%。「台風」「雪」「火山」が其々1法令で各5.6%「地震」に対しては2法令で11.1%、「その他」1である。【図表34】

図表34　防災法令分野別割合〔災害予防〕

	土木	建物	河川・水害	台風	雪害	火山	地震	その他
本数	7	3	2	1	1	1	2	1
割合（%）	38.9	16.7	11.1	5.6	5.6	5.6	11.1	5.6

※内閣府、ナショナル・レジリエンス（防災・減災）懇談会資料、内閣府「平成26年版防災白書」をもとに筆者作成

　「災害復旧・復興，財政金融措置関係」の法令は森林国営保険法、農業災害補償法等23法令が整備されている。その対象を「農林水産」「住宅生活」「企業」「公共」に分類して確認すると「農林水産」関連が7法令で30.4%、「住宅生活」関連が3法令で13%、「企業」関連が2法令で8.7%、「公共」関連が11法令で47.8%である事が確認できる。【図表35】

図表 35　防災法令分野別割合〔災害復旧・復興，財政金融措置〕

	農林水産	住宅・生活	企業	公共
本数	7	3	2	11
割合（％）	30.4	13.0	8.7	47.8

※内閣府、ナショナル・レジリエンス（防災・減災）懇談会資料、内閣府「平成26年版防災白書」をもとに筆者作成

　自然災害に大きく影響を受ける農林水産業の割合が高い。他方、個人支援は相対的に低い。これについて生田は「その背景に『自然災害に関する復旧は、被災した側の責任で行うべきである』という考え方が存在していることによる」（生田,2013：12）と述べている。

　防災関係法令の成立と災害の被害者数との関係を見たのが図表36である。災害対策基本法のきっかけの一つとなった伊勢湾台風が1959年、災害対策基本法が制定されたのが1961（昭和36）年、そして1995年の阪神淡路大震災、2011年の東日本大震災それぞれに対応させるための立法が増加していることがわかる。【図表36】

図表 36　災害発生と防災関係法令の成立数

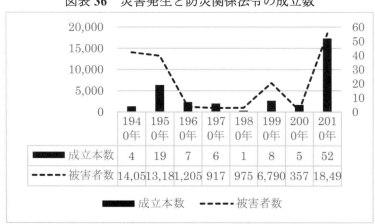

※横軸の年数は10年刻。内閣府、ナショナル・レジリエンス（防災・減災）懇談会資料、防災白書26年度版附.4をもとに筆者作成。

4.1.1.1 憲法と防災法制

　災害対策基本法の整理でふれるが、防災関係法令はときに私権を制限しかねない内容を含む。その意味では憲法との関連の検討[10]は重要なのだが、ここでは政府・行政が何故国民、住民を災害から保護しなければならないのかという原点を、日本国憲法との関係を確認しておく。

　日本国憲法第 11 条では「国民は、すべての基本的人権の享有を妨げられない。この憲法が国民に保障する基本的人権は、侵すことのできない永久の権利として、現在及び将来の国民に与へられる」として、この憲法を貫く最も基礎的な原理として人権尊重主義を掲げている。すなわち憲法は統治者に対し、国民が有するこの基本的人権を保障せよと命令している。憲法は統治機構についての規定とともに、この人権の保障をその統治機構に課しているのである。また、憲法 13 条では、すべての人が「個人」として尊重される、と規定しており、国民が大災害等に直面し、命の危機にさらされ、あるいは発災後、家を失い、財産を失い、「日常」が奪われた時、国家はそれら個々の被災者を「個人」として尊重すべきであることを意味する。

　さらに憲法 25 条は「健康で文化的な最低限度の生活」を保障しており被災時であったとしても、尊厳が守られる豊かな生活を保障するよう国家に求めることができる。被災時というよりむしろ、そのような緊急時にこそ、国家は「健康で文化的な最低限度の生活」を保障すべく努力しなければならない。尚、この保障の範囲についていくつかの判例があるが、最高裁は、25 条は「個々の国民に具体的な権利を賦与（ふよ）したのではない[11]」と明言しいわゆる「抽象的権利説」を採用している。また「最低限度」については(1)文化の発達の程度(2)一般的な国民の生活状況(3)財政事情——などを勘案すべきだとの基準を示した。[12]

　これら憲法の各規定をうけ整備された防災関連の各法令は、憲法第 14 条「法の下の平等」の規定において、すべての国民は等しく平等に扱わ

なければならないことになり、被害程度の高低や地域などに関係なく対応することが要請されていると考えられる。

　尚、国際赤十字は、「災害や紛争の避難者には尊厳ある生活を営む権利があり、援助を受ける権利がある。」「避難者への支援については、第一にその国の国家に役割と責任がある。[13]」と宣言している。

　このように憲法は災害時であっても、個人として尊重され（憲法 13条）、「健康で文化的な最低限度の生活」（憲法 25条）が保障されることを、統治機構に要求している。しかし現実には、災害時にこれらを確保するのは容易ではない。特に、災害対策基本法で第一義的な責任を持たされている基礎自治体は、それぞれその規模や資源に差があり、国民、住民に対して十分な対応ができるか検討が必要である。いずれにしても、このような憲法の各規定を受け、例えば災害対策に関しては以下概観するように災害対策基本法を中心に、様々な法律が整備されている。

4.1.1.2　災害対策基本法

　次に我が国災害政策の基本法である災害対策基本法の成立および構造と基本理念、さらに災害対策の責任の所在およびその変遷について整理する。また、災害対策基本法以前からある、発災時の住民救助の中心的な法律である災害救助法について、同法の成立、構造と対応主体および適用と実施について整理する。特に災害発生時における応急対応期に適用される、大規模災害対処システムとしての法律の内容が確認できる。

　なお、災害対処システムの形成過程を考えるときに本書では政治の影響に重きを置かず考察することを意識しているが、災害対策基本法の成立をめぐっては、どうしても政治の場面での論争に触れないわけにはいかない。そこで、当初、何が政治的に問題にされたかを整理し、その問題が今日どう扱われているか、問題への認識は同じなのか変わったのかを確認したい。

4.1.1.2.1　災害対策基本法の成立

　1952（昭和27）年3月の十勝沖地震による大きな被害を受け全国知事会では災害対策調整委員会を設置し、同年11月に「非常災害対策法要綱」および「非常金融公庫法要綱」を発表した。[14]これはそれまでの防災行政を再検討し、内閣総理大臣などをメンバーにした中央災害対策委員会の設置や、全国を数ブロックに分け、それぞれに地方災害対策協議会を設置し防災に関わる総合的な調整を図るなどの内容であった。しかしその後この分野の目立った動きはなかった。

　1959（昭和34）年9月に紀伊半島から東海地方を襲った伊勢湾台風[15]は、死者4697名行方不明者401名という大きな損害をもたらした。これを契機に、再び災害対策基本法制定の動きが高まった。そこで政府（内閣審議室）は1960（昭和35）年1月「災害対策の整備に関する法律案」としてまとめた。この案については「自民党において検討の結果、次のような問題点があるとしてこの法案は再検討することとし、次の通常国会まで見送る」とされたという。再検討の理由として「各省に気兼ねして各省の現行権限に一切触れておらず、現行体制の是正がなされていない。単に兼務の防災官を置いたり、防災会議を設けたりしてもその権限内容もはっきりせず無意味である」「知事にもっと強力な権限を与えるべきである」「自衛隊、警察、消防の職責を拡げるとともに、災害時には災害対策本部長の指揮下に入れるべきである」[16]などといった意見が出された。

　同じころ、自治省（自治庁）でも災害に関する制度を検討し1959（昭和34）年12月防災庁および防災団（消防団と水防団の一本化）の設置、各都道府県に特設防災隊を設置することなどを内容として「災害対策基本法要綱」としてまとめている。他にも自民党も独自に法案作成に着手し、災害対策の基本法に関して最終的には①内閣審議室案②自治省案③自民党案さらには④社会党案が並立することになった。

　このような経緯をたどりながら自民党が作成した党案「防災基本法案」
が昭和36年4月の各省会議に配布された。[17]この自民党案では中央防災
会議の事務局は各省庁から出向させるとなっているが、庶務に関しては
消防庁におくことになっており、さらに事務局長は消防庁長官をもって
充てることとなっていた。[18]省庁調整の後同年4月下旬の法制局審議の
段階で法案の名称が「災害対策基本法」となった。内容について何点か
変更[19]が為され、1960（昭和35）年5月23日、第38回国会に提案され
た。しかしこのときは審議未了廃案になるのだが、それは法案内容の問
題というより、いわゆる安保闘争でデモ隊が国会に突入した混乱による
ものである。翌1961（昭和36）年10月6日再び第39回通常国会に提出
され、衆議院本会議での自治大臣安井謙による趣旨説明ののち審議が開
始される。

　趣旨説明の中で安井は、この法案について、特に留意した点として、
第一は、災害対策の総合化、すなわちばらばらに存在している災害対策
関係法規を総合的、体系的に位置づけ、それらに基づく活動を組織化し、
計画化する点、組織としては防災会議、災害対策本部の設置、第二は、
災害対策の計画化すなわち、平常から計画を策定し、それをもとに関係
機関の緊密な連絡調整をはかり、必要な準備を整え、訓練を実施し、適
切な応急対策がとれる体制を備えておくこと、具体的には防災計画の作
成の義務付け、第三は、災害が国の経済及び社会の秩序の維持に重大な
影響を及ぼすべき異常かつ激甚なものである場合に対処する体制を確立
することの三点を挙げている。

　同年10月27日衆議院本会議において、引き続き、同年10月31日参
議員本会議において附帯決議[20]を付して可決された。かくして、恒久法と
して、また我が国の災害対策の基本法として、災害対策基本法（公布：
昭和36年11月15日法律第223号）が成立した。

　なお同法では中央防災会議の事務局についての内容は政令に委任（同
12条11）されているのだが、先に見たように、事務局長は消防庁長官、
庶務は消防庁でまとまっていたと思われた内容がその災害対策基本法施

行令では「中央防災会議の事務局長は、国土政務次官をもって充てる」
（施行令第5条）と変更されている。この変更の経緯は不明だが、法案を
審議していた第39回国会衆議院地方行政委員会で野党から、戦争からの
復興を担う国土総合開発法による国土開発、社会資本の整備と、災害予
防の社会資本の整備の調整が消防庁の事務局で出来るのかという質問が
飛んでいた。[21]

4.1.1.2.2　災害対策基本法の構造と基本理念

　制定時、災害対策基本法には三つの目標が設定[22]されていた。それは①
「災害対策の総合化」：現行の災害対策関係法規を総合的、体系的に位置
づけ、それらに基づく活動を組織化する。②「災害対策の計画化」：災害
の発生を予防し、または不幸にして災害の発生を見た場合には、その被
害をできるだけ軽減するためには、平常から周到な計画を立て、関係機
関の緊密な連絡調整をはかり、必要な諸般の準備を整えるとともに、訓
練を実施し、適時適切な応急対策を講ずることができる体制を備えてお
き、中央及び地方の関係機関に防災計画の作成を義務づけ、これに基づ
いて計画的に災害対策を実施すること。③「大規模災害への対応」：災害
対策の緊急性にかんがみ、特に災害が国の経済及び社会の秩序の維持に
重大な影響を及ぼすべき異常かつ激甚なものである場合に対処する体制
を確立することであった。
　さて災害対策基本法は2018年7月現在まで61回の改正が行われてい
るが、他の法令の変更による条文の用語の変更などがほとんどであり、
内容にかかわる重要な変更は、阪神淡路大震災を受け1995（平成7）年
6月16日号外法律第110号〔第一次改正〕と、東日本大震災を受け[23]お
こなった2012（平成24）年6月27日号外法律第41号〔第二次改正〕
2014（平成26）年11月21日号外法律第114号〔第三次改正〕である。
　第一次改正は、阪神淡路大震災の発災時、自衛隊の災害派遣の車両等、
応急対策に係る車両が渋滞に巻き込まれ迅速に展開できなかったことを

踏まえ、都道府県公安委員会による災害時の交通規制に関する措置を拡充する等の改正がなされた。[24]

東日本大震災を受け①大規模広域災害に対する即応力の強化として例えば都道府県が自ら情報収集のための必要な措置を講ずべきこと、国・地方公共団体等の情報共有の強化（51条、53条）地方公共団体間の応援業務等に係る規定等（67条、72条、74条等）②大規模広域な災害時における被災者対応の改善③教訓伝承、防災教育の強化や多様な主体の参画による地域の防災力の向上等、（第二次改正）①緊急車両の通行ルート確保のための放置車両対策②土地の一時使用等③関係機関、道路管理者間の連携・調整、（第三次改正）その後数回の改正を経て現行法となっている。

現在（令和四年六月一七日法律第六八号）の災害対策基本法は以下のような構成となっている。

第一章　総則、第二章　防災に関する組織、第三章　防災計画、第四章　災害予防、第五章　災害応急対策、第六章　災害復旧、第七章　被災者の援護を図るための措置、第八章　財政金融措置、第九章　災害緊急事態、第十章　雑則、第十一章　罰則

第一章から第三章まで、災害対策に対する基礎的な事項について規定し、第四章から第六章までが災害対応の実質的内容が規定されている。第七章は罹災証明、被災者台帳の交付及び作成を市町村長に義務づける内容で2013（平成25）年の改正で追加された。第八章は災害予防、災害応急対策、災害復旧等に関して必要な経費等に関する事項について整理し、第九章では「大規模な被害」が発生している非常災害が発生した場合の措置について規定している。第十章・第十一章は雑則と罰則が規定されている。

生田（2013:11-12）によれば、第一章から第三章が「災害対策総論」、第四章以下は「災害対策各論」であり「防災対策の重要な柱」が第四章から第六章であるとしている。

第一章では、同法の目的、災害等の定義、基本理念、国・都道府県・

市町村の責務、住民の責務等が規定されている。それについては後述するが、興味深いのは国及び地方公共団体とボランティアとの連携が明確に規定（5 条の 3）されている事である。阪神淡路大震災を受けて地方公共団体相互の協力（5 条の 2）が追加され、東日本大震災を受け 5 条の 3 が追加された。前者は「公助」の充実であるが、後者の改正は災害におけるボランティアの活動といういわば「共助」の重要性も強く認め災害対策のシステムに組み込まれた。この条文の追加は中央防災会議の専門調査会として設置された防災対策推進検討会議が 2012（平成 24）年 7 月に最終報告した「ゆるぎない日本の再構築を目指して」の中で「国や地方公共団体はもちろん、地域の人々、企業、ボランティア、関係団体等多様な主体の力を合わせて、国の総力を挙げて国民と国を守り抜かなければならない」との報告を受けた内容である。[25]

　第二章では災害対応の組織「中央防災会議」「地方防災会議」「非常災害対策本部」及び「緊急災害対策本部」等について規定している。

　第三章では我が国の災害対策の根幹になる「防災基本計画」をはじめ指定行政機関[26]および指定公共機関に対する「防災業務計画」、「都道府県地域防災計画」「市町村地域防災計画」「都道府県相互間地域防災計画」「市町村相互間地域防災計画」等の各種計画の策定に関する規定がおかれている。前述したように、ここまでが我が国の災害対策の根幹的規定が定められている部分である。

　第四章では災害予防についての組織、教育・訓練、物資の整備、施設・設備の整備点検、要配慮者への保護への措置、その他災害発生時の支障となるべき状態の改善を防災予防責任者[27]に義務付けている。

　第五章では実際に災害が発生した場合あるいは発生する恐れのある場合の措置とその実施責任についての規定がおかれている。尚、実施責任者すなわち「災害応急対策責任者」とは①指定行政機関・指定地方行政機関の長②地方公共団体の長その他の執行機関③指定公共機関、指定地方公共機関④公共的団体土⑤防災上重要な施設の管理者をあげている。（第 51 条）

　第六章では災害復旧の実施責任を明確にしている。この章の規定は災害対策基本法の全体の規定からみた割合は2%程度であり、しかも復興については規定がない。この点につき生田（2013:12）は「その背景に『自然災害に関する復旧は、被災した側の責任で行うべきである』という考え方が存在していることによる」と説明している。

　第七章は東日本大震災後の改正により置かれたが、ここでは市町村長による罹災証明の交付についてと、被災者の把握のため被災者台帳の作成について規定している。平常時と違い災害においては住民の所在を確認する事が難しくなる。そこで「必要があると認めるとき」（93条の3）は被災台帳の作成ができる。

　第八章では災害予防、応急処置に関する市町村と国の費用分担や補助に関する規定が置かれている。

　第九章は通常の災害を越える非常災害が発生した国の経済と公共の福祉に重大な影響を及ぼすような異常、激甚なものである場合の「災害緊急事態の布告」及び「緊急災害対策本部」の設置に関する規定だが、大規模災害に対処する場合の政府の大方針が不可欠と考え政府の「対処基本方針」（108条）が明記された。

　最近の改正で注目すべきは第2条の2に規定する「基本理念」の規定である。これは東日本大震災を受け、2013（平成25）年改正により整備されたものである。災害対策に責任を持つ各機関は、この基本理念をもとにすべきことを規定していることからも行政機関による災害対策のまさに根幹となる規定である。

　なお基本理念は以下の6つの規定からなる。

　①我が国の自然的特性に鑑み、人口、産業その他の社会経済情勢の変化を踏まえ、災害の発生を常に想定するとともに、災害が発生した場合における被害の最小化及びその迅速な回復を図ること。②国、地方公共団体及びその他の公共機関の適切な役割分担及び相互の連携協力を確保するとともに、これと併せて、住民一人一人が自ら行う防災活動及び自主防災組織（住民の隣保協同の精神に基づく自発的な防災組織をいう。

以下同じ。）その他の地域における多様な主体が自発的に行う防災活動を促進すること。③災害に備えるための措置を適切に組み合わせて一体的に講ずること並びに科学的知見及び過去の災害から得られた教訓を踏まえて絶えず改善を図ること。④災害の発生直後その他必要な情報を収集することが困難なときであっても、できる限り的確に災害の状況を把握し、これに基づき人材、物資その他の必要な資源を適切に配分することにより、人の生命及び身体を最も優先して保護すること。⑤被災者による主体的な取組を阻害することのないよう配慮しつつ、被災者の年齢、性別、障害の有無その他の被災者の事情を踏まえ、その時期に応じて適切に被災者を援護すること。⑥災害が発生したときは、速やかに、施設の復旧及び被災者の援護を図り、災害からの復興を図ること。

　基本理念の創設に対して政府は提案理由の一つに「平素からの防災への取組の強化」[28]を挙げ、「災害対策の一般法である本法には、これまで各主体の責務は規定されていたが、基本理念が定められていなかった。しかしながら、我が国では今後、南海トラフ巨大地震や首都直下地震等の発生が懸念されており、これらの大規模広域災害への対策の充実・強化が喫緊の課題であることから、同法に「減災」の考え方や、「自助」「共助」「公助」等の基本理念を明記することで、災害対策に関する基本的な考え方を広く共有し、関係者が一体となって災害対策に取り組む体制を整えようとしたものである。」[29]と説明している。一方この基本理念の内容について生田（2013:17）は「これまで行われてきた防災政策が持つ構造的な問題に対して、今後どのように臨もうとしているか、どのような基本的な考え方の下に政策展開を行おうとしているのかが、見えにくい」と指摘している。

4.1.1.2.3　災害対策基本法にみる防災責任

　災害対策基本法ではその目的を「国土並びに国民の生命、身体及び財産を災害から保護するため、防災に関し、基本理念を定め、国、地方公

共団体及びその他の公共機関を通じて必要な体制を確立し、責任の所在
を明確にするとともに、防災計画の作成、災害予防、災害応急対策、災
害復旧及び防災に関する財政金融措置その他必要な災害対策の基本を定
めることにより、総合的かつ計画的な防災行政の整備及び推進を図り、
もつて社会の秩序の維持と公共の福祉の確保に資すること」（災害対策基
本法1条）と規定している。ここでいう責任の所在及び責務の内容、す
なわち防災責任をどのように規定しているのであろうか。本書では、行
政による危機管理として防災政策を中心に取り上げているが、そもそも
行政の災害対策基本法にみる「責任」とは如何なるものか。その部分に
注目し整理する。災害対策基本法では、災害対応に関してその責務ある
ものとして「国」「都道府県」「市町村」「指定公共機関及び指定地方公共
機関」「住民等」を挙げている。（以下、下線筆者）【図表37】

図表 37　災害対策基本法に規定されている防災責任

責任主体	内　　　容	条文
国	組織及び機能の全てを挙げて防災に関し万全の措置を講ずる責務	3条
都道府県	総合調整を行う責務	4条
市町村	実施する責務	5条
指定公共機関及び指定地方公共機関	都道府県又は市町村に対し、協力する責務	6条
住民	食品、飲料水その他の生活必需物資の備蓄その他の自ら災害に備えるための手段を講ずるとともに、防災訓練その他の自発的な防災活動への参加、過去の災害から得られた教訓の伝承その他の取組み防災に寄与する	7条3

※災害対策基本法より筆者作成

(a) 国

国については「国土並びに国民の生命、身体及び財産を災害から保護する使命を有することに鑑み、組織及び機能の全てを挙げて防災に関し万全の措置を講ずる責務」（3条）を有するとしている。そしてそのために「災害予防、災害応急対策及び災害復旧の基本となるべき計画を作成し、及び法令に基づきこれを実施するとともに、地方公共団体、指定公共機関、指定地方公共機関等が処理する防災に関する事務又は業務の実施の推進とその総合調整を行ない、及び災害に係る経費負担の適正化を図らなければならない」（3条の2）としている。

(b) 都道府県

都道府県には「当該都道府県の地域並びに当該都道府県の住民の生命、身体及び財産を災害から保護するため、関係機関及び他の地方公共団体の協力を得て、当該都道府県の地域に係る防災に関する計画を作成し、及び法令に基づきこれを実施するとともに、その区域内の市町村及び指定地方公共機関が処理する防災に関する事務又は業務の実施を助け、かつ、その総合調整を行う責務を有する」（4条）とし、都道府県相互の協力（4条の2）も求めている。

(c) 市町村

市町村には「当該市町村の地域並びに当該市町村の住民の生命、身体及び財産を災害から保護するため、関係機関及び他の地方公共団体の協力を得て、当該市町村の地域に係る防災に関する計画を作成し、及び法令に基づきこれを実施する責務を有する」（5条）としている。具体的には「消防機関、水防団その他の組織の整備並びに当該市町村の区域内の公共的団体その他の防災に関する組織及び自主防災組織の充実を図るほか、住民の自発的な防災活動の促進を図り、市町村の有する全ての機能を十分に発揮するように努めなければならない」（5条の2）と規定している。

(d) その他

　このほかに、指定公共機関及び指定地方公共機関の責務としては「その業務に係る防災に関する計画を作成し、及び法令に基づきこれを実施するとともに、この法律の規定による国、都道府県及び市町村の防災計画の作成及び実施が円滑に行われるように、その業務について、当該都道府県又は市町村に対し、協力する責務を有する」(6条) また住民等の責務として「地方公共団体の住民は、基本理念にのっとり、食品、飲料水その他の生活必需物資の備蓄その他の自ら災害に備えるための手段を講ずるとともに、防災訓練その他の自発的な防災活動への参加、過去の災害から得られた教訓の伝承その他の取組により防災に寄与するように努めなければならない」(7条3) と規定された。

　各機関が「責任主体」として明確に位置付けられたことにより、災害対処に関して一定の責務を負ったわけだが、この中で「当該市町村の地域に係る防災に関する計画を (中略) 実施する責務」を負ったのが市町村である。通常の域内にとどまる災害に関しては、当該市町村がある程度独力で対処できるだろうが、大規模災害など、広域で時に複合的な災害に市町村が単独で対処するのは困難である。東日本大震災でみられたように、当該自治体がその機能を奪われたとき、あるいは対処能力を超えた災害の場合、如何に対処すべきかの検討は重要な課題の一つである。

4.1.1.2.4　災害対策基本法の変遷

　災害対策基本法は 1961 (昭和 36) 年に成立して以来、我が国のそれまでの防災政策に大きな衝撃を与えた 1995 (平成 7) 年 1 月 17 日の阪神淡路大震災の発災前まで、37 年で 20 回の改正が行われている。その後東日本大震災までの 16 年で 29 回の改正、その後 2015 (平成 27) 年までの4 年で 9 回、災害対策基本法制定から 58 回の改正が行われている。制定当初閉ざされ気味の政策の窓は阪神淡路大震災、東日本大震災を経てそれまでとは考えられないペースで開くようになっている。【図表 38】

図表 38　災害対策基本法の主な修正履歴（平成 30 年まで）

修正年月	主な修正の概要
昭和 38 年 6 月	防災基本計画の策定
46 年 5 月	一部修正（地震対策，石油コンビナート対策等）
平成 7 年 7 月	全面修正（自然災害対策）・阪神・淡路大震災の教訓を踏まえ，国，公共機関，地方公共団体，事業者等の各主体それぞれの役割を明らかにしつつ，具体的かつ実践的な内容に修正。
9 年 6 月	一部修正（事故災害対策編の追加）
12 年 5 月	一部修正（原子力災害対策編の全面修正）・平成11年9月の茨城県東海村におけるウラン加工施設臨界事故及び，これを踏まえて制定された原子力災害対策特別措置法の施行に合わせて修正。
12 年 12 月	一部修正（中央省庁等改革に伴う修正）
14 年 4 月	一部修正（風水害対策編及び原子力災害対策編）
16 年 3 月	一部修正（震災対策編）
17 年 7 月	一部修正（自然災害対策に係る各編）・災害への備えを実践する国民運動の展開，地震防災戦略の策定，インド洋津波災害を踏まえた津波防災対策の充実，集中豪雨時等の情報伝達及び高齢者等の避難支援の強化等，最近の災害対策の進展を踏まえ修正。
19 年 3 月	一部修正（防衛庁の防衛省へ移行に伴う修正）
20 年 2 月	一部修正（各編）・防災基本計画上の重点課題のフォローアップの実施，国民運動の戦略的な展開，企業防災の促進のための条件整備，緊急地震速報の本格導入，新潟県中越沖地震の教訓を踏まえた原子力災害対策強化等，近年発生した災害の状況や中央防災会議における審議等を踏まえ修正。
23 年 12 月	一部修正（津波災害対策編の追加等）・東日本大震災を踏まえた地震・津波対策の抜本的強化，最近の災害等を踏まえた防災対策の見直しの反映。
24 年 9 月	一部修正・災害対策基本法の改正【第 1 弾改正】，中央防災会議防災対策推進検討会議の最終報告等を踏まえた大規模広域災害への対策の強化（各編）・原子力規制委員会設置法等の制定を踏まえた原子力災害対策の強化（原子力災害対策編）
26 年 1 月	一部修正・災害対策基本法の改正【第 2 弾改正】，大規模災害からの復興に関する法律の制定等を踏まえた大規模災害への対策の強化（各編）・原子力規制委員会における検討を踏まえた原子力災害への対策強化（原子力災害対策編）
26 年 11 月	一部修正・災害対策基本法の改正（放置車両及び立ち往生車両対策の強化）、平成26年2月豪雪の教訓を踏まえた修正（自然災害対策に係る各編）・原子力防災体制の充実・強化に伴う修正（原子力災害対策編）
27 年 3 月	一部修正・原子力防災体制の充実・強化に伴う修正（原子力災害対策編）
27 年 7 月	一部修正・最近の災害対応の教訓を踏まえた対策の強化に伴う修正（各編）
28 年 2 月	一部修正・最近の制度改正、災害対応の教訓等を踏まえた対策の強化に伴う修正（各編）
28 年 5 月	一部修正・中央防災会議防災対策実行会議「水害時の避難・応急対策検討ワーキンググループ」報告を踏まえた修正（各編）
29 年 4 月	一部修正・平成28年熊本地震及び平成28年台風第10号災害の教訓等を踏まえた修正（各編）
30 年 6 月	一部修正・関係法令の改正、最近の災害対応の教訓を踏まえた修正（各編）

※内閣府「防災白書」、防災行政研究会編(2016)「逐条解説災害対策基本法」を参考に筆者作成

阪神淡路大震災前までの改正は他の法律の設立改正等による読み替えや修正が多かったが、その基本部分に関わる改正や議論としては以下 3 回の改正に見ることができる。3 回目の改正は、設立時にも議論になった「災害緊急事態」に関してであった。「非常災害が発生し、かつ、当該災害が国の経済及び公共の福祉に重大な影響を及ぼすべき異常かつ激甚なものである場合（略）特別の必要があると認めるとき」は、内閣総理大臣は閣議にかけたのち、物資や価格の統制や金銭債務の支払いの延期等を可能にする「災害非常事態の布告」を発することができることになっているが、私権を強力に制限する「災害緊急事態」の布告に関しては、設立時にも議論になったが今回「災害緊急事態」の憲法との整合性について、国会に参考人を呼び再度議論[30]された。小林参考人[31]は「本改正案については、これを違憲とする格別のいわれはないのではないか。（略）これを総体として合憲的なものと見てもいいのではないか」と述べている。尚、他の参考人二名[32]も同様に合憲の見解を述べている。昭和 51 年の第 8 回改正では防災計画への海洋汚染[33]の追加、9 回目の改正では有珠山の噴火災害等をうけ[34]、活動火山周辺地域における避難施設等の整備等に関する法律の一部改正に伴い、第 1 条の災害の定義に「噴火」が追加された。

阪神淡路大震災後、東日本大震災まで 26 回の改正が行われた。この間、中央省庁改革をうけて読み替え等の改正が多く行われたが、阪神淡路大震災の教訓を受けた 2 度の大改正について整理する。阪神淡路大震災をうけ政府は「防災問題懇談会」を設置し、自然災害への政府・行政の対応について検討した。その結果「運用・実務面」と「制度面」へそれぞれ提言がなされた。災害対策基本法への反映は、災害時の緊急通行の確保に関する改正（通算 21 回目の改正）である。阪神淡路大震災での交通網の大混乱を教訓に、公安委員会による災害時における交通規制に関する措置を拡充するとともに、車両の運転者の義務、警察官、自衛官及び消防吏員による緊急通行車両の通行確保に関する措置を内容とする改正が行われた。（平成 7 年 6 月 7 日成立）

　さらに同答申をうけ、通算 22 回目の改正では、緊急災害対策本部の設置に関して、従来、災害緊急事態の布告をその設置要件の一つとしていたが、著しくかつ激甚な非常災害の場合には布告なくしても内閣総理大臣を本部長とした緊急災害対策本部を設置することができるようになった。また現地対策本部の設置もできるようになった。また阪神淡路大震災が「ボランティア元年」[35]と呼ばれるように、ボランティアの活躍が目立っただけでなく、その実行力にも注目が集まった。今次改正ではその事にも留意され、ボランティアによる防災活動の環境整備[36]と同時に高齢者、障害者への配慮、地方公共団体の相互応援協定締結への努力義務などを内容とするものであった。さらに、応急対応の分野で注目すべきは、それまで自衛隊の災害派遣要請は、自衛隊法 83 条の「都道府県知事その他政令で定める者」との規定により、原則として都道府県知事から行われることになっていたが、阪神淡路大震災の教訓、例えば知事の指揮不全などの反省から、「市町村長は、当該市町村の地域に係る災害が発生し、又はまさに発生しようとしている場合において、応急措置を実施するため必要があると認めるときは、都道府県知事に対し、自衛隊法第八十三条第一項の規定による要請をするよう求めることができる」（第 68 条の 2）との条文が新たに追加された。

　また本次改正では国の情報収集体制の整備、初動の体制の確保等が附帯決議されたが、それを受け 1998（平成 10）年 4 月の危機管理監が設置された。また平成 14 年には総理大臣官邸に危機管理センターが配置された。

　さて 23 回改正から 46 回改正までは、中央省庁改革関連の改正が多いのだが、この間の重要な改正は第 26 回改正、中央防災会議の改革であろう。中央省庁再編に伴い、所管が総理府から内閣府に変更され、防災に関する事項に関し内閣総理大臣や防災担当大臣に意見を述べることができるようになった。（第 11 条 3、同 5）事務局や職員など整備強化など、いわば防災政策の中枢組織としての位置づけをおこなったと言える。

　2002（平成 14）年 7 月の「防災体制の強化に関する提言」（中央防災

会議・防災基本計画専門調査会）では「国民の生命・身体・財産を保護することは国政の最も重要な責務の一つであり、これらの状況を踏まえ、我が国における大規模な災害や様々な形態の災害への対応について、中央防災会議を中心としてそのあり方を再点検し、防災体制の強化に向けて必要な施策を講じていくことが求められている」との認識の下、それまでの都度の災害に対する個別的な対応ではなく、総合的に対応する必要性が提言されことは、奇しくも大規模災害への対処がいまだ整備されていないことを意味した。

　ここまで制定時から 2011（平成 23）年までの災害対策基本法の改正について整理してきた。当初の災害対応への統合化、総合化の考えに始まり、大規模な災害や、それまでとは異なる種類の災害の影響を受けながら改正、修正されてきたわけだが、平成 23 年東日本大震災は、まさにこの法文で、システムで対応することになる。

　なお東日本大震災を受け様々な防災関係法令の改正等が行われたが、ここでは災害対策基本法の2回の改正について確認しておきたい。震災後、第180国会（平成24年6月14日）災害対策特別委員会に改正法案が提出された。この改正は東日本大震災をうけ「いつ起こるかわからない災害に備えるため、大規模広域な災害時における対応の円滑化、迅速化等緊急に措置を要するものについて、法制化すること」[37]を目的としている。

　主な改正点は①発災時における積極的な情報の収集、伝達、共有の強化②地方公共団体間の応援に係る対象業務の拡大等③地方公共団体間の相互応援等を円滑化するための平素の備えの強化④救援物資等を被災地に確実に供給する仕組みの創設⑤市町村、都道府県の区域を越える被災者の受け入れに関する調整規定の創設⑥教訓伝承及び防災教育に係る規定の新設、強化等による防災意識の向上⑦国と地方公共団体の防災会議と災害対策本部の役割の明確化等、組織の見直しの7点である。

　次に第183国会（平成25年5月9日）では「東日本大震災から得られた教訓を生かし、今後の災害対策を充実強化するための災害対策法制の見直

しの一環として、昨年六月に公布、施行された災害対策基本法の改正に
引き続き、同法の附則及び附帯決議等も踏まえ、さらなる法制化を図る」
[38]ことを目的として改正案が提出された。主な改正点は、①災害に対する
即応力の強化等②住民等の円滑かつ安全な避難の確保③被災者保護対策
の改善④平素からの防災への取り組みの強化の4点である。なお同時に
「大規模災害からの復興に関する法律案」[39]も提出されている。この④平
素からの防災への取り組みの強化の前提として今まで災害対策基本法に
規定されていなかった「基本理念」を定め「減災の考え方等を明確化す
るとともに、災害応急対策等に関する事業者の責務を定めるほか、国及
び地方公共団体とこれらの民間事業者との協定の締結を促進すること」
[40]とした。その結果「災害の発生を常に想定するとともに、災害が発生し
た場合における被害の最小化及びその迅速な回復を図ること」(1号)「公
共機関の適切な役割と相互の連携協力の確保」「住民自らが行う防災活動
の促進」(2号)等、6つの具体的な理念が規定された。また、2014(平成
26)年3月、内閣府に設置された災害対策標準化検討会議の報告では災害
対策を標準化する事の必要性が報告されている。この中では、組織、情
報、リソース、マネージメント等、これまで危機管理研究が対象としてき
た各領域につき、現在の防災体制を再検討している。

　現実の衝撃から法整備の要請が高まり、伊勢湾台風の後「災害対策基
本法」が整備され、新潟地震の後「地震保険に関する法律」が整備され、
阪神淡路大震災の後「地震防災対策特別措置法」などが整備[41]されるの
は、防災法制の特徴の一つである。同時にその改正、あるいは整備され
た法体系は、「過去の体験」に基づき整備されるということも大きな特徴
である。そして次の災害に対して、その改正、整備がどの程度有効なの
かを評価する絶対的な方法はない。

4.1.1.3　災害救助法

　災害対策基本法と並び、本書で着目している災害応急対応期において、重要な法律が災害救助法である。ここでは災害救助法の成立から基本的な構造及びその問題点について考察する。

4.1.1.3.1　災害救助法の成立

　我が国は地理的特性から自然災害が多く、古くよりそれに対応する制度が作られていた。例えば、もともと凶作や飢饉に備え作られた律令時代のいわば備蓄倉庫である「常平倉（じょうへいそう）」「義倉」「社倉」などは災害時にも活用されたし、江戸時代のいわば避難所の「御救小屋（おすくいごや）」の設置や食事の支給、寛政の改革で老中松平定信により導入された「七分金積立」などの制度も社会福祉の制度であるとともに災害対策の政策でもあった。

　このような制度は各藩で分立していたが 1875（明治 8）年「窮民一時救助規則」「凶歳租税延納規則」の制定をもって統合し、1880（明治 13）年にさらにこの両規則を統合し「備荒儲蓄法（びこうちょちくほう）」が制定された。さらにこれに代わり 1899（明治 32）年に「罹災救助基金法」[42]が制定され、災害時等の基金の充実をはかった。しかし同法は基金に関する法律[43]であり救助活動全般にわたる規定がなく、また支給基準も地方ごとに異なっているなどの問題があり、1946（昭和 21）年昭和南海地震を契機に 1947（昭和 22）年に「災害救助法」が制定された。

4.1.1.3.2　災害救助法の構造と対応主体

　災害対策基本法は、災害の予防対策から、応急対応、復旧・復興対策まで防災サイクル全般を網羅する基本法であるのに対し、災害救助法は

応急対策を規定する特別法と位置付けられる。そこで災害対策基本法が制定され、災害救助法から中央災害救助対策協議会、地方災害救助対策協議会および都道府県災害救助対策会議に関する第 3 条から第 21 条が削除され、災害対策基本法で中央防災会議、都道府県防災会議及び市町村防災会議に改組され規定された。[44]

　災害救助法の目的は「災害に際して、国が地方公共団体、日本赤十字社その他の団体及び国民の協力の下に、応急的に、必要な救助を行い、被災者の保護と社会の秩序の保全を図ること」（災害救助法 1 条）と規定されている。ここでいう「救助」とは、いわゆる被災者の救出などの救助より広義で「1 避難所及び応急仮設住宅の供与、2 炊き出しその他による食品の給与及び飲料水の供給、3 被服、寝具その他生活必需品の給与又は貸与、4 医療及び助産、5 被災者の救出、6 被災した住宅の応急修理、7 生業に必要な資金、器具又は資料の給与又は貸与、8 学用品の給与、9 埋葬、10 死体の捜索及び処理、11 災害によって住居又はその周辺に運ばれた土石、竹木等で日常生活に著しい支障を及ぼしているものの除去」（災害救助法 4 条）と規定されている。災害救助法の沿革でも整理した通り、元々災害時における生活の応急的な支援というのがその中心であり、救助の種類もそれを表している。災害救助法の構成は次のとおりである。

　第一章「総則」、第二章「救助」、第三章「費用」、第四章「雑則」、第五章「罰則」

　災害救助法は細かい基準等の規定はされておらず、永井（2012:14）によると「災害のたびに実質的な救助の内容や基準が通知や通達（事務連絡）などで示され、災害の種類や規模、状況に応じて弾力的な運用が可能な仕組み」となっている。また災害対策基本法が制定されるに至り災害救助法で規定されていた防災組織に関しては削除され災害対策基本法へ移されている。

　第一章では災害救助法の目的及び救助の対象を規定している。第二章では救助の内容及びその方法が規定されているが、ここで重要なのが災

害救助法における役割分担である。以下それを整理する。

(a) 国

　災害救助法で目的の規定すなわち「災害に際して、国が地方公共団体、日本赤十字社その他の団体及び国民の協力の下に、応急的に、必要な救助を行い、被災者の保護と社会の秩序の保全を図ることを目的とする」（災害救助法 1 条）において、救助は国が「責任主体」であることを明確にしている。

(b) 都道府県

　災害救助法での責任主体は国であることは確認したが、実際の救助体制の整備、発災後の救助をおこなう「対応主体」は都道府県知事である。「都道府県知事は、救助の万全を期するため、常に、必要な計画の樹立、強力な救助組織の確立並びに労務、施設、設備、物資及び資金の整備に努めなければならない」（災害救助法 3 条）と規定されている。この点につき永井（2012：30）は「災害救助は地方自治体の基本的責務であり、国の機関として実務を行うのではないことはもとより、被災者に対して責任をもって遂行すべきものである（自治体基本責務の原則）」と述べている。

　都道府県知事の努力義務として①防災計画の一環として必要な救助計画の樹立（災害救助法 3 条）②防災組織の一環として救助組織の確立（災害救助法 3 条）③救助のための労務、施設、設備、物資の準備及び災害救助基金の毎年一定額の積立（災害救助法 22 条）がある。さらに、都道府県知事は「救助を行うため、特に必要があると認めるときは、医療、土木建築工事又は輸送関係者を、第十四条の規定に基づく内閣総理大臣の指示を実施するため、必要があると認めるときは、医療又は土木建築工事関係者を、救助に関する業務に従事させることができる」（災害救助法 7 条）「従事命令」や「救助を要する者及びその近隣の者を救助に関する業務に協力させることができる」（災害救助法 8 条）「協力命令」の権

限や「救助を行うため、特に必要があると認めるとき、又は第十四条の規定に基づく内閣総理大臣の指示を実施するため、必要があると認めるときは、病院、診療所、旅館その他政令で定める施設を管理し、土地、家屋若しくは物資を使用し、物資の生産、集荷、販売、配給、保管若しくは輸送を業とする者に対して、その取り扱う物資の保管を命じ、又は物資を収用することができる」（災害救助法9条）の収用等の権限や立ち入り検査等の権限（災害救助法10条）が与えられている。尚これらの権限は「内閣総理大臣は、都道府県知事が行う救助について、他の都道府県知事に対し、その応援をすべきことを指示することができる」（災害救助法14条）にある内閣総理大臣の指示を前提としている。

(c) 市町村

　市町村長については「都道府県知事の行う救助を補助する」（災害救助法13条2）ことと「都道府県知事は、救助を迅速に行うため必要があると認めるときは、政令で定めるところにより、その権限に属する救助の実施に関する事務の一部を市町村長が行うこととすることができる」（災害救助法13条）と規定されているのみである。一方、永井（2012:31）によると「現在は、現場の救助のほとんどが市町村長に委託されているのが現実である」という。

4.1.1.3.3　災害救助法の適用と実施

　災害対策基本法は災害の発生の有無にかかわらず適用されているのに対し災害救助法は一定の適用基準を満たした場合に限り適用される。[45]
　適用基準は⑴災害により市町村等の人口に応じた一定数以上の住家の滅失（全壊）がある場合（災害救助法施行令1条1号〜3号）⑵多数の者が生命又は身体に危害を受け、又は受けるおそれが生じた場合であって、避難して継続的に救助を必要とする場合等[46]である。尚、住家が滅失した世帯の数については災害救助法施行令別表で明記されているが、例えば

人口 10 万人の市町村にあっては 100 世帯の住家が滅失した場合などに
適用される。

　ところで、この災害救助法による救助の実施であるが、内閣府政策統
括官（防災担当）付参事官（被災者行政担当）作成の「災害救助事務取
扱要領　平成 30 年 4 月」によると以下のような取り扱いが示されてい
る。それによると「救助の実施時期」については「法による救助は、一
般的に災害発生の日に開始されるが、豪雪又は長雨等、その被害が漸増
し、一定の日時を経て一定の被害程度に達した場合には、その被害の程
度に達し、現に救助を行った日をもって災害発生の日とみなす」とされ
る。このように災害救助法の適用には要件が定められているため、かな
らずしも災害の発生と同時に要件に合致するか否かを判定することがで
きるとは限らない。そこで災害救助法適用確定日と実際の救助開始日が
異なるケースが生じることは避けられない。この場合「現に救助を行っ
た日をもって災害発生時とみなす」＝災害救助法適用日とすることにな
る。同様に、災害救助法の適用は公示する必要があるが「公示年月日は
救助の開始日と同一となるのが通例であるが、市町村において被害状況
等の把握が困難なため公示が遅延したときなどには、内閣府と連絡調整
を図り、これらが判明した日に公示することもありうる。何らかの事情
により公示が遅延した場合、内閣府と連絡調整を図り、救助を開始した
日を、公示した日ではなく、実際に災害が発生し、救助を開始した日と
することができる」とされる。【図表 39】

図表 39　災害救助法における災害対応主体

対応主体	主な内容	条文
国	・応急的に、必要な救助を行い、被災者の保護と社会の秩序の保全を図る ・内閣総理大臣は、都道府県知事が行う救助について、他の都道府県知事に対し、その応援をすべきことを指示することができる。	1 14
都道府県	・救助の万全を期するため、常に、必要な計画の樹立、強力な救助組織の確立並びに労務、施設、設備、物資及び資金の整備に努めなければならない。 ・救助を要する者及びその近隣の者を救助に関する業務に協力させることができる。	3 8
市町村	・都道府県知事は、救助を迅速に行うため必要があると認めるときは、政令で定めるところにより、その権限に属する救助の実施に関する事務の一部を市町村長が行うこととすることができる。	13
指定公共機関及び指定地方公共機関	・救助を行うため特に必要があると認めるときは、救助に必要な物資の生産、集荷、販売、配給、保管若しくは輸送を業とする者に対して、その取り扱う物資の保管を命じ、又は救助に必要な物資を収用することができる。	5
日本赤十字社	・日本赤十字社は、その使命に鑑み、救助に協力しなければならない。 ・都道府県知事は、救助又はその応援の実施に関して必要な事項を日本赤十字社に委託することができる。	15 16

※災害救助法より筆者作成

4.2　防災計画

　防災計画は災害対策基本法第34条[47]により中央防災会議に対して作成及び公表および内閣総理大臣に報告すること等を義務づけている。指定行政機関[48]および指定公共機関[49]に防災業務計画の作成を義務づけている。[50]また地方においては、災害対策基本法第40条で都道府県地域防災計画、第42条で市町村地域防災計画の策定を義務づけている。【図表40】

図表40　防災計画体系

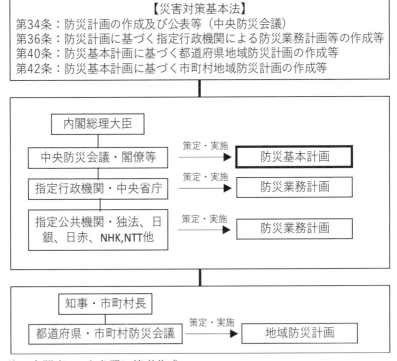

注：内閣府 HP を参照に筆者作成
http://www.bousai.go.jp/taisaku/keikaku/index.html

　防災基本計画の目的は,「我が国において防災上必要と思料される諸施策の基本を,国,公共機関,地方公共団体,事業者,住民それぞれの役割を明らかにしながら定めるとともに,防災業務計画及び地域防災計画において重点をおくべき事項の指針を示すことにより,我が国の災害に対処する能力の増強を図ること」[51]とされている。

図表 41　防災計画の構成

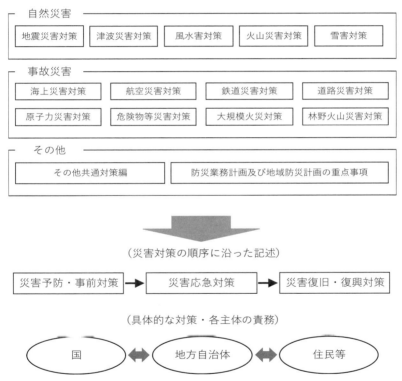

（災害対策の順序に沿った記述）

| 災害予防・事前対策 | → | 災害応急対策 | → | 災害復旧・復興対策 |

（具体的な対策・各主体の責務）

※中央防災会議「防災基本計画」（令和元年 5 月）および内閣府 HP
http://www.bousai.go.jp/taisaku/keikaku/index.html 　を参考に筆者作成

　我が国の防災計画の体系は国が定めるこの防災基本計画を頂点とし、各機関、各自治体が整合性を取りながらそれぞれの地域、それぞれの役割を考慮し防災計画を策定することを求めている。防災基本計画の構成は、災害をおおきく「自然災害」と「事故災害」に分け、さらに前者は「地震災害対策・津波災害対策・風水害対策・火山災害対策・雪害対策」（筆者注：平成23年3月12月、東日本大震災の教訓を踏まえ「津波災害対策編」の追加等の改正が為されている）、後者は「海上災害対策・航空災害対策・鉄道災害対策・道路災害対策・原子力災害対策・危険物災害対策・大規模家事災害対策・林野火災対策」に分け策定されている。その内容は原則「災害予防・事前対策」「災害応急対策」「災害復旧・復興対策」と災害対策の順序に沿って記述されている。【図表41】

　防災計画の内容は、①防災に関する総合的かつ長期的な計画、②防災業務計画及び地域防災計画において重点をおくべき事項、③防災業務計画及び地域防災計画の作成の基準となるべき事項で、中央防災会議が必要と認めるものである。中央防災会議策定の防災基本計画を基準に、地域防災計画や各省庁など指定行政機関や指定公共機関では防災業務計画が策定される。前者では、防災基本計画を参照しつつも、それぞれの地域の実情に合わせた内容に、後者はそれぞれの組織の役割に応じた内容で策定される。例えば、東京都地域防災計画震災編では、首都直下地震等による東京の被害は、強い揺れや火災によって、重大な人的被害が発生するとの想定を前提として「自助・共助・公助を束ねた地震に強いまちづくり」「都民の命と首都機能を守る危機管理の体制づくり」「被災者の生活を支え、東京を早期に再生する仕組みづくり」という3つの視点をもち計画の細部を策定している。[52]また、南海トラフ地震の想定域である高知県では、重点を置く事項として、「本県は災害が発生しやすい自然条件下にあり」「災害の発生を完全に防ぐことは不可能」であるとの認識の下「本県においては、災害時の被害を最小化する「減災」の考え方を基本方針とし、とりわけ人命を守るための対策を最重視し、また、経済的被害ができるだけ少なくなるよう、防災関係機関、事業者、住民が一体

となって、さまざまな対策を組み合わせた防災対策を推進」するとしている。[53]このようにかつて災害に対してその場その場でばらばらに対応していた反省から、統合、総合的な防災体制を敷く要として、防災計画体系が位置付けられるようになっている。

　防災基本計画は最初に策定された 1963（昭和 38）年以降阪神淡路大震災を受けての 1995（平成 7）年 7 月の全面改定まで約 30 年間大きな改訂が為されなかった。この全面改定では内容と構成の見直しをした。内容では⑴国、公共機関、地方公共団体、住民等、それぞれの主体の役割を具体的に明記⑵阪神・淡路大震災の教訓を踏まえた内容の充実、例えば広域応援体制の整備、ボランティアの環境整備、災害弱者（要援護者）への配慮などが盛り込まれた。また構成面ではそれまで「防災体制の確立」「防災事業の促進」「災害復興の迅速適切化」等の構成から「予防」「応急対策」「復旧・復興」のように防災サイクルに沿った構成に改編された。[54]その後 2005（平成 17）年、インド洋津波災害を踏まえ、津波防災対策を一部改正、2008（平成 20）年、新潟県中越沖地震の教訓から原子力災害対策の一部改正が為された。【図表 42】

図表 42　防災基本計画の修正（令和元年まで）

	修正年月	主な修正の概要
0	昭和 38年 6月	防災基本計画の策定
1	46年 5月	一部修正（地震対策，石油コンビナート対策等）
2	平成 7年 7月	全面修正（自然災害対策）・阪神・淡路大震災の教訓を踏まえ，国，公共機関，地方公共団体，事業者等の各主体それぞれの役割を明らかにしつつ，具体的かつ実践的な内容に修正。
3	9年 6月	一部修正（事故災害対策編の追加）
4	12年 5月	一部修正（原子力災害対策編の全面修正）・平成11年9月の茨城県東海村におけるウラン加工施設臨界事故及び，これを踏まえて制定された原子力災害対策特別措置法の施行に合わせて修正。
5	12年 12月	一部修正（中央省庁等改革に伴う修正）
6	14年 4月	一部修正（風水害対策編及び原子力災害対策編）
7	16年 3月	一部修正（震災対策編）
8	17年 7月	一部修正（自然災害対策に係る各編）・災害への備えを実践する国民運動の展開，地震防災戦略の策定，インド洋津波災害を踏まえた津波防災対策の充実，集中豪雨時等の情報伝達及び高齢者等の避難支援の強化等，最近の災害対策の進展を踏まえ修正。
9	19年 3月	一部修正（防衛庁の防衛省へ移行に伴う修正）
10	20年2月	一部修正（各編）・防災基本計画上の重点課題のフォローアップの実施，国民運動の戦略的な展開，企業防災の促進のための条件整備，緊急地震速報の本格導入，新潟県中越沖地震の教訓を踏まえた原子力災害対策強化等，近年発生した災害の状況や中央防災会議における審議等を踏まえ修正。
11	23年12月	一部修正（津波災害対策編の追加等）・東日本大震災を踏まえた地震・津波対策の抜本的強化，最近の災害等を踏まえた防災対策の見直しの反映。
12	24年9月	一部修正・災害対策基本法の改正【第1弾改正】，中央防災会議防災対策推進検討会議の最終報告等を踏まえた大規模広域災害への対策の強化（各編）・原子力規制委員会設置法の制定を踏まえた原子力災害対策の強化（原子力災害対策編）
13	26年1月	一部修正・災害対策基本法の改正【第2弾改正】，大規模災害からの復興に関する法律の制定等を踏まえた大規模災害への対策の強化（各編）・原子力規制委員会における検討を踏まえた原子力災害への対策強化（原子力災害対策編）
14	26年11月	一部修正・災害対策基本法の改正（放置車両及び立ち往生車両対策の強化），平成26年2月豪雪の教訓を踏まえた修正（自然災害対策に係る各編）・原子力防災体制の充実・強化に伴う修正（原子力災害対策編）
15	27年3月	一部修正・原子力防災体制の充実・強化に伴う修正（原子力災害対策編）
16	27年7月	一部修正・最近の災害対応の教訓を踏まえた対策の強化に伴う修正（各編）
17	28年2月	一部修正・最近の制度改正，災害対応の教訓等を踏まえた対策の強化に伴う修正（各編）
18	28年5月	一部修正・中央防災会議防災対策実行会議「水害時の避難・応急対策検討ワーキンググループ」報告を踏まえた修正（各編）
19	29年4月	一部修正・平成28年熊本地震及び平成28年台風第10号災害の教訓等を踏まえた修正（各編）
20	30年6月	一部修正・関係法令の改正，最近の災害対応の教訓を踏まえた修正（各編）
21	令和元年5月	一部修正・最近の災害対応の教訓を踏まえた修正（各編）

※各防災基本計画および内閣府 HP を参考に作成
http://www.bousai.go.jp/taisaku/keikaku/kihon.html

　防災計画に関しても、住民に近い具体的な計画である地域防災計画も「非常に形骸化しているため、実際に機能する計画にしなければならない」[55]という意見に表れているように、地域ごとにまったく事情の異なる環境下で、防災計画を策定することの難しさは、各自治体の専門性や予算、人員などにより様々である。

　筆者が2014年10月に全都道府県へ危機管理専門部署に関し、その部署の組織上の位置、人員、設置年度について質問したところ19道県からの回答（40%）を得た。それによると、回答道県の内6自治体が、知事あるいは副知事直下におかれていることがわかる。また人員数の平均は30人ただしそのうちの2~5人が非常勤であることが多い。なお、今では危機監理課という名称の部署が多いが、その約半数の9県は改組前、消防防災課など、消防関係の部署であった。[56]【図表43】

図表43　道府県の危機管理部門について

組織の位置	知事又は副知事直轄	6	
	総務部その他	13	
人員平均		30	（人）
設置年平均		2006	（年）

回答を得られた道県：北海道、岩手、宮城、茨城、群馬、埼玉、新潟、石川、三重、鳥取、島根、岡山、愛媛、高知、佐賀、長崎、熊本、宮崎、沖縄。　※2014年10月の取材をもとに筆者作成

　人員は平均値30名で見ると通常の部署としては特に目を引くものではないが、北海道や埼玉、三重などの人員が40名以上であり平均値を引き上げており、実際は19道県中25名以下が14県であった。

　防災計画はその地域における「災害想定」を前提に作成される。地域差もあるが、変化の激しい地域は本来その都度想定が変更されなければならない。このように自治体が策定する地域防災計画は具体的かつ精緻な内容を求められるが、自治体側のそれに対応できるリソースやコスト

の関係で、必ずしも十分な内容にはならないという問題も指摘されている。[57]

　「災害の想定」は、いわば防災政策の出発点である。防災政策が前述した防災サイクルのように回るとして、災害に対してどのような対処、準備をするかは、どのような災害を想定するかで、その内容は大きく変わる。しかしその想定そのものの設定は、様々な分野の知識の結集であり容易には変更、更新できない。例えば、かつてよく聞かれた「関東大震災級の地震に耐えられる」という耐震基準は、関東大震災を「想定」とした「基準」である。一度それが設定されると長い間その「基準」に従った準備がなされる。

　関東大震災[58]は、1923（大正 12）年 9 月 1 日正午前に発生した関東大地震はマグニチュード 7.9 と推定され、近代化した首都圏、東京を襲った最初の大地震で、死者は 105,385 人、全潰全焼流出家屋 293,387 戸に上り、電気、水道、道路、鉄道等のライフラインにも甚大な被害をもたらせた大規模災害であった。しかし、阪神淡路大震災の時点ですらすでに関東大震災から 70 年以上経過しており都市の状況も大きく変化しているにもかかわらず、ある分野ではその基準が使い続けられることになる。

4.3　防災予算

　政策がもっともはっきり表れるのは法の制定と執行、予算の編成と成立、そして執行であろう。防災政策でもこれは他の政策と同様で、ここでは防災関係予算についてその特徴を考察する。

　防災関係予算とは内閣府所管の予算のうち①災害予防②災害応急対策③災害復旧・復興④科学技術の研究に区分される予算で、①の災害予防に区分される事業は、実践的な防災行動定着に向けた国民運動の推進、防災を担う人材の育成、訓練の充実、地震対策の推進、火山災害対策の推進、大規模水害対策の推進、土砂災害・水害等の災害時における避難の推進、防災計画の充実のための取組推進等があり、例えば「防災を担

う人材の育成、訓練の充実」は、地方公共団体等の職員に対して、内閣府防災でOJT研修や防災に関する研修を行うなどの内容である。②の災害応急対応に区分される事業は、災害対応業務標準化の推進、防災情報の収集・伝達機能の強化、現地対策本部設置のための施設整備、行政機関の情報通信ネットワーク機能の強化等を内容とする。③の災害復旧・復興は、被災者支援・復興対策の推進、避難所等の生活環境の整備のための被災者への情報提供等に係る調査・検討、被災者生活再建支援金補助金、災害救助費等負担金、災害弔慰金等負担金、災害援護貸付金などを内容とする。

　防災関係予算は、把握されている1962（昭和37）年以降、いわゆる高度経済成長期の1970年代半ばまでは、国家予算の伸び率とほぼ同じような増加を示しているが、その後国家予算の増加と、防災関係予算の増加率は乖離するようになる。【図表44】

図表 44　国家予算と防災関係予算の推移

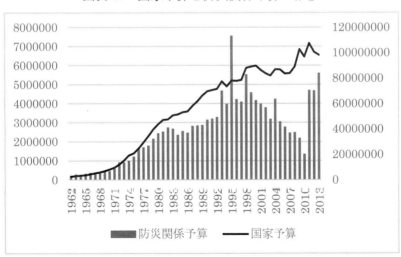

単位：百万円　左：防災予算（棒グラフ）　　右：国家予算（線グラフ）
※内閣府、ナショナル・レジリエンス（防災・減災）懇談会資料、平成23年版防災白書　附属資料2、財務省予算資料
（http://www.mof.go.jp/budget/reference/statistics/data.htm）等を参考に作成

　防災関係予算の内訳は、1962（昭和37）年は科学技術研究区分が751、災害予防区分が8,864、国土保全関係区分が97,929、災害復旧等関係区分が100,642（単位は全て百万円）であった。当時、国の予算が2,563,091であったから、その他防災関係予算を加えると、およそ全予算に占める防災関係予算は8.12％にも上った。この割合が高度経済成長期の1970（昭和45）年には5.38％と初めて6％になり、1984（昭和59）年には4.54％になっている。2013（平成25）年までの平均値は5.34％となっている。【図表45】

図表 45　国家予算に占める災害関係予算割合

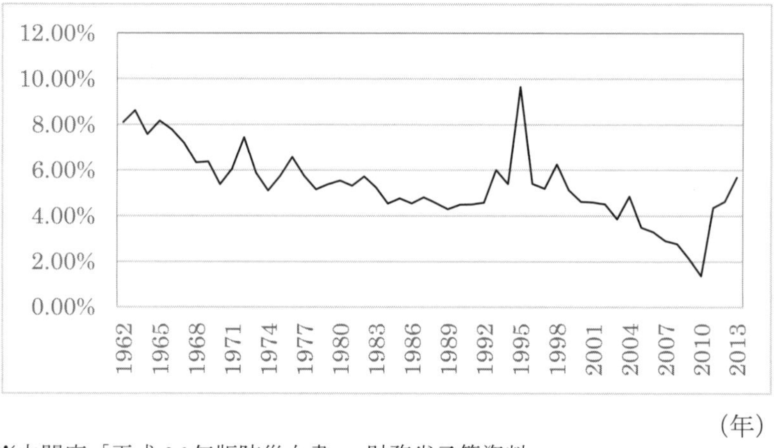

(年)

※内閣府「平成26年版防災白書」、財務省予算資料
（http://www.mof.go.jp/budget/reference/statistics/data.htm）を参考に筆者作成

　緊急の支出があるにせよ、災害関係予算を見る限り、実支出額、国家予算に占める割合をみると、阪神淡路大震災までは割合においては横ばい、支出額は比較的増加傾向だったのがその後東日本大震災までは減少傾向であった。

　個々の組織では、大規模災害の後の反省と教訓の後に取り掛かる主なものは、基本的にはそれぞれの組織の内部で比較的素早く対応できる部

隊編成や運用の分野での修正が多い。阪神淡路大震災でその不備が指摘
された、自衛隊のヘリ映像伝搬装置や人命救助セットなどは装備品とし
て予算が必要なものだが、導入された平成7年度補正予算を見ると該当
項目の補正追加額6,293,967円[59]であった。この全額がこれらに支出され
たのではないだろうが、補正予算額（2,763,822,392円）の約0.2％である。
順次導入ということで、この額が多いか少ないかは評価が分かれるだろ
うが、震災の教訓の後押しがあるにもかかわらず装備の導入は一度には
行えない。以前、筆者から防衛省担当者へ、災害経験後、災害派遣用の
装備等の内容に変更がある場合、通常の予算要求の内容に変更が生じる
のかという問いに「特にない。（大災害の場合、都度）補正が組まれるの
でそこで検討」との回答を受けた。[60]予算にかかわる修正は、すぐには進
まないし、よほどのことがない限り予算要求は本来任務が優先される。
自衛隊に限らず、のちに整理するように各々の組織は、多くの場合、通
常の業務の範囲内で運用の変更などを通じ組織力の増強、向上をおこな
う。災害を経験したからと言って、予算や法律にかかわる分野では直ち
に修正が行われるというわけではない。

---

1 第39回国会、衆議院本会議第6号、昭和36年10月6日国務大臣安井謙（総
理府長官）による。

2 内閣官房 HPhttps://www.cas.go.jp/jp/seisaku/resilience/dai1/1sidai.html。

3 『平成16年防災白書』内閣府 1.5「総合的な防災政策」の推進の項目では防
災のサイクルを示した後に「災害後の応急的な対応のみにとどまらず，これら
の防災の各サイクルにおいて適切な対処を行うことが重要である」と述べてい
る。

4 2008（平成20）年10月1日、中小企業金融公庫は解散し株式会社日本政策金
融公庫に業務を移管した。

5 2008（平成20）年10月1日、農林漁業金融公庫は解散し株式会社日本政策金
融公庫に統合した。

6 例えば「東南海・南海地震に係る地震防災対策の推進に関する特別措置法」は「東南海・南海地震による災害から国民の生命、身体及び財産を保護するため、（中略）東南海・南海地震に係る地震防災対策の推進を図ること」を目的としている。

7 もちろん現実に防災に関係する法令はこれのみではない。特に例えば、災害を受けたときの登録免許税法の免除措置や、一般的な税金の申告・納付などの期限が国税庁長官の告示で延長される措置（国税庁 HP：https://www.nta.go.jp/taxes/shiraberu/saigai/index.htm）など、災害を原因とする様々な措置が取られる。広義にはこの場合の関係法令も防災関係法令と言えるが除外している。

8 内閣府、ナショナル・レジリエンス(防災・減災)懇談会 2013（平成 25）年 3 月 5 日　第 1 回資料（資料 6-1 no.8）から。

9 国土交通省淀川河川事務所 HP
https://www.kkr.mlit.go.jp/yodogawa/know/history/now_and_then/showa.html。

10 東日本大震災後の憲法調査会での議論（「東日本大震災と憲法」をテーマ）については、憲法審査会事務局三俣真知子・荒井達夫「東日本大震災と憲法―参議院憲法審査会の議論を振り返って―」
https://www.sangiin.go.jp/japanese/annai/chousa/rippou_chousa/backnumber/2012pdf/20120801069.pdf　を参照の事。

11 朝日訴訟（1967 年、最高裁判決）。

12 堀木訴訟（1982 年、最高裁判決）。

13 「人道憲章と人道対応に関する最低基準」。

14 経緯については『全国知事会六十年史（本編）』全国知事会 2007p148 などに詳しい。

15 1959（昭和 34）年 9 月 26 日～9 月 27 日、被害状況：死者 4,697 名、行方不明者 401 名、負傷者 38,921 名、住家全壊 40,838 棟、半壊 113,052 棟、床上浸水 157,858 棟、床下浸水 205,753 棟等：内閣府「1959 伊勢湾台風報告書」災害教訓の継承に関する専門調査会、2008.3 より作成。

16 経緯については防災行政研究会編集（2016）『逐条解説災害対策基本法　第 3 次改訂版』ぎょうせい p.5 を参照。

17 消防庁防災課監修、防災法研究会編（1987）『災害対策基本法解説』全国加除法令出版 p.9。

18 消防庁防災課監修、防災法研究会編（1987）『災害対策基本法解説』全国加除法令出版 p.9。

19 「重大災害の際の緊急措置が原案に比して著しく圧縮され、市町村防災会議が任意制から例外を認めるものの必置制に改められるなどした。消防庁防災課監修、防災法研究会編『災害対策基本法解説』(1987) 全国加除法令出版 p.9。

20 参議院における附帯決議案は以下の通り。
　「一、防災基本計画の樹立に当たっては、国土保全に関する現行の諸施策を再検討し、これが総合的有機的統一を図ると共に予算的裏付けをも配慮すること。二、この法律を実施するに当り、中央、地方の諸機関における必要な定員並びに財源を確保すること。三、政府は激甚災害に関する恒久立法を次期国会に提案し、激甚災害への措置に万全を期すると共に、現行の災害関係諸法令を整備し、補助率についても再検討すること。四、気象観測の重要性に鑑み、気象業務に関する施設組織の整備拡充に画期的な措置を講ずること。五、災害対策については特に国民生活の安定と民間施設の復旧に努め、被災者援護の万全を期すること。」
21 第39回国会、衆議院地方行政委員会、昭和36年10月24日日本社会党佐野憲治から政府に対して。またこのやり取りの中で、市町村防災会議の強制性について、戦前回帰ではないかとの旨、やり取りが為されている。
22 第39回衆議院本会議、昭和36年10月06日安井謙自治大臣による提出法案趣旨説明。
23 中央防災会議の「防災対策推進検討会議最終報告」（平成24年7月31日決定）による。
24 「阪神・淡路大震災に対処するため行われた災害応急対策に係る車両の通行が著しく停滞した状況等にかんがみ、災害時における緊急通行車両の通行を確保するため、都道府県公安委員会による災害時における交通の規制に関する措置を拡充するとともに、車両の運転者の義務、警察官、自衛官及び消防吏員による緊急通行車両の通行の確保のための措置等を定めることとするものであります。」第132回国会、衆議院災害対策特別委員会での小澤潔君国土庁長官による提案理由。
25 第183回衆議院本会議における古屋大臣の答弁。さらに「昨年七月の防災対策推進検討会議の最終報告を踏まえた法制上の措置を講じたところであります」も。
26 平成12年12月15日総理府告示第62号：内閣府、国家公安委員会、警察庁、金融庁、消費者庁、総務省、消防庁、法務省、外務省、財務省、文部科学省、文化庁、厚生労働省、農林水産省、経済産業省、資源エネルギー庁、中小企業庁、国土交通省、国土地理院、気象庁、海上保安庁、環境省、原子力規制委員会、防衛省　尚、指定公共機関は(昭和37年8月6日総理府告示第26号)により独立行政法人防災科学技術研究所、日本赤十字社などヤマト運輸株式会社等66団体。
27 指定行政機関の長及び指定地方行政機関の長、地方公共団体の長その他の執行機関、指定公共機関及び指定地方公共機関、公共的団体並びに防災上重要な施設の管理者。

28 第183回衆議院本会議平成25年05月09日古屋圭司防災担当大臣による災害
対策基本法等の一部を改正する法律案についての提案理由及び内容の概要。

29 内閣府政策統括官（防災担当）、消防庁次長、厚生労働省社会・援護局長より
各都道府県知事あて「災害対策基本法等の一部を改正する法律について（内閣
府・消防庁・厚生労働省局長級通知）」府政防第558号消防災第245号社援発
0621第1号平成25年6月21日。

30 第40回国会（衆議院）地方行政委員会第29号（昭和37年4月13日）。

31 小林直樹東大教授は本改正案への印象を「自然の災害を前提といたしまし
て、それに対処するために一種の緊急政令の方策を設定することになります
と、この法的手段そのものが、自然の災害という特別な条件とは別な政治的問
題、たとえば治安というような問題のもとにおいても一般化されはしないかと
いう憂慮が生ずる」と述べたうえで「現行憲法のもとにおいて緊急権制度を認
めるということには強い疑問を持つものでありますが、非常災害という特別の
要件のもとにおいては緊急制度を一般化することはおそらくないだろう」「人為
的な事件あるいは政治的な問題とは無関係に成り立つ自然災害という事柄の性
質上、非常に明確に成り立つものでありまして、このワク内においてならば、
要件さえしぼれば、応急対策のためにそれが必要である以上、そういう手段を
設けるということは合憲的にできるのではないかと考えたわけであります。つ
まり非常災害という以上、かつ激甚な要件というものを前提とする限りは、こ
の基本的なワクをはみ出ないような緊急手段を設けることは、憲法違反をもっ
て論ずるわけにはいかないのじゃないだろうかと考える」と述べている。

32 一橋大学田上穣治教授、早稲田大学大西邦敏教授。

33 海洋汚染等及び海上災害の防止に関する法律。

34 第81回国会（衆議院）災害対策特別委員会第3号（昭和52年9月12日）、
第82回国会（参議院）災害対策特別委員会第3号（昭和52年10月26日）等
で議論が見られ、最終的に改正案が第84回国会で提案される。参議院災害対策
特別委員会第5号（昭和53年4月7日「昨年八月の有珠山の噴火及びその後の
引き続く地盤変動や、桜島の継続する降灰等にも見られますように、最近の活
動火山周辺地域の被害は複雑多岐なものとなっており、地域住民の生活や事業
の経営にも甚大な影響を受ける事態に至っております」と噴火災害を問題視し
ている。修正案は第84国会（本会議、昭和53年3月30日）で可決改正。

35 鈴木勇、菅磨志保、渥美公秀（1997）「日本における災害ボランティアの動向
―阪神・淡路大震災を契機とし―」、『実験社会心理学研究』Vol.37、No.2、
pp.177-194や八ツ塚一郎、矢守克也「阪神大震災における既成組織のボランテ
ィア活動 ―日本社会とボランティアの変容―」（同上）pp.177-194.を参照。

36 災害対策基本法第8条2項第13号が追加された。（2項）「国及び地方公共団
体は、災害の発生を予防し、又は災害の拡大を防止するため、特に次に掲げる
事項の実施に努めなければならない。（2項13号）「自主防災組織の育成、ボラ

ンティアによる防災活動の環境の整備、過去の災害から得られた教訓を伝承する活動の支援その他国民の自発的な防災活動の促進に関する事項」。

37 第 180 回国会災害対策特別委員会（平成 24 年 6 月 14 日）中川国務大臣による説明。

38 第 183 回国会災害対策特別委員会（平成 25 年 5 月 9 日）古屋国務大臣による説明。

39 「この法律は、大規模な災害を受けた地域の円滑かつ迅速な復興を図るため、その基本理念、政府による復興対策本部の設置及び復興基本方針の策定並びに復興のための特別の措置について定めることにより、大規模な災害からの復興に向けた取組の推進を図り、もって住民が安心して豊かな生活を営むことができる地域社会の実現に寄与することを目的とする。」大規模災害からの復興に関する法律 第 1 条。

40 第 183 回国会災害対策特別委員会（平成 25 年 5 月 9 日）古屋国務大臣による説明。

41 新潟地震は 1964（昭和 39）年、「地震保険に関する法律」は 1966（昭和 41）年、阪神淡路大震災は 1995（平成 7）年、同年「地震防災対策特別措置法」成立等々。

42 備荒儲蓄法（1880（明治 13）年）は本法施行をもって廃止された。

43 基金制度に関しては藤井亮二「基金制度の沿革と課題（1）〜社会保障政策として始まった基金制度〜」（『立法と調査』366 号平成 27 年 7 月 1 日）に詳しい。

44 『災害救助の運用と実務　平成 23 年版』pp.206-211 に詳しい。

45 2021（令和 3）年、同法が改正され実際に被害が出る前の適用が可能になった。

46 災害救助法施行令第 1 条第 1 項第 4 号に規定されている。

47 「中央防災会議は、防災基本計画を作成するとともに、災害及び災害の防止に関する科学的研究の成果並びに発生した災害の状況及びこれに対して行なわれた災害応急対策の効果を勘案して毎年防災基本計画に検討を加え、必要があると認めるときは、これを修正しなければならない。2 中央防災会議は、前項の規定により防災基本計画を作成し、又は修正したときは、すみやかにこれを内閣総理大臣に報告し、並びに指定行政機関の長、都道府県知事及び指定公共機関に通知するとともに、その要旨を公表しなりればならない」。

48 災害対策基本法 2 条 3 号の規定により、内閣総理大臣によって指定された国の行政機関。内閣府、国家公安委員会、警察庁、金融庁、消費者庁、総務省、消防庁、法務省、外務省、財務省、文部科学省、文化庁、厚生労働省、農林水産省、経済産業省、資源エネルギー庁、中小企業庁、国土交通省、国土地理院、気象庁、海上保安庁、環境省、原子力規制委員会、防衛省。2012（平成 24）年 9 月 19 日時点。

49 災害対策基本法第2条5により内閣総理大臣が指定したもの。2019（令和元）年7月1日時点で国立研究開発法人防災科学技術研究所、日本銀行、日本赤十字社、日本放送協会、東日本高速道路株式会社、株式会社イトーヨーカ堂、公益社団法人日本医師会等、83法人。

50 災害対策基本法第36条第1項及び39条1項の規定に基づき、指定行政機関の長及び指定公共機関が、防災基本計画に基づき、その所掌事務に関し作成させ毎年の検討を義務づけている。

51 中央防災会議『防災基本計画』（令和元年5月）p1。なおこの目的は、阪神淡路大震災後の防災基本計画（平成9年6月）と変更はない。

52 東京都防災会議『東京都地域防災計画震災編（令和元年修正）』pp.18-22など参照。

53 高知県防災会議『高知県地域防災計画（一般対策編）』（令和元年11月修正）p.2。

54 「防災基本計画の見直しについて」東北地方太平洋沖地震を教訓とした地震・津波対策に関する専門調査会第10回会合資料を参照。
http://www.bousai.go.jp/kaigirep/chousakai/tohokukyokun/10/pdf/sub1.pdf。

55 内閣府「災害標準化検討会議（第1回）議事概要」より。

56 自治体の危機管理部門の整理は、西村金一（2013）「自治体や企業の防災・危機管理部門で活躍する自衛隊OB」日本安全保障・危機管理学会『安全保障と危機管理（冬号）』pp.14-20に詳しい。

57 例えば消防庁が行った「市町村における津波避難計画の策定状況等について調査」（平成30年12月1日現在の状況）では、津波が予想される市町村で、地域ごとの津波避難計画が作成済みの地域は35%に過ぎない結果になっている。

58 内閣府防災HP
http://www.bousai.go.jp/kyoiku/kyokun/kyoukunnokeishou/rep/1923_kanto_daishinsai/index.html（2019/8/25アクセス）。

59 「諸器材購入費」（諸器材の例：火器関係器材、施設器材、車両関係器材、通信器材、化学器材、需品器材、洗濯器材、燃料器材、航空機関係器材、誘導武器関係器材、教育訓練関係器材、警務業務用器材、災害派遣業務用器材、国際貢献用器材等の備品等）。

60 2014/9防衛省で筆者インタビュー。

5　大規模災害対処「実動システム」

　火事や自動車事故など、いわば日常の災害は、概ね単一あるいは少数の組織で対処できるが、そのような規模を超えた、例えば阪神淡路大震災や東日本大震災などの大規模災害が発生した場合は、政府・行政が総力を挙げ対処することになる。そのための様々な仕組みや組織、運用を本書では「大規模災害対処システム」としている。その中でも大規模災害の発生時に具体的にその対処にあたる組織などの仕組みを「実動システム」と捉えている。

　将来の災害を想定し、防波堤などのハード面、避難訓練や防災教育による啓蒙活動などのソフト面で様々な施策を実施し災害に備えたとしても、阪神淡路大震災や東日本大震災のような大災害が起こると多くの被害が生じる。しかしそれでもなお政府・行政は立ち向かわなければならない役割を持っている。ここでは大規模災害発生に備え、どのような実動システムを準備しているのかについて整理したいと思う。災害発生時、特に災害応急対処の段階で、尚、組織概要等については注記がない場合は原則として 2018（平成 30）年を基準としている。

5.1　政府中枢の災害対処組織（内閣官房・災害対策本部）

　小規模な災害であれば、その対処は災害対策基本法の原則である基礎自治体があたることになるが、大規模災害のように、その範囲を超えまた重大な被害が予想される場合、非常災害対策本部あるいは緊急災害対策本部を立ち上げ、国が直接対処することになる。

　政府の想定あるいは定義する災害についてはすでに整理したが、それらの事態が生じた場合に備え、政府はどのような仕組みを準備しているのであろうか。まずは政府中枢の仕組みから概観していく。

5.1.1   官邸危機管理センター

　内閣官房は大規模災害対処を含めた事態対処・危機管理を所管している。内閣府には防災担当が置かれるが、総合的な危機管理を所管する内閣危機管理監[1]が設置されている。ここが我が国の危機管理の中心的な役割を担っていると言ってよい。内閣法第 12 条では「内閣に、内閣官房を置く」と規定されており、そのいくつかある所管事務の中、同 2 項で「内閣の重要政策に関する基本的な方針に関する企画及び立案並びに総合調整に関する事務」としており、そこには防災政策も含まれる。[2]内閣官房には後述する危機管理監（同 15 条）、内閣情報官（同 20 条）も置かれ、我が国の危機管理のいわば総本山である。危機管理監は阪神淡路大震災発災時にはおかれておらず、当時、内閣官房における危機管理に関する事務方の責任者は事務担当副長官であった。1998（平成 10）年 4 月内閣法一部改正のおり、阪神・淡路の大震災、あるいはペルーの大使公邸占拠[3]、ナホトカ号事件[4]という各種事態を契機に「内閣官房における危機管理機能の強化」[5]のため危機管理監が創設された。【図表 46】

　このような平常時の危機管理体制が、何らかの危機事態、緊急事態が発生した場合の初動の流れについて整理する。

　大規模災害などの緊急事態が生じた場合、各省庁・通信社・民間公共機関から情報を収集し常時 24 時間体制で対応している「内閣情報集約センター（内閣情報調査室）」に情報が集約される。これは各組織からバラバラに情報を上げ混乱することを避けるための仕組みである。この情報は、「内閣総理大臣、内閣官房長官、内閣副官房長官」と同じく 24 時間体制の「官邸危機管理センター（内閣官房副長官補付）」へ「速報（第一報）」として提供され同時に「内閣危機管理監」「内閣官房副長官補（安全保障危機管理担当）」「危機管理審議官」に流される。情報分析を行った内閣危機管理監は内閣総理大臣に報告をし、内閣総理大臣はそれに対し指示を与える。

図表46　内閣官房組織概略図

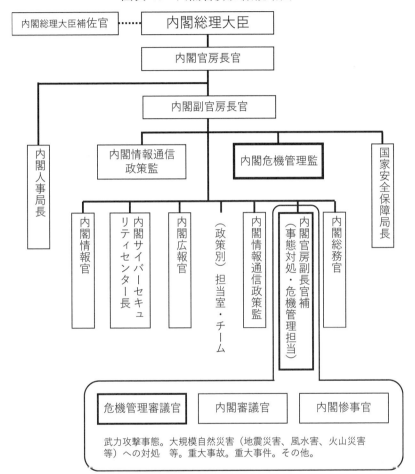

武力攻撃事態。大規模自然災害（地震災害、風水害、火山災害等）への対処　等。重大事故。重大事件。その他。

※内閣官房 HP を参考に筆者作成（令和元年 11 月 30 日現在）
https://www.cas.go.jp/jp/gaiyou/index.html
尚、内閣人事局は 2014 年 5 月、国家安全保障局は 2013 年 12 月発足の組織なので東日本大震災の時には無かった。また省略している政策等別のチームは 1、室は 41。

　同じく内閣情報集約センターから情報を受けた内閣危機管理監はその程度を判断し「情報管理室」（室長：内閣参事官）、「官邸連絡室」（室長：危機管理審議官）を設置し、さらに必要があれば「官邸対策室」（室長：危機管理監）を設置また（内閣）緊急参集チームを招集する。緊急参集チームとは関係省庁の幹部職員を官邸に緊急参集させ、政府としての初動措置に関する情報の集約、初動措置の総合調整等を行う。尚、参集させる基準は、緊急事態の種類ごとに定められている。例えば自然災害の場合の参集省庁担当者は、内閣政策統括官（防災担当）、国土交通省水管理・国土保全局長、警察庁警備局長、気象庁次長、消防庁次長、海上保安庁海上保安監、厚生労働省医政局長、防衛省統合幕僚監部統括官とされる。尚、東京 23 区内で震度 5 強、それ以外震度 6 弱以上の地震が起こった場合、大津波警報が発表された場合の大規模自然災害においては、危機管理監の指示を待つことなしに直ちに参集することになっている。
【図表 47】

図表 47　官邸危機管理センターの初動

	情報連絡室	官邸連絡室	官邸対策室
室長	内閣参事官	危機管理審議官	内閣危機管理監
主な内容	①情報の集約、総理等への報告	①情報の集約、総理等への報告 ②関係省庁との連絡調整	①情報の集約、総理等への報告 ②関係省庁との連絡調整 ③政府としての初動措置の総合調整 緊急参集チーム招集、協議

※筆者作成

　阪神淡路大震災の反省と教訓を受け、内閣はその防災対応体制を変化させた。まず「緊急参集チーム」の設定である。これは 1995 年 2 月「大

規模災害発生時の第1次情報収集体制の強化と内閣総理大臣等への情報
連絡体制の整備に関する当面の措置について」(平成7年2月21日閣議
決定)に基づき、大規模地震等の発生に際し、関係省庁幹部を官邸に参集
させ、内閣として一元的に事態への初動対処にあたる主として情報の収
集をおこなうチームである。【図表48】

図表 48　危機事態対処に対する官邸の初動

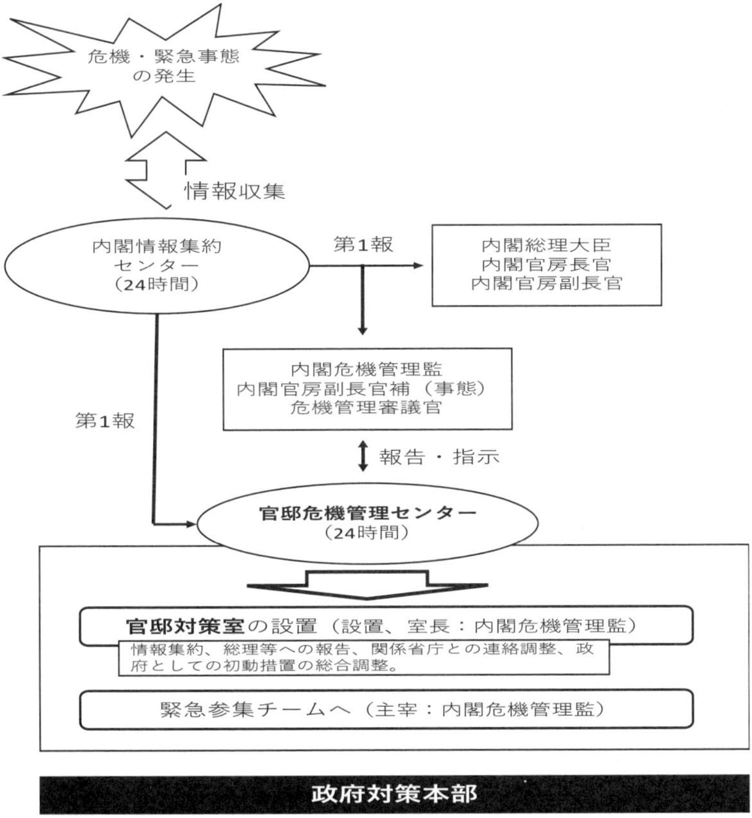

※「我が国の危機管理について」国家安全保障会議の創設に関する有識
者会議第2回会合説明資料、内閣官房HP
https://www.cas.go.jp/jp/gaiyou/index.html　等を参考に筆者作成

　官邸対策室の設置状況は、1998（平成 10）年から 2019（平成 31/令和元）年まで 240 件、2012 年以降設置数が急激に増加する。特に外交安全保障の事案の増加が目立つ。東日本大震災の 2011（平成 23）年までを見ると、設置件数 40（内訳：経済事案 2、自然災害 18、人為災害 5、外交安全保障事案 15）件で、最も多い事案は自然災害であった。【図表 49】

図表 49　官邸対策室事案別設置状況

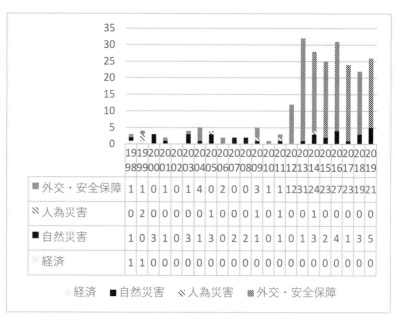

※内閣官房 HP を参考に筆者作成。1998 年から 2019 年まで
https://www.cas.go.jp/jp/gaiyou/jimu/pdf/jirei.pdf

　官邸及び危機管理監を中心とした指揮系統は、阪神大震災の対応時、官邸の他、国土庁防災局や総務省消防庁など所管の曖昧さからの混乱の反省から政府の危機管理体制は徐々に整えられた。その運用は、1998（平成 10）年〜2011（平成 23）年官邸対策室設置事案は 40 案件である。【図表 50】

図表 50 官邸対策室設置事案（平成 10 年～平成 23 年）

年	月　日	対　処　事　案　等
平成10年	5月15日	インドネシア危機官邸対策室設置
	9月3日	岩手県内陸北部地震官邸対策室設置
	12月17日	イラク空爆官邸対策室設置
平成11年	3月23日	日本海における不審船事案官邸対策室設置
	7月23日	全日空機ハイジャック事件官邸対策室設置
	9月30日	東海村ウラン加工施設事故官邸対策室設置
	12月31日	コンピュータ西暦2000年問題官邸対策室設置
平成12年	3月29日	有珠山噴火災害官邸対策室設置（3月31日非常災害対策本部設置）
	6月26日	三宅島噴火災害官邸対策室設置（官邸連絡室から改組）（8月29日非常災害対策本部設置）
	10月6日	平成12年鳥取県西部地震官邸対策室設置
平成13年	3月24日	平成13年芸予地震官邸対策室設置
	9月11日	米国同時多発テロ事件官邸対策室設置（1月8日緊急テロ対策本部設置）
平成14年		なし
平成15年	（3月20日）	（イラク問題対策本部設置）
	5月26日	宮城県沖地震官邸対策室設置
	7月26日	宮城県北部地震官邸対策室設置
	9月26日	平成15年十勝沖地震官邸対策室設置
平成16年	4月8日	在イラク邦人人質事件官邸対策室設置（4月9日在イラク邦人人質事件対策本部設置）
	5月28日	在イラク邦人襲撃被害事件官邸対策室設置
	10月23日	平成16年新潟県中越地震官邸対策室設置
	10月27日	在イラク邦人人質事件官邸対策室設置
	11月10日	先島諸島周辺海域潜水航行事案官邸対策室設置
平成17年	3月20日	福岡県西方沖を震源とする地震に関する官邸対策室設置
	4月25日	ＪＲ西日本福知山線列車事故に関する官邸対策室設置（官邸連絡室から改組）
	7月23日	千葉県北西部を震源とする地震に関する官邸対策室設置
	8月16日	宮城県沖を震源とする地震に関する官邸対策室設置
平成18年	7月5日	北朝鮮による飛翔体発射事案に関する官邸対策室設置（北朝鮮による弾道ミサイル発射事案に関する官邸対策室に改称）
	10月9日	北朝鮮による核実験実施情報に関する官邸対策室設置
平成19年	3月25日	石川県能登を中心とする地震に関する官邸対策室設置
	7月16日	平成19年（2007年）新潟県中越沖地震に関する官邸対策室設置
平成20年	6月14日	平成20年（2008年）岩手・宮城内陸地震に関する官邸対策室設置
	7月24日	岩手県沿岸北部を震源とする地震に関する官邸対策室設置
平成21年	4月5日	北朝鮮による飛翔体発射事案に関する官邸対策室設置（官邸連絡室から改組）
	4月28日	新型インフルエンザの発生に関する官邸対策室設置（同日新型インフルエンザ対策本部設置）
	5月25日	北朝鮮による核実験情報に関する官邸対策室設置（情報連絡室から改組）
	7月4日	北朝鮮による核実験・弾道ミサイル発射事案に関する官邸対策室設置（北朝鮮による核実験情報に関する官邸対策室から改組）
	8月11日	駿河湾を震源とする地震に関する官邸対策室設置
平成22年	2月20日	チリ中部沿岸に発生した地震による津波に関する官邸対策室設置（情報連絡室から改組）
平成23年	3月11日	宮城県沖を震源とする地震に関する官邸対策室設置（同日、平成23年（2011年）東北地方太平洋沖地震に関する緊急災害対策本部設置）
		東京電力福島第一原子力発電所における事故に関する官邸対策室設置（同日、平成23年（2011年）福島第一・第二原子力発電所事故に関する原子力災害対策本部設置）
	12月19日	金正日国防委員会委員長の死去に関する官邸対策室設置

※内閣官房 HP を参考に筆者作成

https://www.cas.go.jp/jp/gaiyou/jimu/pdf/jirei.pdf

5.1.2　非常災害対策本部と緊急災害対策本部

　災害が発生し政府として対応が必要だと判断した場合、内閣総理大臣は災害対策基本法第 24 条に則り非常災害対策本部を設置する。さらに「著しく異常かつ激甚な非常災害が発生した場合において、当該災害に係る災害応急対策を推進するため特別の必要があると認めるとき[6]」は緊急災害対策本部を設置する。非常災害本部と緊急災害本部の違いは本部長の権限の及ぶ範囲である。非常災害対策本部長の場合、地方公共団体の長などへの指示ができるとしているが、緊急災害対策本部長の場合は、指定行政機関の長に対しても指示ができるようになっている。前者は指定行政機関の長に対しては勧告や要請など強制力の伴わない手段による調整の権限しか与えられていないが、後者は、強力かつ迅速な指示をおこなえるようになっている。【図表 51】

図表 51　非常災害対策本部と緊急災害対策本部

	非常災害対策本部 （災対法24）	緊急災害対策本部 （災対法28の2）
設置者	内閣総理大臣	内閣総理大臣
主な所管事務	所管区域において指定行政機関の長、指定地方行政機関の長、地方公共団体の長その他の執行機関、指定公共機関及び指定地方公共機関が防災計画に基づいて実施する災害応急対策の総合調整に関すること。（災対法26）	所管区域において指定行政機関の長、指定地方行政機関の長、地方公共団体の長その他の執行機関、指定公共機関及び指定地方公共機関が防災計画に基づいて実施する災害応急対策の総合調整に関すること。（災対法28の4）
対策本部長の主な権限	非常災害対策本部長は、当該非常災害対策本部の所管区域における災害応急対策を的確かつ迅速に実施するため特に必要があると認めるときは、その必要な限度において、関係指定地方行政機関の長、地方公共団体の長その他の執行機関並びに指定公共機関及び指定地方公共機関に対し、必要な指示をすることができる。（災対法28）	緊急災害対策本部長は、当該緊急災害対策本部の所管区域における災害応急対策を的確かつ迅速に実施するため特に必要があると認めるときは、その必要な限度において、関係指定行政機関の長及び関係指定地方行政機関の長並びに前条の規定により権限を委任された当該指定行政機関の職員及び当該指定地方行政機関の職員、地方公共団体の長その他の執行機関並びに指定公共機関及び指定地方公共機関に対し、必要な指示をすることができる。（災対法28の6）

※筆者作成

5.1.3　内閣府と中央防災会議

　中央省庁改革により防災行政の中心的役割を担っていた国土庁防災局から平成13年1月、その所管が内閣府に移り政策統括官（防災担当）がその業務を引きつぐ事になった。政策統括官（防災担当）は災害対策基本法を所管し、中央防災会議を擁する部局として、防災に関する基本的な政策、大規模災害発生時の対処に関する企画立案および総合調整を担う。具体的には国際防災協力の推進、地震・津波・火山・大規模水害等

図表52　内閣府(防災関係を中心とした府内組織)

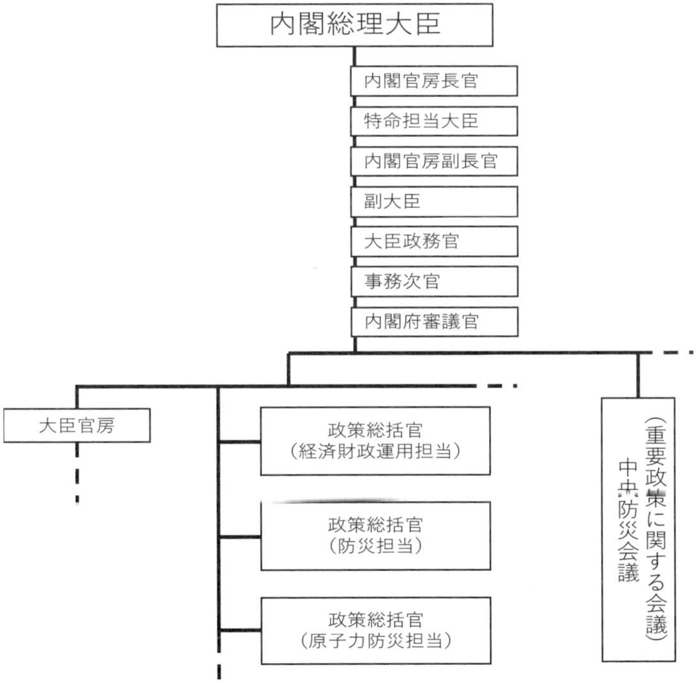

※内閣府組織図（平成31年4月1日現在）を参考に筆者作成

におけるマスタープランの策定、人材育成・防災訓練、教育・啓発活動、被災者支援などに取り組んでいる。[7]

　内閣府は、政府中枢にあっていわば平常時においては防災政策の立案などに関しての中心的な機関であるが、大規模災害等発生時には、既に整理したように官邸危機管理センターを中心とした「大規模災害対処システム」が動き出すことになる。【図表52】

　防災政策の重要な機関としてこの内閣府に事務局を置く重要政策に関する会議[8]の一つである中央防災会議がある。

　中央防災会議は内閣総理大臣をはじめとする全閣僚、指定公共機関の代表者及び学識経験者により構成されている。所管事務は、①防災基本計画及び地震防災計画の作成及びその実施の推進、②内閣総理大臣・防災担当大臣の諮問に応じての防災に関する重要事項の審議（防災の基本方針、防災に関する施策の総合調整、災害緊急事態の布告等）等、③防災に関する重要事項に関し、内閣総理大臣及び防災担当大臣への意見の具申[9]である。中央防災会議は我が国の防災対処の根幹である防災計画の策定や内閣総理大臣への意見具申を所管事務としており、防災政策の出発点ともいえる組織である。

　中央防災会議は、このように防災基本計画の策定をはじめ、防災に関する重要事項の審議等を行う機関である。その意味ではまさに災害が発生している場面よりも、防災サイクルでいう準備段階で重要な役割を果たし、打ち出した様々諮問、具申、方針は発災中の災害対応にも大きな影響を与える。

5.1.4　自治体の災害対策本部

　すでに災害対策基本法の責任主体でふれたが、発災時の対処の一義的な責任主体は基礎自治体である。平常時は災害対策基本法（第14条〜第17条）に基づき防災会議が常設される。都道府県および市町村等の地方防災会議は次のような事務を行うこととされている。[10]尚規定は都道府

県に対してのものであるが、市町村等もそれを準用する。

一　都道府県地域防災計画を作成し、及びその実施を推進すること。
二　都道府県知事の諮問に応じて当該都道府県の地域に係る防災に関する重要事項を審議すること。
三　前号に規定する重要事項に関し、都道府県知事に意見を述べること。
四　当該都道府県の地域に係る災害が発生した場合において、当該災害に係る災害復旧に関し、当該都道府県並びに関係指定地方行政機関、関係市町村、関係指定公共機関及び関係指定地方公共機関相互間の連絡調整を図ること。その他法律又はこれに基づく政令によりその権限に属する事務をおこなうこととされている。

　ところで、先に確認したように、災害対策基本法では、災害発生時の災害対応は一義的には被災地域の基礎自治体が行うように設計されている。そこで発災時において重要なのが被災地域の自治体の災害対策本部である。

　一般的に災害対策本部の組織及び運用の根拠として災害対策本部条例が、詳細については地域防災計画に規定されている。例えば、南海トラフ巨大地震の想定される地域[11]である高知県は「高知県災害対策本部条例(昭和37年10月19日条例第45号)」[12]で組織及び運用を定め、「高知県地域防災計画（一般対策編）令和元年11月」ではその詳細を定めている。その中で災害対策本部に関しては、原則として知事（本部長）が設置すること。設置の決定は「県の地域に災害が発生し、又は発生するおそれがある場合において、知事がその必要を認めるとき」「原則として防災担当課長の収集した気象予警報、被害情報等に基づき、防災担当部長の報告の基に、知事が状況判断をし、決定」するとしている。具体的な設置の基準として「①次のような災害の発生のおそれがあり、かつ、下記の②に該当すると予測されるとき◇台風が接近し、被害の発生がほぼ確実であるとき◇集中豪雨が発生し、被害の発生がほぼ確実であるとき②発生した災害が次のいずれかに該当するとき◇発生した災害が市町村

域を超え、広域に渡るとき◇発生した災害の規模が大きく、市町村のみで処理することが困難と認められるとき」とし、また震災時の設置については、自動設置基準と判断設置の基準、その他の場合と分類し、自動設置基準は震度5弱以上、高知県に大津波警報が発表された場合、判断設置は震度4以上、津波警報が高知県に発表された場合を規定している。

　また北海道庁では、初動に関し「北海道地域防災計画（平成29年5月）」で「知事は、災害・事故による被害等の発生が予想されるときで、必要と認めるときは、緊急幹部会議を招集し、初動体制に万全を期するものとする」としさらに規定されている連絡本部設置基準に合致した場合は「災害対策連絡本部」を、さらに災害対策本部設置基準に合致した場合「災害対策本部」を設置するというように、災害発生又はそのおそれがある場合、段階的な防災組織の設置について規定している。

　業務に関しては、例えば川崎市では災害対策本部長は本部会議[13]の所掌事務は①災害情報の収集及び伝達に関すること。②消火又は延焼の防止に関すること。③被災者の救出救助に関する措置に関すること。④医療救護に関する措置に関すること。⑤食料、飲料水その他の物資の供給に関すること。⑥避難所の開設及び避難者の救援に関すること。⑦緊急を要する避難の勧告又は指示に関すること。⑧区本部配備体制の緊急を要する変更に関すること。⑨区内の災害対策活動の総合調整に関すること。⑩災害時における区内災害対策総合計画の策定に関すること。⑪その他、災害対策に必要な措置となっている。

　このように、都道府県、市町村を問わず、発災時、特に初動で重要な災害対策本部に関して、平素から詳細な内容を規定している。他方、実際の災害に直面し災害対策本部の立ち上げがスムーズに行われるとは限らない。

　地方自治体が設置する災害対策本部は災害対策基本法に事務の規定はあるものの、基本的には情報の収集、各組織、機関の調整が中心となる。既に整理したように、消防機関[14]に対しては、各設置自治体の首長が消防長を通じ管理[15]することになる。警察機関の場合、知事が「所管[16]」する

が管理は各都道府県公安委員会が行う。ただしあくまで指揮監督権は警察庁長官を頂点として、警視庁においては警視総監、各道府県警においては各警察本部長が所属警察職員を指揮監督する。なお災害対策本部長は自衛隊及び海上保安庁に対しては調整を行うにとどまる。このように、平常時の組織編成と災害時の組織編成の違いを考慮しつつ、災害時、災害対策本部長は、指揮監督権が混在する各組織を調整し、最大限の効果を上げなければならないことになる。

　繰り返し述べているように災害の様相は様々で、その状況は千差万別である。そのような対象に対しての対処計画としての「防災計画」を策定するのは簡単ではない。加えて国地方を問わず多くの機関やそこで働く公務員は、平常時における業務に最適化されている。その組織や人々が、災害時にいきなり通常とは違う非常時における役割を付与され行動しなければならない。また東日本大震災などの大災害では、例えば防災庁舎が津波に襲われ多くの犠牲者を出した宮城県南三陸町の事例[17]や同じく女川町の事例[18]、岩手県陸前高田市の事例[19]のように役場の機能そのものが相当程度喪失するケースもある。首長や職員が遭難し機能不全が起こるケースもある。このように、災害対処の中心組織や人材が失われることによる影響は計り知れない。

5.2　実動組織

　ここからは「大規模災害対処システム」の特に応急対応期における人命救助活動の中心となる組織について概観する。すでに述べたように、大規模災害発生時の初期の救助に関して最も大きな効果が期待できるのは、自助と共助である。しかし、例えばどのような災害がどのような規模で発生したのか、またその発生の時間やその時の天候など、災害の様相によっては、その本格的な救助等の活動は、公助としての救助隊等に委ねるほかない。ここでは災害へ対処する政府・行政の実動組織を中心に整理する。

　個別の組織が対応できる、例えば火災や救命、犯罪などいわば日常生活の中で発生する非常時では、原則として個別の組織それ自体で対応できるリソースが備わっている。その場合「平常時の中における異常事態対処」として、消防や警察など組織が本来の任務の範囲で、粛々とその事態に対処し処理していく。しかし、例えば阪神淡路大震災や東日本大震災のような、各組織のもつ対処可能な閾値を超えた危機の場合、政府の持つ機能をすべて動員し対処せざるを得ないことになる。もちろん規模のみならず、原子力災害、NBC 災害[20]などでは通常とは異なる特殊な対応を強いられる場合は、別々の組織の統合的運用が必要になるケースもある。

　この「対処能力」には、その組織の練度と装備が大きくかかわる。そして原則として「対処能力」は組織の目的、任務によって規定される。消防など実動システムに区分される各組織の目的や任務については、それぞれの組織を規定する法律で定められた範囲が、その組織の「対処能力」である。消防は「その施設及び人員を活用して、国民の生命、身体及び財産を火災から保護するとともに、水火災又は地震等の災害を防除し、及びこれらの災害による被害を軽減するほか、災害等による傷病者の搬送を適切に行うことを任務」としているし、警察は「個人の生命、身体及び財産の保護に任じ、犯罪の予防、鎮圧及び捜査、被疑者の逮捕、交通の取締その他公共の安全と秩序の維持に当ることをもってその責務」とされている。自衛隊は「我が国の平和と独立を守り、国の安全を保つため、我が国を防衛することを主たる任務」であるし海上保安庁は「法令の海上における励行、海難救助、海洋汚染等の防止、海上における船舶の航行の秩序の維持、海上における犯罪の予防及び鎮圧、海上における犯人の捜査及び逮捕、海上における船舶交通に関する規制、水路、航路標識に関する事務その他海上の安全の確保に関する事務並びにこれらに附帯する事項に関する事務を行うことにより、海上の安全及び治安の確保を図ること」とされている。そして各組織は通常それぞれの任務を前提に組織を編成し、装備を調達し訓練を行う。大災害対処はそれ自

体深刻で重要な問題ではあるが、任務との関係でとらえれば、消防組織以外にとっては従たる任務とならざるを得ない。災害が収束を迎え、大規模災害対処システムに組み込まれたそれぞれの組織は、主たる任務を中心とした平常時の業務に戻っていく。

5.2.1　消防

　消防制度は、戦前は内務省の一部局、それも警察行政を管轄した内務省警保局の消防係が担当し「昭和21年までは事務官、属[21]、技師、技手の4名」[22]だけであった。官設の消防もあったが、実際の消防活動に関しては、住民により組織された消防組が担当していた。[23]戦後内務省が解体され、消防は自治省、現在では総務省消防庁がその任に当たっている。また実際の消防活動は自治体ごとの消防組織が担当している。ここでは「大規模災害対処システム」の中核的組織である消防について整理する。
　我が国の政府が用意する災害対応の一義的な機関は消防である。消防組織は原則として基礎自治体単位で整備される。それゆえ十分な消防力を維持できているのかという問題がたびたび巻き起こる。例えば平成14年に消防審議会から出された「国・地方の適切な役割分担による消防防災・救急体制の充実方策に関する答申」では「我が国の消防本部は小規模なものが多く、こうした小規模消防本部の中には、要員の確保や資機材の整備に限界があるため、災害発生時をはじめ、高齢化等に伴い著増する救急需要に対する適切な対応や予防査察・違反処理、火災原因の調査、危険物施設の防火安全対策等より一層専門化する予防業務への対応などについて、なお不十分なところが少なくない」とその改善を求めている。このままであれば阪神淡路大震災を念頭に「大規模・特殊災害等への対応を考えた場合、市町村消防の機能のみでは限界もあると考えられる」とも述べている。

5.2.1.1　消防の法的位置づけと任務及び大規模災害対処

　我が国の消防は「その施設及び人員を活用して、国民の生命、身体及び財産を火災から保護するとともに、水火災又は地震等の災害を防除し、及びこれらの災害による被害を軽減するほか、災害等による傷病者の搬送を適切に行うことを任務とする」[24]と規定されている。消防は火災の防御だけでなく災害の防除もその任務とされている。本条を根拠として、火災以外の救急や救助、又は災害等による行方不明者の捜索などが消防任務の範囲に含まれることとなる。ただし行方不明者の捜索において注意すべきは、あくまで生存者が対象となることである。

　我が国の消防体制は直接的には自治体が担うことになっている。消防組織法第 6 条では「市町村は、当該市町村の区域における消防を十分に果たすべき責任を有する」とされ、市町村が消防に関する責任を持つことを定めている。その上で、市町村の消防の管理は市町村長へ、それに要する費用は当該市町村が負担することを規定[25]している。さらに消防事務の処理のため、消防本部、消防署、消防団の全部又は一部を設けることを求めている。[26]

5.2.1.2　消防の 組織

　現在、国の消防機関として総務省の外局として消防庁（以下、務省消防庁）[27]その長は消防庁長官[28]である。総務省消防庁の任務及び所管事務は「消防に関する制度の企画及び立案、消防に関し広域的に対応する必要のある事務その他の消防に関する事務を行うことにより、国民の生命、身体及び財産の保護を図ること」（消防組織法第 4 条）とされている。その任務達成の為、「消防制度及び消防準則の企画及び立案に関する事項」（消防組織法第 4 条第 2 項 2）や「防火査察、防火管理その他火災予防の制度の企画及び立案に関する事項」「消防に必要な人員及び施設の基準

に関する事項」「防災計画に基づく消防に関する計画（第二十九条におい
て「消防計画」という。）の基準に関する事項」など、消防政策の基準の
企画立案などをおこなう。また、近年では「国際緊急援助隊の派遣に関
する法律（昭和六十二年法律第九十三号）に基づく国際緊急援助活動に
関する事項」「武力攻撃事態等における国民の保護のための措置に関する
法律（平成十六年法律第百十二号）に基づく住民の避難、安否情報、武
力攻撃災害が発生した場合等の消防に関する指示等に関する事項並びに
同法に基づく地方公共団体の事務に関する国と地方公共団体及び地方公
共団体相互間の連絡調整に関する事項」などその活動は国内にとどまら
ず多岐にわたる。【図表 53】

図表 53　総務省消防庁の組織概要

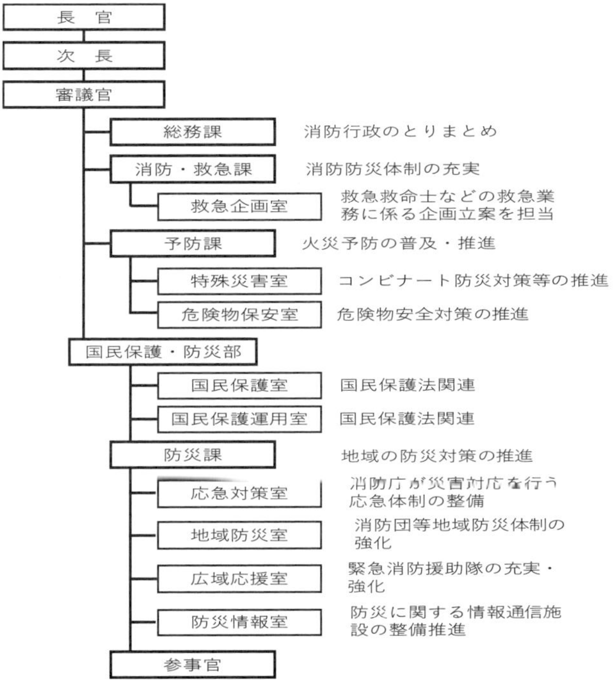

※総務省消防庁 HP、総務省組織令を参考に筆者作成

　さて、実際に現場で火災対処などに当たる消防組織は大きく「常備消防機関」と「非常備消防機関」に分けられる。前者は市町村に設置された消防本部及び消防署のことである。ここでは専任の職員（地方公務員）が勤務している。平成30年4月1日現在、全国には728の消防本部と1719の消防署が設置されている。消防職員は16万4873人（内5069人が女性職員）非常備の消防機関である「消防団」は、平成30年4月1日現在、全国で2209団、消防団員数は84万3667人である。[29]【図表54】

　消防団員は他に本業を持ちながらも、消防活動に関する権限と責任を有する非常勤特別職の地方公務員である。消防団の特性として「①地域密着性（消防団員は管轄区域内に居住または勤務）②要因動員力（消防団員数は消防職員数の約5.1倍）③即時対応力（日頃からの教育訓練により災害対応の技術・知識を取得）が挙げられる[30]。

　尚、消防長又は消防署と消防団の関係については「消防本部を置く市町村においては、消防団は、消防長又は消防署長の所轄の下に行動するものとし、消防長又は消防署長の命令があるときは、その区域外においても行動することができる。」（消防組織法第18条3項）と規定されているが、「消防団と消防本部又は消防署との間に上下関係はないが、第3項

図表54　市町村消防現況

区　分		平成30年
常備消防	消防本部	728
	市	387
	町・村	52
	一部事務組合等	289
	消防署	1,719
	出張所	3,117
	消防職員数	164,873
非常備消防	消防団	2,209
	分団	22,422
	消防団員数	843,667

単位：消防職員数・消防団員数（人）
その他は（箇所）
※消防庁「消防白書（平成30年版）」p.159
より筆者作成

は、消防団の行動と消防本部又は消防署との関係について最小限の調整を図るための規定[31]」であるとされる。組織の独立性を保ちつつも火災対処などの一元化が図られている。

　次に、消防本部の一般的な編成[32]について概観する。【図表 55】

図表 55　市の消防組織の概要（例）

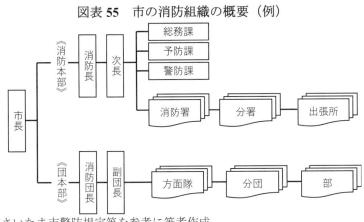

※さいたま市警防規定等を参考に筆者作成

　「消防本部及び消防署の設置、位置及び名称並びに消防署の管轄区域は、条例で定める」（消防組織法第 10 条）となっており、その編成等は条例に委任される。例えばさいたま市を例にとると、消防組織法 10 条をうけ「さいたま市消防局の組織に関する規則（平成 15 年 3 月 31 日規則第 138 号）」が定められており、そこでは消防組織法の消防本部を消防局とすることも含め、組織編成などについて規定している。そこでは内部部局として「総務部」「消防総務課」「消防企画課」「消防職員課」「消防施設課」「予防部」「予防課」「査察指導課」「警防部」「警防課」「救急課」「指令課」（部課のみ）の設置とその分掌事務について規定されている。活動に関しては「さいたま市警防活動組織規程（平成 19 年 3 月 27 日消防局訓令第 8 号）や「さいたま市警防規程（平成 13 年 5 月 1 日消防本部

訓令第 15 号）などで定められている。なお同規定では非常災害時の対応に関して隊員の非常呼集、「消防長は、非常災害が発生し、又は発生が予想され、緊急に警防態勢の増強が必要であると認めたときは、職員の非常招集を発令するものとする。」（同 18 条）や地震災害に対しては「警防部長は、大規模地震が発生するおそれのある場合又は地震が発生し、被害が拡大するおそれがある場合は、直ちに次に掲げる事項について必要な措置を講ずるとともに、被害発生に対し適切な部隊運用を行わなければならない。(1)災害状況の掌握(2)非常配備態勢の連絡(3)関係機関との連絡(4)前 3 号に掲げるもののほか、必要な事項」（風水害が発生するおそれのある場合も準用）と定められている。なお、消防組織は設置されている市町村により、編成は異なるが、部隊編成に関しては、概ね指揮隊(3 名)、消防隊(5 名)、救急隊(3 名)、はしご隊(4 名)、救助隊(5 名)の編成が多い。【図表 56】

図表 56　消防部隊編成（例）

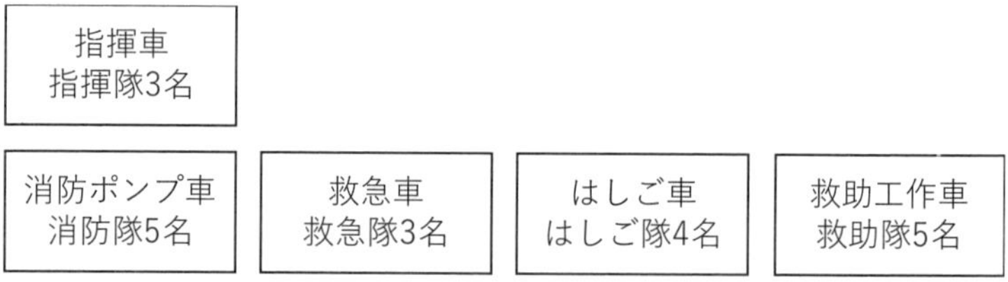

指揮車 指揮隊3名			
消防ポンプ車 消防隊5名	救急車 救急隊3名	はしご車 はしご隊4名	救助工作車 救助隊5名

注：実際は各市町村警防活動組織規程などに編成の詳細が規定されている。
※消防庁 HP、消防庁資料「消防職員の部隊編成と階級について」
https://www.soumu.go.jp/main_content/000056809.pdf をもとに筆者作成

5.2.1.3 予算と人員・装備

次に消防予算（決算）と装備について概観する。戦後都市化に伴い高層ビル等など以前には見られない様々な建築物、構造物が増加し、それに対処する消防設備も更新が求められてきた。他方、消防はいわば地方分権がもっとも進んだ組織でもあり、その財政基盤を自治体に委ねる構造になっている。平成28年度の消防費決算額（東京消防庁を含む。以下同じ。）は1兆9,855億円で、前年度に比べ1,114億円（5.3%）の減少となっている。うち人件費は1兆3,397億円構成比67.5%となっている。同じ平成28年で見ると、消防職員数が163,043人、消防団員数が859,995人、合計1,023,038人[33]であったので、非常勤の消防団を入れた一人当たりの人件費は約131万円となる。【図表57】

図表57　消防費決算額推移（平成24~28年度）

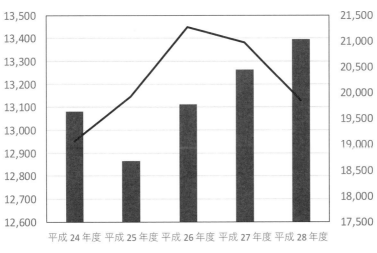

人件費　　合計　　（単位：億円）

　次に、消防職員と消防団員数の推移をみると、1998（平成 10）年から 2018（平成 30）年の 21 年間で、消防職員（常備消防）は 13,170 人増加しているのに対し、消防団員（非常備消防）は 105,788 人実に約 9.5％減少していることがわかる。【図表 58】

　消防団員は地域の中に在り、地域のコミュニティと密接にかかわり、平素は地域の啓蒙活動などに貢献し、なにより災害発生時、特に大規模災害発生時は、いち早く避難誘導や消防防御などの活動に従事する。その消防団員の減少は、地域の防災力の低下につながる問題となる。

　一方、2017（平成 29）年度 24,947 名だった女性消防団員数が、2018（平成 30）年度には 25,981 名に増加している。

　尚、類似の組織に水防団がある。水防団は、水防法（昭和二十四年法律第百九十三号）に基づき設置される。水防法は「洪水、雨水出水、津波又は高潮に際し、水災を警戒し、防御し、及びこれによる被害を軽減し、もつて公共の安全を保持することを目的とする」（水防

図表 58　消防職団員数推移

	消防職員	消防団員	合計
平成10	151,703	962,625	1,114,328
平成11	152,464	957,047	1,109,511
平成12	153,439	951,069	1,104,508
平成13	153,952	944,134	1,098,086
平成14	154,487	937,169	1,091,656
平成15	155,016	928,432	1,083,448
平成16	155,524	919,105	1,074,629
平成17	156,082	908,043	1,064,125
平成18	156,758	900,007	1,056,765
平成19	157,396	892,893	1,050,289
平成20	157,860	888,900	1,046,760
平成21	158,327	885,394	1,043,721
平成22	158,809	883,698	1,042,507
平成23	159,354	879,978	1,039,332
平成24	159,730	874,193	1,033,923
平成25	160,392	868,872	1,029,264
平成26	161,244	864,347	1,025,591
平成27	162,124	859,995	1,022,119
平成28	163,043	856,278	1,019,321
平成29	163,814	850,331	1,014,145
平成30	164,873	843,667	1,008,540

（単位：人）

※消防庁「消防白書（平成 28・30 年版）」より筆者作成

法第1条）法律で、市町村と都道府県に水防責任を持たせている。全国の水防団・消防団の数（平成28年4月1日現在）は水防団8道府県71団、13,988名である。水防団は例えば「平成27年9月関東・東北豪雨」へも延べ909人が出動し河川巡視、内水排水作業、シート張り等の水防活動にあたった。水防団も災害対処の大きな役割を担っている。

　最後に、装備、特に車両についてだが、2018（平成30）年、全国で車両44,949台、小型動力ポンプ54,144台、消防艇60艇、ヘリコプター33機を保有する。【図表59】

　「消防力」[34]を考えるとき、この他にも様々な要素を考慮しなければならないが、ここでは大規模災害、特に東日本大震災など、その場での防火活動のみならず、地域を移動し人命救助などを行う場面を想定し、車両と人員に焦点を当てた。2018（平成30）年の我が国のいわば機動的な消防力は、上記車両等に加え人員

図表59　平成30年現在の消防保有車両等

区　分	消防本部	消防団	計
消防ポンプ自動車	7774	14054	21828
はしご自動車	1159	0	1159
化学消防車	959	6	965
救急自動車	6329	0	6329
指揮車	1809	898	2707
救助工作車	1237	0	1237
その他の消防自動車	8768	1956	10724
小型動力ポンプ	3615	50529	54144
消防艇	42	18	60
消防防災ヘリコプター	33	0	33

（平成30年4月1日現在）単位：台、艇、機
※消防白書（平成30年版）p.161。筆者作成

1,023,038名が対処できる最大値であり限界値と考えることができる。

5.2.2　警察

　災害時、消防同様、警察はその組織力、地域密着の特性を生かし、避難誘導や救助救出、行方不明者の捜索、交通規制（緊急交通路の確保）、検視、身元確認、そして被災地域の治安維持など災害対処でも大きな力を発揮する。ここでは、大規模災害対処システムとしての警察を整理する。

5.2.2.1　法的位置づけと任務と災害対処

　警察の責務は警察法（昭和二十九年法律第百六十二号）において「警察は、個人の生命、身体及び財産の保護に任じ、犯罪の予防、鎮圧及び捜査、被疑者の逮捕、交通の取締その他公共の安全と秩序の維持に当ることをもつてその責務とする。」（警察法第 2 条）と定められている。すなわち警察の責務は「個人の生命、身体及び財産の保護」と「公共の安全と秩序の維持」であり「犯罪の予防、鎮圧および捜査、被疑者の逮捕、交通の取り締まり」は後者の例示である。

　警察と災害の関係は我が国に近代警察組織が導入[35]される明治初期の頃から密接で、中澤（2018：19）によると「戦前の警察は災害に関して、消防、防火、建物規制（屋上制限）、水防など様々な防災に関わっていた。そして、警察は災害発生時には、避難民の誘導や救護はもとより、本来の業務である警備を実施し、被災地の治安維持を担った」[36]という。戦後、警察制度のいわゆる民主化により組織は大きく変化をすることになった。警察と災害との関係でいえば、例えば神奈川県では「非常警備計画」（1946 年 6 月 1 日施行）を、茨城県では「茨城県災害対策本部規定」（1976 年 9 月 2 日）を策定した。前者は非常事態を「騒乱及び災害」とし、「災害」を「大ナル風災、火災、震災及び火災」と定義した。[37]

　さて、災害時の警察活動に関しては、警察官職務執行法（昭和 23 年 7

月12日施行、法律第136号）第四条[38]にある「警察官は、人の生命若しくは身体に危険を及ぼし、又は財産に重大な損害を及ぼす虞のある天災、（略）においては、その場に居合わせた者、その事物の管理者その他関係者に必要な警告を発し、及び特に急を要する場合においては、危害を受ける虞のある者に対し、その場の危害を避けしめるために必要な限度でこれを引き留め、若しくは避難させ（以下略）」と規定されており、警察による災害対処はこの条文を根拠[39]に行われる。また警察法第71条「内閣総理大臣は、大規模な災害又は騒乱その他の緊急事態に際して、治安の維持のため特に必要があると認めるときは、国家公安委員会の勧告にもとづき、全国又は一部の区域について緊急事態の布告を発することができる」による緊急事態の布告による対処、計画、実施の所管事務は警察庁警備局が担当する。[40]

　警察による災害対処活動を災害警備活動という。災害警備活動は、都道府県警察本部の警備部が主体となって行われる。警備部は暴動対策や、テロ対策などを担当している部署であるが、災害対策も主要任務とされている。[41]災害対処の具体的な運用については都道府県警察ごとの「業務継続計画」や「災害警備計画」等による。例えば「兵庫県警警察災害警備計画」（兵警災例規甲第12号平成26年3月24日）の目的は「地震、風水害等の自然災害（以下「災害」という。）に対する予防活動並びに災害の発生時における警備体制及び災害警備活動要領について基本的事項を定め、もって適切な警察活動を行うこと」とされている。

　例えば、災害警備活動の基本的内容は「神奈川県警災害時応急活動」によると以下のとおりである。（以下引用）

(1)情報の収集・連絡
ア　県警察は、災害警備活動上必要な情報を収集する。
イ　県警察は、収集した情報を、必要により関係機関へ連絡する。
(2)救出救助活動等
　県警察は、把握した被災状況に基づき、迅速に機動隊、広域緊急援助隊

等を被災地を管轄する警察署に出動させ、救出救助活動を実施する。また、被災地を管轄する警察署長は、消防等防災関係機関の現場責任者と随時、捜索区割り等現場活動に関する調整を行うものとする。

(3)避難誘導等

ア 警察官は、災害対策基本法第61条又は現場の状況に応じ警察官職務執行法第4条により避難の指示を行い又は避難の措置を講じる。

イ 避難誘導に当たっては、高齢者、障害者等の避難行動要支援者に十分配慮する。

ウ 県警察は、津波注意報及び警報が発表された場合又は津波による被害が発生するおそれがある場合は、迅速かつ正確な津波注意報及び警報の伝達並びに沿岸住民等に対する避難の指示及び安全かつ効率的な避難誘導を行う。

(4)交通規制

県警察は、被災地域における交通の混乱の防止を図り、災害応急対策活動が円滑に行われるように、大震災の被災規模・状況に応じて、一般車両の通行を禁止する区域及び通行を制限する区域の設定や緊急交通路確保など必要な交通規制を実施する。

(5)二次災害の防止

県警察は、二次災害の危険場所等を把握するため、住宅地域を中心に調査を実施するとともに、把握した二次災害の危険場所等については、市町村災害対策本部等に伝達し、避難勧告等の発令を促すものとする。

(6)社会秩序の維持

県警察は、被災後の無人化した住宅街、商店街等における窃盗犯や救援物資の搬送路及び集積地における混乱、避難所におけるトラブル等を防止するため、被災地及びその周辺におけるパトロールの強化、避難所等の定期的な巡回を行う。また、被災地において発生しがちな悪質商法等の生活経済事犯、窃盗犯、粗暴犯、暴力団による民事介入暴力等の取締りを重点的に行い、被災地の社会秩序の維持に努める。(引用ここまで)

　これを参考にすると、発災後の警察の活動はおおむね①被害情報の収集②情報発信③避難誘導④救出救助⑤行方不明者の捜索⑥交通規制（緊急交通路の確保等）⑦検視等、身元確認⑦被災地の警戒、犯罪の予防・取締り⑧各種相談等被災者支援活動と整理できる。

　さて警察における災害対処は当該地域を管轄する警備部門を中心とする活動であったが、阪神淡路大震災の活動を通じ、管轄の警察だけでは対応できないことが浮き彫りになり、その教訓から 1995（平成 7）年 6月 1日全国都道府県警察に「広域緊急援助隊」[42]が組織された。広域緊急援助隊は機動隊員を中心に、警備隊 2600 名、交通機動隊 1500 名という編成であった。なお広域緊急援助隊は、被災地域を管轄する公安委員会からの援助要請を受け出動する。【図表 60】

図表 60　広域緊急援助隊の編成

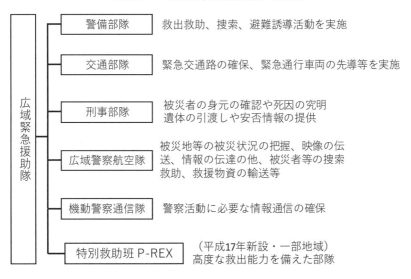

※関東管区警察局 HP　http://www.kanto.npa.go.jp/
　警察庁 HP　https://www.npa.go.jp/bureau/security/intro/index.html
　警察庁「消防白書（平成 24 年版）」を参考に筆者作成

　中越地震（2004年）を受け、従来の広域緊急援助隊の任務よりさらに危険困難状況でも対処ができるよう、2005（平成17）年4月12都道府県に「特別救助班」[43]（200名）を設置、直後の福知山線脱線事故への対処も行った。しかしこの時、遺体への対応は管轄の兵庫県警のみで行ったため、それを教訓に2006（平成18）年3月、各都道府県に検視、遺体引き渡しが担当できる「刑事部隊」（600名）を組織した。なお隊員は各都道府県警の警察官から選ばれ、派遣後は現地警察本部の指揮下に入る。警察庁や管区警察局からも要員が選ばれ、情報の収集や調整を行う。[44]

　また東日本大震災を受け、その反省と教訓から「警察災害派遣隊設置要綱」を制定した。規模も大きくなり、さらに特徴的なのは初期派遣部

図表61　警察災害派遣隊

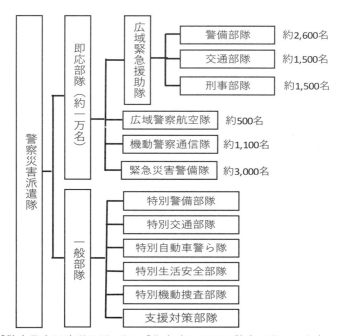

※「警察災害派遣隊設置要綱」「災害時における警察活動」を参考に筆者作成

隊の「即応部隊」には初期活動といえども、長い時間活動せねばならない状況を踏まえ、「自活」を求めている点である。特に初動で重要役割を果たす即応部隊の規模はそれまでの広域緊急援助隊の約 5000 名から10000 名に倍増させている。【図表 61】

　前述したように警察による災害時の活動は、通常の警察活動に加え「避難誘導」「救出救助」「行方不明者の捜索」「交通規制（緊急交通路の確保等）」「検視等、身元確認」「被災地の警戒、犯罪の予防・取締り」「各種相談等被災者支援活動」など多岐にわたる。大規模災害対処というと、人命救助に注目しがちだが、交通規制などそれらの活動が円滑に進むための支援活動は重要である。また非常時の被災地域の治安維持は、救助活動のみならず、被災者保護の観点から重要である。

5.2.2.2　警察の組織

　我が国の警察組織について概観する。本書の視点に沿って言えば、大規模災害対処システムの主要な実動組織の一つである警察機構を編制面から確認する作業である。

　日本の警察組織は、国の機関としては内閣府の外局である国家公安委員会の特別の機関として警察庁が置かれる（警察法第 15 条）。国家公安委員会は警察庁を「管理」する。警察庁は内部部局とその地方機関として 7 管区警察局[45]などが設置されている。警察庁は主に警察政策の企画立案を行う。例外的に皇室の警衛を担当する皇宮警察本部は警察庁の附属機関として設置されている。国の機関である警察庁は、警察制度の企画立案、国の公安に係る事案についての警察運営、警察活動の基盤である教育訓練、通信、鑑識等に関する事務、警察行政に関する調整等を行う役割を担っている。警察庁長官は、国家公安委員会の管理の下、これらの警察庁の所掌事務について都道府県警察を指揮監督している。【図表 62】

　管区警察局[46]は東日本大震災直前の平成 22 年版警察白書によると、管

図表 62   警察庁の組織概要

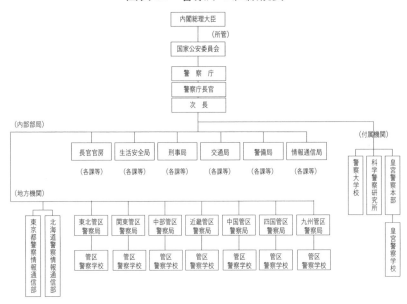

※警察白書、警察庁 HP を参照し筆者作成

区警察局の主な業務は、ア）府県警察に対する監察、イ）広域調整（複数の府県にまたがる広域犯罪の捜査、広域暴力団等に対する取締り、高速道路における広域的な交通規制、交通取締り等の実施等に関し、府県警察に対する指導・調整）、ウ）大規模災害への対応（震度 6 弱以上、東京都 23 区内にあっては震度 5 強以上の地震その他の大規模な災害大規模災害の発生時等には、被災情報の収集・分析に当たるとともに、機動警察通信隊や管区警察局ごとに編成される広域緊急援助隊の派遣に関する調整）、エ）警察の情報通信、オ）サイバー犯罪の捜査の支援、カ）教育訓練（管区警察局に附置された管区警察学校では、主として警部補及び巡査部長の階級にある府県警察の職員を対象とした昇任時教育、専門的教育等を実施）としている。本書で取り上げている大規模災害対処は、管轄の警察本部のみで対応することが困難な事案が多く、この場合管区

警察局（特に広域調整部）が中心となって広域緊急援助隊の派遣に必要な調整などを行っている。

　また地方自治体の警察機関として、各都道府県公安委員会の管理の下に都道府県警察が設置されている。都道府県警察は、「現場」（実動部隊）を以って捜査・取締りなどを担う。組織の概要図は次のとおりである。
【図表 63】

図表 63　都道府県警察の組織概要図

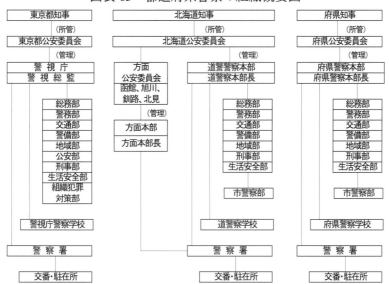

注：府県警察本部の総務部及び地域部は、府及び大規模な県に設置。市警察部は、府及び指定県に設置。平成 23 年 4 月 1 日現在、47 の都道府県警察に、警察本部や警察学校等のほか、1,181 の警察署が置かれている。
※警察白書、警察庁 HP を参考に筆者作成

　尚、都道府県警察と知事の関係であるが、あくまで各都道府県警察は「知事の所轄」であり、これは指揮命令権のない監督を意味する。[47]なお、警察の予算は、国の予算に計上される「警察庁予算」と、各都道府県の予算に計上される「都道府県警察予算」から成る。予算は知事ある

いは議会との関係で重要であるが、これについては後述する。すべての都道府県警察の組織が同様ではなく、特に警視庁と北海道警はやや他の県警とは編成が違うが、それ以外の県警はおおむね同じ編成をしている。

　都道府県警察は都道府県公安委員会の管理の下に置かれる都道府県の機関であり（警察法 36 条 1 項、同法 38 条 3 項）、その圧倒的多数に及ぶ警視以下の職員は地方警察職員と称される地方公務員であるが、警視正以上の階級（警視正、警視長、警視監及び警視総監）にある警察官は一般職の国家公務員とされ、これを地方警務官[48]という（同法 56 条 1 項）。また地方警察職員から昇任した者については「特定地方警務官」と称される（同法 56 条の 2 第 1 項）。国の行政機関である警察庁に所属する警察官の任免権者は警察庁長官である（同法 16 条 2 項）。つまり、警視正以上の階級で警察庁から都道府県警察に出向した者は任免権者が同庁長官から国家公安委員会に変わる。多くの警察官は地方公務員であるが警視正以上の幹部は国家公務員であることから、実態は国家警察と自治体警察の混合型ともいえよう。

　組織に関係して、その他確認しておく機関としては、警察署協議会がある。警察協議会は警察法第 53 条の 2 に基づき、日本のほぼすべての警察署に設置される合議体で、内容は「警察署の管轄区域内における警察の事務の処理に関し、警察署長の諮問に応ずるともに、警察署長に対して意見を述べる機関」である。

5.2.2.3　予算と人員・装備

　警察予算は警察庁予算と都道府県警察予算からなる。平成 29 年度警察庁当初予算は総額 2,561 億 1,900 万円、補正予算が 434 億 6,300 万円等、総額 2,999 億 8,300 万円、都道府県警察予算は総額 3 兆 3,187 億円であった。警察庁予算の内訳は、人件費 893 億 2,400 万円、装備・通信・施設費 853 億 5,600 万円、その他 538 億 600 万円、補助費 714 億 9,700 円、

都道府県警察予算の内訳は、人件費 2 兆 6,782 億 7,100 万円、施設費 2,614 億 8,700 万円、その他 3,789 億 6,100 万円となっている。警察予算の総額は約 3 兆 6 千万円であるが都道府県警察予算では実に 80.7％が人件費となっている。【図表 64】

次に警察職員について整理する。警察官の階級は長官を除き、「警視総監、警視監、警視長、警視正、警視、警部、警部補、巡査部長、巡査」（警察法第 62 条）となっている。職種について[49]は「生活安全警察」「地域警察」「刑事警察」「交通警察」「警備警察」「総務・警務警察」がある。「生

図表 64　平成 29 年度警察予算

	警察庁予算	都道府県警察予算
人件費	8,932,400	267,827,100
装備通信施設費	8,535,600	
施設費		26,148,700
その他	5,380,600	37,896,100
補助金	7,149,700	
計	29,998,300	331,871,900
職員一人当たり	3,891	1,170

単位「万円」

※警察庁「警察白書（平成 30 年版）」p.211 をもとに筆者作成

活安全警察」は生活に直接影響を及ぼす、経済や環境、少年に関する犯罪の取締り等、「地域警察」交番での立番、パトロール、巡回連絡などを通じて、人々の一番近くで平和な暮らしを守り、事件・事故発生時には現場に急行して初動捜査も行うもの、いわゆる犯罪捜査を担当する「刑事警察」、交通指導取締りなどを行う「交通警察」、重要施設の警戒・警備、テロ・ゲリラ行為の防圧・検挙、要人の警護などを任務とする「警備警察」、広報活動、予算管理、留置管理などを、警務警察は警察職員の採用、福利厚生制度の整備、犯罪被害者の支援など組織運営を支える「総務・警務警察」からなる。

その警察職員の定員は、警察庁が 7,902 名、内訳は警察官 2,180 名、皇宮護衛官 896 名、一般職員 7,902 名である。都道府県警察は 288,800 名、内訳は地方警務官 629 名、地方警察官 259,745 名、一般職員 28426 名と

なっており、我が国警察職員の総計 296,702 名である。【図表 65】

図表 65　警察職員の定員（平成 30 年度）

区分	警察庁			
	警察官	皇宮護衛官	一般職員	計
定員（人）	2, 180	896	4, 826	7, 902

区分	都道府県警察					合計
	警察官			一般職員	計	
	地方警務官	地方警察官	小計			
定員（人）	629	259, 745	260, 374	28, 426	288, 800	296, 702

※国家公安委員会・警察庁「警察白書（平成 30 年版）」日経印刷株式会社 p.208 を参考に筆者作成

　最後に警察の持つ装備について概観する。個人の装備品は別として、警察の所有する代表的な装備としては「パトカー」「白バイ」「交通事故処理車」「大型輸送車」「災害対策車」「ヘリコプター」「警備艇」「現場指揮官車」「レスキュー車」などがある。内訳は不明だが「警察白書（平成 30 年版）」によると、パトカー、白バイ等が全国に 42500 台配備されているという。[50]

　警視庁のデータ[51]を見てみると「パトカー：1292 台」「白バイ：958 台」「ヘリコプター：14 機」「警備艇：22 艇」「警備犬：35 頭」「馬：16 頭」、同じく宮城県警[52]は「パトカー：350 台」「白バイ：50 台」「ヘリコプター：2 機」「警備艇：1 艇」「警察犬：30 頭」となっている。

　災害時の警察活動は、人命救助、行方不明者の捜索のみならず、避難誘導、緊急交通路の確保などの交通規制、また検視や身元確認、被災地での犯罪の予防や取り締まりなどの治安維持、避難所などでの各種相談活動など多岐にわたる。特に被災地域の交番や駐在所の警察官は消防団員同様、初動対処に大きな力を発揮する。

5.2.3　自衛隊

　自衛隊は「我が国の平和と独立を守り、国の安全を保つため、我が国を防衛することを主たる任務」[53]とする行政機関である。国家安全保障体制の構築は政府の最大の責務である。どのような安全保障体制を構築するにせよ、多くの国々では軍事組織もその一翼を担っている。朝鮮戦争が始まった 1950（昭和 25）年 6 月 25 日の 2 週間後、GHQ のマッカーサー元帥から吉田茂首相宛に「八月末までに七万五千人の警察予備隊を創設せよ」との内容のいわゆるマッカーサー書簡が届けられた。[54]現行憲法の施行後わずか 3 年のことであった。創設された警察予備隊はやがて保安隊、そして自衛隊へと改編される。自衛隊の役割が我が国の平和と独立を守り、国の安全を保つためであることは間違いないが、創設以来、多くの災害対処の任務を担ってきた。ここでは自衛隊について整理する。

5.2.3.1　法的位置づけと任務、災害派遣

　防衛省と自衛隊は基本的には同じ組織を指しているが「防衛省」という場合には、陸・海・空自衛隊の管理運営などを任務とする行政組織の面をとらえているのに対し、「自衛隊」という場合には、わが国の防衛などを任務とする、部隊行動を行う実力組織の面をとらえて使われていることが多い。ここではその自衛隊の任務・行動について整理する。以下自衛隊法は原則、隊法と記述する。

　自衛隊の任務は隊法第 3 条に規定されている。前述したように 3 条 1 項では「自衛隊は、我が国の平和と独立を守り、国の安全を保つため、我が国を防衛することを主たる任務とし、必要に応じ、公共の秩序の維持に当たるものとする」これを「本来任務」と呼ぶ。同法第 2 項では「自衛隊は、前項に規定するもののほか、同項の主たる任務の遂行に支障を

生じない限度において、かつ、武力による威嚇又は武力の行使に当たらない範囲において、次に掲げる活動であって、別に法律で定めるところにより自衛隊が実施することとされるものを行うことを任務とする」と規定されており、2項に基づき行われる任務を「従たる任務」と呼ぶ。【図表66】

図表66　自衛隊の行動（任務）

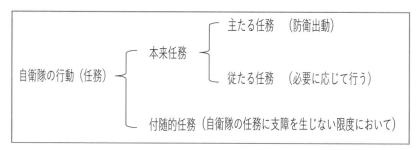

※自衛隊法を参照し筆者作成

　本書で対象としている災害派遣は自衛隊法では「災害派遣」（隊法83条）、「地震災害派遣」（隊法83条の2）、「原子力災害派遣」（隊法83条の3）でそれぞれ規定されており、すべて本来任務の「従たる任務」に分類される。

　災害派遣は「（通常の）災害派遣」「自主派遣」「近傍派遣」「地震防災派遣」「原子力災害派遣」に大別できる。

　通常の災害派遣の他、自主派遣は「特に緊急な事態で、要請を待つ時間がないときには、例外的に部隊などを派遣する」阪神淡路大震災での反省と教訓を受け、当時の防衛庁防災業務計画」を修正し部隊などの長が自主派遣する基準が定められた。[55]また近傍派遣は自衛隊の施設の周辺での火災等へ対処のための派遣、ほかに大規模地震対策特別措置法の基づく「地震防災派遣」、原子力災害対策特別措置法による「原子力災害

図表67　自衛隊の災害派遣の種類

種類	内容	根拠法
災害派遣	天災地変その他の災害に際して、人命又は財産の保護のため必要があると認める場合	隊法83②
自主派遣	要請を待ついとまがないと認められるとき	隊法83②但書
近傍派遣	庁舎、営舎その他の防衛省の施設又はこれらの近傍に火災その他の災害が発生した場合	隊法83③
地震防災派遣	大規模地震対策特別措置法第十一条第一項に規定する地震災害警戒本部長から同法第十三条第二項の規定による要請	隊法83の2
原子力災害派遣	原子力災害対策特別措置法第十七条第一項に規定する原子力災害対策本部長から同法第二十条第四項の規定による要請	隊法83の3

※関係法令を参考に筆者作成

派遣」がある。【図表67】

　災害派遣の具体的な流れを整理する。災害が発生した場合、原則としてその地域の消防、警察で対応するが、ある一定規模あるいは災害の様相により、都道府県知事、海上保安庁長官、管区海上保安部長、空港事務所長ら「要請権者（自衛隊法第83条）」はその状況を判断し「大臣又は大臣の指定する者（自衛隊法第83条）」等に派遣を要請する。自衛隊側は当該地域を担任する部隊の、例えば師団であれば、運用を受け持つ3部、あるいは情報を受け持つ2部がその要請を受ける。この場合、その意思決定者は師団長である。なお要請は、書面を原則とするが、口頭、FAX等でも要請ができる（のちに文書化する）ことになっている。[56]方、市町村長が災害派遣を希望する場合は原則として都道府県知事に要請するように要求（災害対策基本法第68の2）するが、それができない場合、自衛隊に対し直接通知することもできる。（災害対策基本法第68条の2②）自衛隊は要請を受け要件を検討し判断し、派遣する場合は派遣部隊に対し派遣を命ずる。[57]【図表68】

図表 **68**　災害派遣の流れ

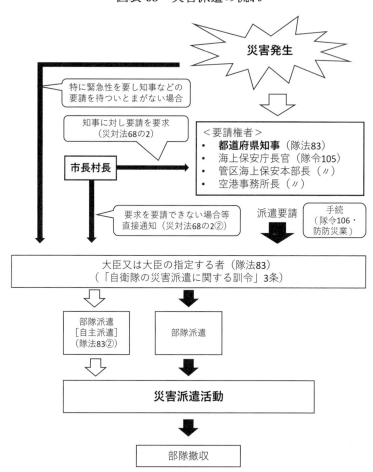

注：隊法=自衛隊法、隊令=自衛隊法施行令、防防災業=防衛省防災業務計
画　※「防衛白書」「防衛省災害業務計画」「自衛隊の災害派遣に関する訓
令」「鳥取県自衛隊派遣要請計画」他各法令等を参考に筆者作成

　近年では多くの自治体の防災計画に自衛隊に対する災害派遣要請につ
いて書かれている。例えば「東京都地域防災計画風水害編（平成26年修

正）」では p158 から p162 まで 4 ページにわたり、同資料編では p228 から p234 まで 6 ページにわたり、派遣手続きの資料や連絡先、自衛隊の態勢、各装備の能力基準（諸元）などかなり細かく記載されている。要請をしても受け入れの態勢が整っていないと思った活動が進められない。自衛隊側でも災害派遣の基本となる各部隊の担当地域が決められており、当該地域の自治体との連絡を密にするようになっている。東日本大震災の災害派遣に参加した隊員も災害時業務をスムーズに進めるためには「日頃の交流が重要であった」[58]と話していた。

　さて災害派遣の中でも一般的な「要請による災害派遣」は、これら法定要件の他「公共性」「緊急性」「非代替性」の三要件の検討を行い派遣の可否を決定することになっている。「公共性」とは公共の秩序を維持するため、人命・財産を社会的に保護しなければならない必要性があること。「緊急性」は災害の状況から、直ちに対処しなければならない情況であること。「非代替性」は他の機関では対処不能か能力が十分でなく自衛隊で対処する必要性があることである。【図表 69】

図表 69　災害派遣の 3 要件（要請に基づく派遣の場合）

公共性	公共の秩序を維持するため、人命・財産を社会的に保護しなければならない必要性があること。
緊急性	災害の状況から、直ちに対処しなければならない情況であること。
非代替性	他の機関では対処不能か能力が十分でなく自衛隊で対処する必要性があること。

※防衛省国民保護・災害対策室「防衛省・自衛隊の災害対策について」（第7回「大規模水害対策に関する専門調査会）資料 1p4 などを参考に筆者作成

　また「自主派遣」の基準は、1)関係機関への情報提供のために情報収

集を行う必要がある場合、2)都道府県知事などが要請を行うことができないと認められるときで、直ちに救援の措置をとる必要がある場合、3)人命救助に関する救援活動の場合など。このほか、部隊などの長は、防衛庁の施設やその近傍に火災などの災害が発生した場合、部隊などを派遣することができるとしている。[59]その災害派遣活動の撤収は、災害派遣を命令したものの命令により行われる。これは都道府県知事等から撤収の要請があった場合又は派遣の必要がなくなったと認める場合、災害が大規模である場合については、都道府県知事等から撤収の要請があった場合を除き防衛大臣の命令により部隊等を撤収する。大規模震災の場合については、大規模震災災害派遣実施部隊の長は、防衛大臣の命令により部隊等を撤収するものとすることになっている。[60]

　自衛隊の災害派遣の歴史は古く、前身の警察予備隊時代にさかのぼる。最初の災害派遣は1951（昭和26）年10月のルース台風災害に対し山口県田中龍夫知事による要請を受け21日警察予備隊小月駐屯部隊の2個中隊300人が被害地区の広瀬町向かい、26日まで道路などの復旧、食糧輸送といった支援活動にあたった事と言われる。当時警察予備隊には災害派遣に関する規定がなく、総隊総監部からの「出行命令第1号」によって、派遣された。[61]一方、実はこれ以前の1951（昭和26）年7月、京都府南桑田郡で発生した水害に対し要請受け福知山部隊が独断で派遣されたという。しかしこの派遣は現地部隊長の独断であり予備隊本部の後藤田は増原惠吉警察予備隊本部長官に対し「越権行為」であるとの進言により部隊長は処分され公式記録には記載されていない。[62]

　さて、その後、その災害派遣の実績について概観する。1977（昭和52）年から2013（平成25）年までの37年間で、年間平均派遣件数は731件である。平成期、1989（平成元）年から2013（平成25）年までの24年間（データ不明の平成6年を除く）の災害派遣件数は17,964件、風水雪害・震災・噴火対処が286件、急患輸送が12,512件、捜索救難1,091件、消火支援2,622件、その他953件となっている。

　離島などが多い我が国の地理的特性からも急患搬送の要請の割合が全体の69.6%と多い。次いで多いのが消火支援の14.6%である。急患搬送を除いた災害派遣の件数をみてみると消火支援、捜索遭難、地震・風水害等への災害派遣と続いている。【図表70】

図表70　平成期自衛隊災害派遣件数

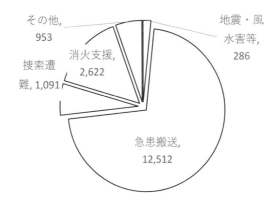

※各年度防衛白書より筆者作成。但し、平成6年度のデータは不明。

　消火支援では、例えば2019（令和元）年5月30日に築上町東築城で発生した火事では、火災現場を管轄する京築広域圏消防本部（豊前市）の他、行橋市や大分県中津市消防本部、消防団に加え隣接する航空自衛隊築城基地の第8航空団基地業務群の消防隊も出動し連携し消火活動にあたり6時間後に鎮火させた[63]。消防力の弱い地域では、事実上この消火支援に期待している地域もあり、[64]例えば、大津市消防局は陸上自衛隊大津駐屯地と「消防活動相互支援協定」を結んでいる。[65]尚、消防庁と防衛庁（当時）の間では平成8年「大規模災害時に際しての消防及び自衛隊の相互協力に関する協定」を締結している。消火支援の次は例えば山岳や海上での遭難者の捜索の件数が多い。そして地震・風水害等の派遣は割合としては少ないが、それでも24年間で286件、年間約12件の割合で出動している。

5.2.3.2　防衛省・自衛隊の組織

　防衛省・自衛隊の組織について概観する。自衛隊の最高指揮監督権をもつのは内閣総理大臣[66]である。防衛大臣は自衛隊法の規定により、各自衛隊の隊務を総括するが各部隊等に対する指揮監督は、統合幕僚監部の所掌事務に係る陸上自衛隊、海上自衛隊又は航空自衛隊の隊務は統合幕僚長、陸上幕僚監部の所掌事務に係る陸上自衛隊の隊務は陸上幕僚長、海上幕僚監部の所掌事務に係る海上自衛隊の隊務は海上幕僚長、航空幕僚監部の所掌事務に係る航空自衛隊の隊務は航空幕僚長を通じて行うものとされている。[67]

　防衛省内には内部部局が置かれ、かつて内部部局（背広組）の官房長及び局長が防衛大臣を補佐することとされていたが、現在はそれに加え防衛装備庁長官は、統合幕僚長、陸上幕僚長、海上幕僚長及び航空幕僚長が大臣を補佐することになっている。[68]【図表71】

　陸上自衛隊は、全国を5つの区域に分け、それぞれ、方面隊を組織している。各方面隊隷下には2個師団から2個師団2個旅団が配置されている。師団は地域的または期間的に独立して、一正面の作戦を遂行する能力を保有する最小の戦略単位とされ、陸上自衛隊の場合6000~9000名の規模で、隷下に各種部隊を持ち、中心に2から4個連隊をもつ。連隊はコア部隊[69]を除き600~800名程度で師団の基幹となる。

　なお、2018（平成30）年に新たに陸上総隊が編成され、それまで、5方面隊の各方面総監5名が大臣直下で指揮を受けていたが現在はそれに陸上総隊司令官が加わった。但し運用に関しては「陸上自衛隊の部隊の一体的運用を図る必要がある場合には、方面隊の全部又は一部を陸上総隊司令官の指揮下に置くことができる」[70]とされ、陸上総隊司令官に指揮命令を統合させる一元的な運用が可能になった。【図表72】

図表 71　防衛省・自衛隊概略図（平成 27 年 10 月 1 日現在）

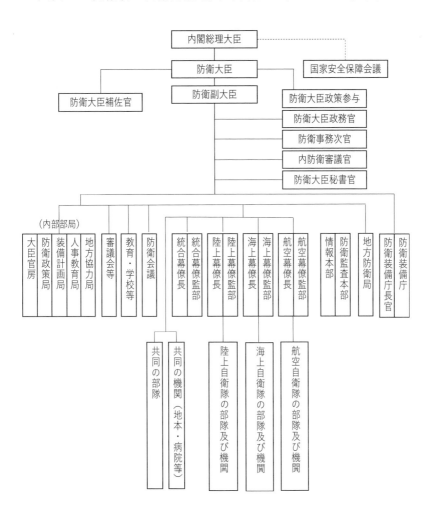

※自衛隊法、防衛庁 HP 等を参考に筆者作成

図表 72　陸上総隊（部隊の一体的運用を図る場合の指揮系統）

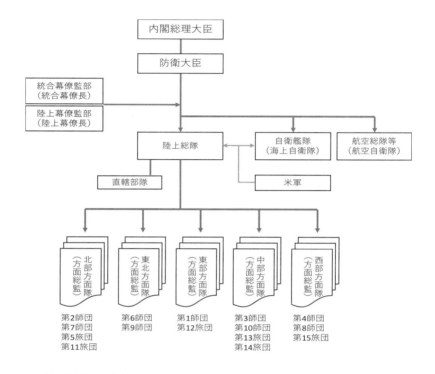

※自衛隊法第 10 条等を参考に筆者作成

　拠点である駐屯地や分屯地は奈良県を除く 46 都道府県に 162 庁に配置されている。これら駐屯地や分屯地は平常時より「隊区」として決められている地元地域の災害派遣活動に従事する。自衛隊法施行令第 50 条関係の別表七による駐屯地は 132 か所とされている。このほかに拠点となり得る分屯地などを加えると約 173 か所となる。【図表 73】

　これら駐屯地や分屯地は通常の災害の規模を超えた大規模災害への対処では、他の地方から派遣されてきた部隊の進出拠点となり、また補給や休息の拠点となる。また各駐屯地では活動に従事する部隊が次々に代

図表 73　陸上自衛隊の主な拠点数

方面	隊区	行政区	拠点数
北部方面区	第2警備地区	北海道	10
	第5警備地区		8
	第7警備地区		11
	第11警備地区		8
東北方面区	第6警備地区	宮城・山形・福島	9
	第9警備地区	青森・岩手	5
東部方面区	第1警備地区	茨城・埼玉・千葉・東京・神奈川・山梨・静岡	29
	第12警備地区	栃木・群馬・新潟	8
中部方面区	第3警備地区	滋賀・京都・大阪・兵庫・和歌山	25
	第10警備地区	富山・石川・福井・岐阜・愛知・三重	9
	第13警備地区	鳥取・島根・岡山・広島・山口	8
	第14警備地区	徳島・香川・愛媛・高知	5
西部方面区	第4警備地区	福岡・佐賀・長崎・大分	20
	第8警備地区	熊本・宮崎・鹿児島	10
	第15警備地区	沖縄	8
			173

※自衛隊法施行令別紙第二、別紙八、防衛白書、防衛年鑑を参考に筆者作成

　わっても、その活動を維持するための機能、燃料や食料の補給を担当する駐屯地業務隊が原則として配置されている。[71]

　駐屯地や分屯地は、旧軍の施設を引き継いだものも多いが、戦後、誘致により設置[72]された場所もある。隊区は師団あるいは旅団と対応しており、さらに隊区内の各地域はどの部隊が担当するかなどの細かい割り当てがある。但し、東日本大震災などのような規模の大きな災害の場合、担当部隊だけでは対処できない事態も起こり、応援部隊を受ける場合、又は平素、防災会議や避難訓練でその担当地域の自治体等との連携を密にしていた部隊が別の地域での活動を行うことになる。

　次に海上自衛隊の基本的な編成について整理する。【図表74】

図表 **74**　海上自衛隊の編成

```
                        ┌──────────────┐
                        │  内閣総理大臣  │
                        └──────┬───────┘
┌──────────────┐        ┌──────┴───────┐   ┌──────────────┐
│ 統合幕僚監部    │        │   防衛大臣    │───│ 横須賀地方隊   │
│（統合幕僚長）   │────────┤              │   │ 呉地方隊      │
├──────────────┤        └──────┬───────┘   │ 佐世保地方隊   │
│ 海上幕僚監部    │               │           │ 舞鶴地方隊    │
│（海上幕僚長）   │───────────────┤           │ 大湊地方隊    │
└──────────────┘               │           │ その他       │
                        ┌──────┴───────┐   └──────────────┘
                        │   自衛艦隊    │
                        └──────┬───────┘
```

護衛艦隊	第1護衛隊群（横須賀） 第2護衛隊群（佐世保） 第3護衛隊群（舞鶴） 第4護衛隊群（呉） 海上訓練指導隊群（横須賀） その他
航空集団	第1航空群（鹿屋） 第2航空群（八戸） 第4航空群（厚木） 第5航空群（那覇） 第21航空群（館山） 第22航空群（大村） 第31航空群（岩国） その他
潜水艦隊	第1潜水隊群（呉） 第2潜水隊群（横須賀） その他

掃海隊群（横須賀）
情報業務群（横須賀）
海洋業務・対潜支援群（横須賀）
開発隊群（横須賀）

※自衛隊法第 15 条等を参考に筆者作成

　大臣を補佐するのは海上幕僚長だが、大臣の指揮監督を受け部隊を運用するのは自衛艦隊司令官[73]である。近年、防衛省改革の中、陸海空とも運用以外の隊務に関する指揮系統と、運用に関する指揮系統とを明確に分け、海上自衛隊では前者を海上幕僚長、後者を自衛艦隊司令官などが担当するようになっている。[74]自衛艦隊隷下には護衛艦隊、航空集団、潜

水艦隊、掃海隊群その他の直轄部隊があり機動運用されている。護衛艦
隊には、4個護衛隊群が配備され各護衛隊群には2個護衛隊がそれぞれ
4隻の護衛艦をもつ。このほかに地方配備部隊が5個護衛隊、そのほか
に直轄部隊として補給隊などが配備されている。航空集団隷下には7個
航空群、航空隊、整備補給隊、航空基地隊などが編成されている。なお、
各航空群には哨戒機 P-3C 約10機（館山の第21航空群はヘリ30機等）
を中心に編成されている。このほかに直轄航空隊として3航空隊、航空
修理隊、航空管制隊、機動施設隊などが設置されている。潜水艦隊には、
第1潜水隊群、第2潜水隊群、第1練習潜水隊、潜水艦教育訓練隊、横
須賀潜水艦教育訓練分遣隊が配置されている。自衛艦隊直轄隊群として
掃海隊群に掃海隊、掃海業務支援隊、第1輸送隊、情報業務群、海洋業
務・対潜支援群、開発隊群、特別警備隊等が編成されている。

　海上自衛隊の地方隊の警備区域は自衛隊法施行令第27条で規定され
ている。日本の海域を5か所に分け、5個地方隊で担当する。大湊地方
隊は、青森県むつ市にある大湊基地を拠点におよそ北海道および青森以
北の海域を担当する。横須賀地方隊は神奈川県横須賀にある横須賀基地
を拠点におよそ岩手県から三重県以南の海域を担当する。呉地方隊は広
島県呉市にある呉基地を拠点に大阪、兵庫から大分、宮崎などの海域を
担当している。舞鶴地方隊は京都府舞鶴市にある舞鶴基地を拠点に日本
海中部域を担当している。佐世保地方隊は長崎県佐世保市にある佐世保
基地を拠点に、九州、対馬、沖縄を担当している。【図表75】

　海上自衛隊は東日本大震災では沿岸部、海上の行方不明者の捜索をは
じめ、救援物資の輸送、生活支援などの任務に当たった。[75]特に地震災害
の場合、直後は道路などが寸断されることが多い。そのため多くの物資、
人員を輸送できる海上輸送力は貴重である。

図表 75　海上自衛隊の警戒区域

名称	責任部隊	区域
大湊警備区	大湊地方隊	北海道及び青森県の区域並びに青森県と秋田県の境界線が海岸線と交わる点から二百七十度に引いた線と青森県と岩手県の境界線が海岸線と交わる点から九十度に引いた線との間にある北海道及び青森県の沿岸海域
横須賀警備区	横須賀地方隊	岩手県、宮城県、福島県、茨城県、栃木県、群馬県、埼玉県、千葉県、東京都（沖の鳥島を除く。）、神奈川県、山梨県、長野県、岐阜県、静岡県、愛知県及び三重県の区域並びに岩手県と青森県の境界線が海岸線と交わる点から九十度に引いた線と三重県と和歌山県の境界線が海岸線と交わる点から百七十度に引いた線との間にある東京都（沖の鳥島を除く。）及びこれらの県の沿岸海域
呉警備区	呉地方隊	東京都（沖の鳥島に限る。）、大阪府、兵庫県（豊岡市及び美方郡を除く。）、奈良県、和歌山、岡山県、広島県、山口県（山口市、防府市、下松市、岩国市、光市、柳井市、周南市、大島郡、玖珂郡及び熊毛郡に限る。）、徳島県、香川県、愛媛県、高知県、大分県及び宮崎県の区域並びに三重県と和歌山県の境界線が海岸線と交わる点から百七十度に引いた線及び宇部市と山口市の境界線が海岸線と交わる点と福岡県と大分県の境界線が海岸線と交わる点とを結んだ線と宮崎県と鹿児島県の境界線が海岸線と交わる点から百七十度に引いた線との間にある東京都（沖の鳥島に限る。）、大阪府及びこれらの県の沿岸海域
佐世保警備区	佐世保地方隊	山口県（山口市、防府市、下松市、岩国市、光市、柳井市、周南市、大島郡、玖珂郡及び熊毛郡を除く。）、福岡県、佐賀県、長崎県、熊本県、鹿児島県及び沖縄県の区域並びに山口県と島根県の境界線が海岸線と交わる点から三百十五度に引いた線及び宇部市と山口市の境界線が海岸線と交わる点と福岡県と大分県の境界線が海岸線と交わる点とを結んだ線と宮崎県と鹿児島県の境界線が海岸線と交わる点から百七十度に引いた線との間にある県の沿岸海域
舞鶴警備区	舞鶴地方隊	秋田県、山形県、新潟県、富山県、石川県、福井県、滋賀県、京都府、兵庫県（豊岡市及び美方郡に限る。）、鳥取県及び島根県の区域並びに青森県と秋田県の境界線が海岸線と交わる点から二百七十度に引いた線と島根県と山口県の境界線が海岸線と交わる点から三百十五度に引いた線との間にある京都府及びこれらの県の沿岸海域

※自衛隊法施行令第 27 条、別表四を参考に筆者作成

次に、航空自衛隊の編成について概観する。【図表 76】

航空自衛隊の部隊は、大臣直轄部隊として航空総隊、航空支援集団、航空教育集団、航空開発実験集団その他を編成している。[76]航空集団隷下には北部航空飛行隊（司令部：三沢基地）、中部航空飛行隊（司令部：入間基地）、西部航空方面隊（司令部：春日基地）、南西航空方面隊（司令部：那覇基地）があり、それぞれの空域を担当している。また東日本大震災発生時、航空支援集団の隷下部隊であった航空救難団は 2013（平成 25）年 3 月、航空総隊隷下に編制替えが行われた。このほか航空総隊には早期警戒機を運用する警戒航空団（浜松）、作戦情報隊（横田）などがある。航空支援集団（府中）には、航空管制を担当する航空保安管制群、第 1、第 2、第 3 輸送隊、政府専用機を運用する特別航空輸送隊などが所属している。ほかには教育を一元的に統括する航空教育集団（浜松）、航

空自衛隊での装備品などを開発研究する航空開発実験集団（府中）、物資
等の調達補給を行う航空自衛隊補給本部（東京北区）などがある。

図表76　航空自衛隊の編成

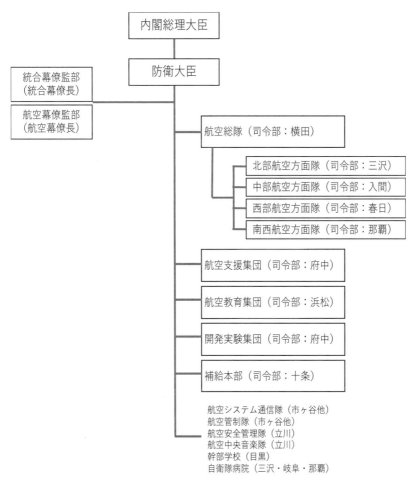

※自衛隊法第20条などを参考に筆者作成

5.2.3.3　予算と人員・装備

　防衛省・自衛隊の防衛関係費（当初予算）は、2008（平成20）年から2018（平成30）年をみると、概ね4兆7千億円となっている。内訳は人件費糧食費が平均値、約2兆1千億円で44.7％程度、物件費（装備品等購入費、研究開発費、施設整備費、維持費等、基地対策経費、SACO関係経費[77]、米軍再編関係経費、その他）が約2兆6千億円で56.2％となっている。【図表77】

図表77　防衛関係費（当初予算）推移

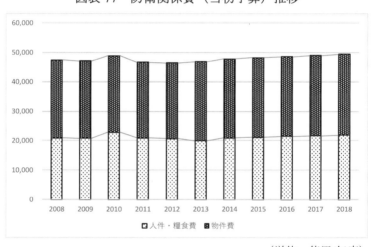

（単位：億円/年度）

　　※防衛白書を参考に筆者作成

　機関別、すなわち陸上自衛隊、海上自衛隊、航空自衛隊、その他（共同機関等）の予算は、陸上自衛隊が37％、海上自衛隊が23.1％、航空自衛隊が23.6％、その他が16.2％となっている。【図表78】

防衛省・自衛隊を含め、各組織の予算配分とその組織の任務は大きく関係しており、防衛予算の中に直接的な意味での災害対応のための資材、装備は見当たらない。阪神淡路大震災後に導入された人命救助セットはその意味では例外的な装備であると言える。なお、我が国の一般会計歳出に占める防衛関係費の割合は概ね5.5~6%程度となっている。

図表 78　防衛関係費機関別予算

※「防衛白書（平成 30 年）」より筆者作成（単位：億円）

　最後に、自衛官の定員及び現員を確認する。いわゆる制服組としての自衛官の現員 226,789 名（定員 247,154）内訳は陸上 138,126 名（定員 150,856 名）海上 42,289 名（定員 45,363 名）航空 42,785 名（定員 46,942 名）で 91.8%の充足率である。[78]【図表 79】また、予備自衛官は 47,900 名、即応予備自衛官は 8,075 名となっている。このほかに内局等の事務官は 20,285 名である。

図表 79　自衛官の定員および現員

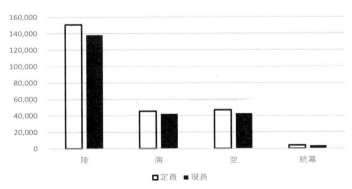

単位：（人）　2018 年

※「防衛白書（平成 30 年版）」p.514 より筆者作成

5.2.4 海上保安庁

　海上保安庁は国土交通省の外局として設置される機関で「法令の海上
における励行、海難救助、海洋汚染等の防止、海上における船舶の航行
の秩序の維持、海上における犯罪の予防及び鎮圧、海上における犯人の
捜査及び逮捕、海上における船舶交通に関する規制、水路、航路標識に
関する事務その他海上の安全の確保に関する事務並びにこれらに附帯す
る事項に関する事務を行うことにより、海上の安全及び治安の確保を図
ること」(海上保安庁法第 2 条第 1 項) を任務としている。また大規模災
害等が発生した場合、実動組織の一つとして人命救助などに従事する。
海上保安庁は、海上保安庁長官以下、大きく、内部部局と地方支分部局
に分けられる。【図表 80】

図表 80　海上保安庁機構図（平成 30 年 4 月 1 日現在）

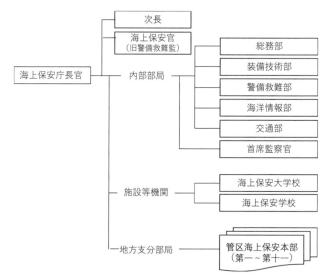

※海上保安庁 HP および「海上保安レポート」を参考に筆者作成

　本庁、内部部局には「総務部」「装備技術部」「警備救難部」「海洋情報部」「交通部」の5つの部と首席監察官が置かれている。地方支部は、北海道の第一管区から時計回りに岩手、宮城沿岸を第二管区、茨城から静岡までが第三管区、愛知名古屋を中心に第四管区、紀伊半島から四国太平洋岸を第五管区、瀬戸内海を第六管区、九州が第十管区、沖縄が第十一管区、九州日本海側を第七管区、山口、舞鶴を第八管区、新潟まで第

図表81　海上保安庁地方機構図（平成30年4月1日現在）

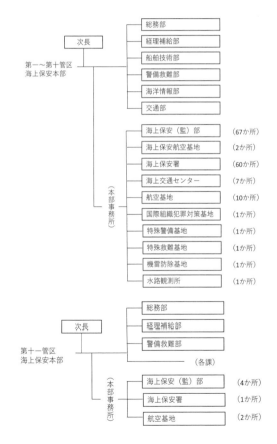

※海上保安庁HPおよび「海上保安レポート」を参考に筆者作成

九管区と担当水域が決められている。各地方保安本部は概ね海上保安部、海上保安署などを配置し編成している。【図表 81】

海上保安庁の令和元年の予算は総額 2,178 億円で、そのうち 47%の 1,020 億円が人件費、17%の 380 億円が船艇・航空機の整備費、20%の 436 億円が運航費、その他 16%が 342 億円であった。装備は、巡視船が 138 隻、巡視艇が 238 隻、特殊警備救難艇が 67 隻の計 443 隻。そのほかに測量船 13 隻、灯台見回り船 6 隻、教育業務用船が 3 隻の計 22 隻、航空機は固定翼機 31 機、回転翼機 49 機の計 80 機を保有している。[79]

海上保安庁の定員（平成 30 年度）は 13,994 人、うち地方部署の定員が 11,951 人、巡視船艇・航空機等の定員が 6,958 人となっている。[80]自然災害が発生した場合、巡視船艇、航空機及び特殊救難隊などを投入し人命救助や被害状況の調査をおこなう。

5.2.5 その他機関

（a）国土交通省

大規模災害発生時、道路等の施設の被害状況の把握や保全、復旧は災害救助活動の根幹をなす。被災自治体のみでは対応できない大災害に対し、応急対応等に関し技術的な支援を行うため国土交通省が 2004 年 10 月の台風 23 号を契機に構想[81]が始まり、2008（平成 20）年設置したのが「緊急災害対策派遣隊（TEC-FORCE）」である。「創設以来、東日本大震災や平成 30 年 7 月豪雨をはじめとした 106 の災害に対し、のべ約 10 万人・日を越える隊員を派遣し、被災地支援を実施・隊員は地方整備局等の職員を中心に 12,654 名が指名されており、災害の規模に応じて全国から被災地に出動」[82]（令和元年 11 月 7 日現在）している。

TEC-FORCE は「先遣班」「高度技術指導班」「現地支援班」「被災状況調査班」「情報通信班」「応急対策班」「輸送支援班」「地理情報支援班」

「気象・地象情報提供班」に分かれ活動する。【図表 82】

この TEC-FORCE のみならず国土交通省は災害発生時、全国 8 か所（東北、関東、北陸、中部、近畿、中国、四国、九州）の地方整備局[83]を中心に災害対処にあたる。整備局には「防災ヘリ」を持つところもあり、災害時は情報収集などにあたる。

また国土交通省所管の気象庁では防災時の任務を「防災関係省庁、地方公共団体等の防災機関が行う防災対応や国民の自主的防災行動に資するための情報を適時・的確に発表し、防災関係省庁、都道府県等の防災機関に伝達するとともに、これらの機関を通じて市町村に提供し、並びに市町村や報道機関等を通じて住民に提供することにより、災害による被害の防止・軽減を図ること」とされている。[84]

図表 82　緊急災害対策派遣隊（TEC-FORCE）

役割	担当
先遣班	本省 地方整備局等 国土技術政策総合研究所
高度技術指導班	本省 地方整備局等 国土技術政策総合研究所 地方航空局
現地支援班	地方整備局等 国土技術政策総合研究所
被災状況調査班	地方整備局等 国土技術政策総合研究所 国土地理院 気象庁
情報通信班	本省 地方整備局等 国土技術政策総合研究所
応急対策班	本省 地方整備局等 国土技術政策総合研究所
輸送支援班	地方整備局
地理情報支援班	国土地理院
気象・地象情報提供班	気象庁

※「緊急災害対策派遣隊（TEC-FORCE）の概要」総合政策局技術安全課・河川局防災課作成資料（平成 20 年 4 月をもとに）筆者作成

(b)　厚生労働省

厚生省（現厚生労働省）では、1994（平成 6）年 1 月から「集団災害時における救急医療・救急搬送体制のあり方に関する研究班」を設置し災

害時における救急医療のあり方を研究していた。1995（平成 7）年 1 月の阪神淡路大震災の発生を受け、それをさらに拡充させ「阪神・淡路大震災を契機とした災害医療体制のあり方に関する研究会」とし再編した。この研究会では震災時の初期救急医療活動を中心に検討を行い、1995（平成 7）年 5 月 29 日「震災時における医療対策に関する緊急提言」、1995（平成 7）年 8 月 29 日に「病院防災マニュアル作成ガイドライン」、1996（平成 8）年 2 月 26 日に「広域災害・救急医療情報システム」「トリアージ・タッグの標準化」を公表した。[85]

　同研究会の報告を踏まえ、1996（平成 8）年健康政策局長は「災害発生時における初期救急医療体制の充実強化について（平成 8 年 5 月、健発第 451 号）」を発出[86]した。このなかでは、「地方防災会議等への医療関係者の参加の促進」や「災害時における応援協定の締結」「広域災害・救急医療情報システムの整備」[87]「災害拠点病院の整備」「災害医療に係る保健所機能の強化」「災害医療に関する普及啓発、研修、訓練の実施」「病院防災マニュアル作成ガイドラインの活用」「災害時における消防機関との連携」「災害時における死体検案体制の整備」について指示、依頼が行われた。

　さらに 2001（平成 13）年 6 月 29 日「災害医療体制のあり方に関する検討会報告書」が公表された。そこでの課題、指摘事項は以下のとおりである。
　　①地方防災会議等への医療関係者の参加の促進
　　②災害時における応援協定の締結
　　③広域災害・救急医療情報システムの整備
　　④災害拠点病院の整備
　　⑤災害医療に係る保健所機能の強化
　　⑥災害医療に関する普及啓発、研修、訓練の実施
　　⑦病院防災マニュアル作成ガイドラインの活用
　　⑧災害時における消防機関との連携

⑨災害発生時の緊急医療チームの派遣体制の整備（DMAT 構想）について[88]

⑩診療の優先順位に応じた傷病者のトリアージについて

この報告を受け、例えば「広域災害救急医療情報システム（EMIS）[89]」が構築された。これは阪神・淡路大震災の直後から構築を開始、年度ごとに拡充し、2006 年度（平成 18）から運用が始まった。EMIS では、厚生労働省や DMAT 事務局からの情報・緊急連絡、避難所の指定状況、DMAT 隊員登録や DMAT 関連資料被災状況、医療機関、避難所、救護所などの状況、DMAT や医療救護班の派遣・活動状況自衛隊などの航空機情報、被災地からの医療搬送患者の情報などが共有できる。

また、災害発生時の緊急医療チームに関しては、日本版 DMAT[90]の導入を目指し厚生労働省により、災害派遣医療チーム、日本 DMAT が 2005（平成 17）年 4 月に発足した。DMAT は「大地震及び航空機・列車事故等諸災害時に被災者の生命を守るため、被災地に迅速に駆けつけ、救急治療を行うため、厚生労働省が認めた専門的な研修・訓練を受けた災害派遣医療チーム」[91]とされる。尚、その前年 2004（平成 16）年 8 月に東京で発足した。東京 DMAT は「阪神大震災においては、救出作業と平行して点滴等を実施すれば、防ぎえた死（Preventable Death）があったと指摘され、また、震災で多くの医療機関が機能を失い、「医療の空白」が生まれたという教訓を踏まえ、一人でも多くの負傷者を救うため、東京都では消防機関との連携を含めた専門的なトレーニングを受けた医師や看護師が医療器材を携えて現場に急行し、その場で救命処置等を行う災害医療派遣チーム」[92]として創設された。

DMAT の派遣要請は原則として被災地域の都道府県の派遣要請に基づくものとされ、1 隊あたりの活動時間は移動時間を除き概ね 48 時間以内を基本としている。なお、DMAT1 隊の編成は医師 1 名、看護師 2 名、業務調整員 1 名が基本とされる。

このほかに災害拠点病院の整備も提言された。災害拠点病院指定要件として「① 災害拠点病院においては、24 時間緊急対応し、災害発生時に

被災地内の傷病者等の受入れ及び搬出を行うことが可能な体制を有すること。②災害拠点病院は、災害発生時に、被災地からの傷病者の受入れ拠点にもなること。すなわち、「広域災害・救急医療情報システム」が未整備又は機能していない場合には、被災地からとりあえずの重症傷病者の搬送先として傷病者を受け入れること。また、例えば、被災地の災害拠点病院と被災地外の災害拠点病院とのヘリコプターによる傷病者、医療物資等のピストン輸送を行える機能を有していること。③災害発生時における消防機関（緊急消防援助隊）と連携した医療救護班の派遣体制があること。④ヘリコプター搬送の際には、同乗する医師を派遣できることが望ましい」としている。平成31年4月1日現在、全国の災害拠点病院742病院で、基幹災害拠点病院61病院、地域災害拠点病院681病院となっている。[93]

　このように阪神淡路大震災の反省と教訓を受け災害医療体制の充実を図っているが、東日本大震災の1年後、2012（平成24）年3月21日厚生労働省医政局長から出された「災害時における医療体制の充実強化について」（医政発0321第2号）は、①地方防災会議等への医療関係者の参加の促進②災害時に備えた応援協定の締結③広域災害・救急医療情報システム（EMIS）の整備④災害拠点病院の整備⑤災害医療に係る保健所機能の強化⑥災害医療に関する普及啓発、研修、訓練の実施⑦病院災害対策マニュアルの作成等⑧災害時における関係機関との連携⑨災害時における死体検案体制の整備であった。

　以上、整理したこれら各組織が公助、大規模災害対処の中心となり人命救助など被害の低減のために運用され活動する。そして同時に、これが政府・行政が持つ大規模災害への「対処力」であり、またその限界でもある。

<hr>

1 危機管理のうち国の防衛に関することは除かれている。（内閣法第 15 条 2）。
2 内閣法第 12 条および第 15 条 2 から。
3 1996（平成 8）年 12 月 17 日（現地時間）、ペルーの首都リマで起きたテロリストによる駐ペルー日本国大使公邸襲撃および占拠事件。翌 1997 年（平成 9）年 4 月 22 日にペルー警察が突入して人質が解放された。
4 ロシア船籍ナホトカ号重油流出事故。1997（平成 9）年 1 月 2 日、島根県隠岐島沖の日本海で発生した重油流出事故。
5 第 142 回国会衆議院、内閣委員会平成 10 年 03 月 11 日村岡兼造内閣官房長官答弁。また同委員会の中で、穂積良行委員の「この問題について事務方から、これまでのさまざまな危機管理を要する事件についての経験と、これを踏まえての、今回、どのようなことが欠けていたから、今回のような担当官も設けなければ、そしてシステム的に取り組む体制を強化しなければということになったのか、その辺について、事務方の考え方を説明してください。」との質問に対し、内閣官房内閣安全保障室長江間清二は「今、委員のお話の中にもございましたように、阪神・淡路の大震災、あるいはペルーの大使公邸占拠、ナホトカ号事件という各種事態の中で、特に、発生当初におきます情報収集でありますとか、あるいは被害の拡大といったようなことに対する影響評価、見通しといいますか、そういう分野、あるいは政府の対応のおくれというような点が問題点として指摘をされておるというふうに認識をいたしております。この緊急の事態に対する対処、対応ということにつきましては、関係各省庁でありますとかあるいは関係自治体といったところが行うことになるわけでありますけれども、やはり、行政機関が総合力を発揮して<u>総合的に、迅速的確に事態に対応するということ</u>が、またそういう体制を整えることが非常に必要だというふうに認識をしておりまして、それがまた内閣の重要な役割であるというふうに考えております。そこで、緊急事態が発生した場合に、<u>内閣として必要な第一次的な判断、初動措置について、関係省庁と迅速に総合調整をするということが必要</u>だというふうに考えておりまして、この点は、昨年の五月に行革会議の中間整理の中でも強く指摘をされているところでございます。そういう観点に立って、今回、内閣危機管理監を設置しまして、今申し上げたような観点から内閣機能の強化を、内閣官房における危機管理の面の強化を図りたいというのが、今回法案を提出いたしておりますベースでございます。」（下線筆者）と答えている。
6 災害対策基本法第 28 条の 2。
7 内閣府 HP アクセス 2020/4/16　https://www.cao.go.jp/about/doc/bousai.pdf。
8 内閣設置法（平成 11 年法律第 89 号）第 18 条 1)経済財政諮問会議、2)総合科学技術・イノベーション会議、3)国家戦略特別区域諮問会議、4)中央防災会議、5)男女共同参画会議（2019 年 8 月現在）。

9 https://www.cao.go.jp/conference/conference.html（内閣府 HP アクセス 2019/8/16）

10 災害対策基本法 14 条 2 項、なお市町村は同 16 条 6 項によりそれを準用する。

11 南海トラフ地震に係る地震防災対策の推進に関する特別措置法。

12 高知県災害対策本部条例第 1 条では「この条例は、災害対策基本法(昭和 36 年法律第 223 号)第 23 条第 8 項の規定に基づき、高知県災害対策本部の組織及び運営に関し必要な事項を定めるものとする」とその趣旨を定めている。

13 川崎市の災害対策本部の構成は「本部会議、部、区本部及び本部事務局」となっている。（川崎市地域防災計画震災対策編（平成 30 年度修正）p.102）。

14 災害対策基本法にはない規定として武力攻撃事態等における国民の保護のための措置に関する法律（国民保護法）（第 62 条）「市町村長は避難実地要領で定めるところにより、当該市町村職員並びに消防長並びに消防団長を指揮し、避難住民を誘導させなければならない。」と規定されている。

15 消防組織法第 6 条。

16 指揮命令権のない監督であって，指揮監督より更に弱いつながり。

17 南三陸町 HP、東日本大震災関連
https://www.town.minamisanriku.miyagi.jp/index.cfm/17,0,21,html。

18 女川町 HP　女川町東日本大震災記録誌
http://www.town.onagawa.miyagi.jp/kirokushi.html。

19 陸前高田市 HP　https://www.city.rikuzentakata.iwate.jp/shinsai/shinsai.html。
尚、災害対策本部については「陸前高田市東日本大震災検証報告書(平成)26 年 7 月」p.108

20 核（nuclear）、生物（biological）、化学物質（chemical）による特殊災害。

21 戦前の官職の一つ。戦後は恩給の対象になっている。

22 大山耕輔 監修 ; 笠原英彦, 桑原英明 編著『公共政策の歴史と理論』(2013) ミネルヴァ書房、永田尚三「第 4 章　消防・防災政策の形成と展開」p.135

23 大山耕輔 監修 ; 笠原英彦, 桑原英明 編著『公共政策の歴史と理論』(2013) ミネルヴァ書房、永田尚三「第 4 章　消防・防災政策の形成と展開」p.134、歴史的形成に関しては同書に詳しい。

24 消防組織法第 1 条。

25 消防組織法第 7 条「市町村の消防は、条例に従い、市町村長がこれを管理する」。
第 8 条「市町村の消防に要する費用は、当該市町村がこれを負担しなければならない。」。

26 消防組織法第 9 条。

27 国家行政組織法第 3 条第 2 項及び消防組織法第 2 条「第二条　国家行政組織法（昭和二十三年法律第百二十号）第三条第二項の規定に基づいて、総務省の外局として消防庁を置く」。

28 消防組織法第 3 条。

29 消防庁編『消防白書（平成 30 年)』第 2 章消防防災の組織活動以下参照のこと。

30 消防庁編『消防白書（平成 30 年)』p.160。

31 消防基本法制研究会『逐条解説消防組織法第三版』(2013) 東京法令 p.279。

32 総務省 HP　https://www.soumu.go.jp/main_content/000056809.pdf　を参照。

33 消防庁『消防白書（平成 28 年版)』より。

34 どのような消防力あるいは消防水利を整備すべきかについてだされた「消防力の整備指針」「消防水利の基準」(いずれも消防庁告示) について詳しい内容については、消防力の整備指針研究会『消防力の整備指針・消防水利の基準（改訂版)』(2018) ぎょうせいを参照の事。

35 明治維新後の 1871（明治 4）年 10 月、邏卒制度が新たに導入され、旧薩摩藩士などから、3 千名の邏卒が採用され東京の治安維持にあたった。1874（明治 7 年）1 月、東京警視庁が設置され、長官に川路利良が就任した。なおこの時、邏卒は巡査と改称された。(国会公文書館
http://www.archives.go.jp/exhibition/digital/henbou/contents/10.html)。なお明治期の警察制度については、松尾庄一「明治期の警察に関する諸考察」警察政策学会資料、第 101 号、平成 30（2018）年 7 月を参照の事。

36 中澤俊輔（2018)「20 世紀の警察と防災」『史学雑誌』127 巻 6 号 p.19。

37 中澤俊輔（2018)「20 世紀の警察と防災」『史学雑誌』127 巻 6 号 p.27 参照の事。

38 警察官職務執行法（昭和 23 年 7 月 12 日施行、法律第 136 号）第四条「警察官は、人の生命若しくは身体に危険を及ぼし、又は財産に重大な損害を及ぼす虞のある天災、事変、工作物の損壊、交通事故、危険物の爆発、狂犬、奔馬の類等の出現、極端な雑踏等危険な事態がある場合においては、その場に居合わせた者、その事物の管理者その他関係者に必要な警告を発し、及び特に急を要する場合においては、危害を受ける虞のある者に対し、その場の危害を避けしめるために必要な限度でこれを引き留め、若しくは避難させ、又はその場に居合わせた者、その事物の管理者その他関係者に対し、危害防止のため通常必要と認められる措置をとることを命じ、又は自らその措置をとることができる」。

39 田村正博（2015)『警察行政法解説（第二版)』東京法令出版、p.228、p.229、p.459 を参照の事。

40 警察法第 24 条第 5 項。

41 岐阜県警察 HP 等
https://www.pref.gifu.lg.jp/police/gifuken-keisatu/saiyo/keibi.html。

42 2011（平成23）年3月11日に発災した東日本大震災を契機に、大規模災害
に対する全国警察の総合力を発揮するため、「警察災害派遣隊」が組織され、発
災直後に派遣される「即応部隊」、一定期間後に派遣される「一般部隊」に分け
られた。
43 2004（平成16）年に発生した新潟中越地震を教訓に翌2005（平成17）年
に、極めて高度な救出救助能力を持つ「特別救助班（P-REX）」を北海道、宮
城、埼玉、警視庁、神奈川、静岡、愛知、大阪、兵庫、広島、香川、福岡の各
県警等に発足させた。2017（平成29）年では北海道警察、宮城県警察、埼玉県
警察、警視庁、神奈川県警察、静岡県警察、愛知県警察、大阪府警察、兵庫県
警察、香川県警察、広島県警察、福岡県警察、京都府警察、千葉県警察、沖縄
県警察、新潟県警察の16都道府県に22部隊（約200名）が配置されている。
44 筆者による問い合わせに対する関東管区警察局回答2019/10/7。
45 警察法第30条。
46 東京都と北海道の区域は管区警察局の管轄外とされ、必要に応じ警察庁が直
接に指揮監督等を行う。
47 法令上、警視総監は都知事の隷下でもなく部下でもない。警視庁は東京都が
設置した警察行政機関であるが、警視総監に処分を下せるのは国家公安委員会
（警察庁）のみ（警察法第49条）。
48 地方警務官は警視総監又は道府県警察本部長の指揮監督のもとに置かれるが
（同法48条2項）、その任免権者は国家公安委員会である（同法55条3項）。
一方、地方警察職員の任免権者は警視総監又は警察本部長である。
49 警察庁HPを参照
https://www.npa.go.jp/about/recruitment/police/job/index.html。
50 警察庁「警察白書（平成30年版）」p.211。
51 警視庁HP　https://www.keishicho.metro.tokyo.jp/saiyo/31/about/no1.html。
52 宮城県警HP　https://www.police.pref.miyagi.jp/hp/koho/suujidemiru/suuji.htm。
53 自衛隊法第3条。
54 村上薫（1974）『防衛庁』教育社新書、p.10。
55 防衛省『日本の防衛（平成20年版）』p.155。
56 陸上自衛隊、派遣実務担当者（佐官）2023/07/26
57 派遣を命ずることができる者は「陸上総隊司令官、方面総監、師団長、旅団
長、駐屯地司令の職にある部隊等の長、自衛艦隊司令官、護衛艦隊司令官、航
空集団司令官、護衛隊群司令、航空群司令、地方総監、基地隊司令官、航空隊司
令（航空群司令部、教育航空群司令部及び地方総監部の所在地に所在する航空
隊の長を除く。）、教育航空集団司令官、教育航空群司令官、練習艦隊司令官、掃
海隊群司令、海上自衛隊補給本部長、航空総隊司令官、航空支援集団司令官、
航空方面隊司令官、航空混成団司令、基地司令の職にある部隊等の長（航空方

面隊司令部又は航空混成団司令部の所在する基地の基地司令の職にある部隊等の長を除く。」である。（自衛隊の災害派遣に関する訓令第3条）。

58 2014.11.9「みちのくアラート2014」にて筆者インタビュー。第6師団隊員。

59 「防衛庁防災業務計画」（95年7月）。

60 自衛隊の災害派遣に関する訓令第16条。

61 庄司潤一郎（2019）「朝鮮戦争と日本の対応（続）--山口県を事例として」防衛研究所「朝鮮戦争と日本」防衛研究所、pp.173-174。

62 村上友章（2013）「自衛隊の災害派遣の史的展開」、『国家安全保障』第41巻第2号、pp.17-18。

63 西日本新聞 北九州版 2019/6/17。

64 2018.7 陸上自衛隊東北方面隊での取材。

65 大津市 HP https://www.city.otsu.lg.jp/fire119/kokai/kyotei/1522218640109.html。

66 自衛隊法第7条。

67 自衛隊法第8条。

68 改正前防衛省設置法第12条 官房長及び局長は、その所掌事務に関し、次の事項について防衛大臣を補佐するものとする。現行第十二条 官房長及び局長並びに防衛装備庁長官は、統合幕僚長、陸上幕僚長、海上幕僚長及び航空幕僚長（以下「幕僚長」という。）が行う自衛隊法第九条第二項の規定による隊務に関する補佐と相まって、第三条の任務の達成のため、防衛省の所掌事務が法令に従い、かつ、適切に遂行されるよう、その所掌事務に関し防衛大臣を補佐するものとする。

69 コア部隊は、指揮官及び幕僚機能といった、運用上最小限の組織を有する部隊で、常備自衛官2割、残りが即応予備自衛官で構成される。

70 自衛隊法第10条の2。

71 「駐屯地司令及び駐屯地業務隊等に関する訓令」陸上自衛隊訓令第44号。

72 上富良野町(1998)『上富良野百年史』p810-814 第6章戦後の上富良野第4節自衛隊演習場の誘致 810-814p には「北海道空知郡上富良野町に保安隊常駐部隊設置方陳情書」が記載されている。

73 自衛隊法第15条。

74 防衛省『防衛白書（平成30年版）』p311 平成17年度以降に係る防衛計画の大綱について（16大綱）2004年（平成16年）12月10日に安全保障会議および第2次小泉改造内閣の閣議で決定された。

75 内閣府防災情報、東日本大震災における海上自衛隊の活動概要
https://www.bousai.go.jp/kaigirep/kentokai/tamokutekisen/2/pdf/shiryou01.pdf
海上自衛隊 HP
https://www.mod.go.jp/msdf/operation/disaster/earthquake/ など。

76 自衛隊法第20条。

77 SACO 関係経費とは、沖縄県民の負担を軽減するために SACO 最終報告の内容を実施するための経費、米軍再編関係経費とは、米軍再編事業のうち地元の負担軽減に資する措置に係る経費。（Special Action Committee on Okinawa　沖縄に関する特別行動委員会）。

78 2018（平成 30）年 3 月 31 日現在。

79 海上保安庁『海上保安レポート 2019』pp.152-159。

80 海上保安庁『海上保安レポート 2019』p.66。

81 足立敏之（2014）「これからの国土づくりを考える─2020 年オリンピック・パラリンピックを見据えて─」国土技術研究センター、p26、国土交通省顧問足立敏之氏の講演「TEC-FORCE を考えたきっかけは、2004 年 10 月の台風 23 号でした。その当時、私は近畿地方整備局におりまして、局長は藤本貴也さん、企画部長が私でした」とある。

82 国土交通省 HP　https://www.mlit.go.jp/river/bousai/pch-tec/index.html。

83 北海道は国土交通省北海道開発局（農業土木も所管）、沖縄県は内閣府沖縄総合事務局開発建設部が管轄している。

84 「気象庁防災業務計画」（平成 30 年 8 月）p.2。

85 阪神淡路大震災の医療活動については愛媛大学医学部救急医学教室　越智元郎氏がまとめた資料集が詳しい。http://plaza.umin.ac.jp/~GHDNet/jp/。

86 厚生労働省 HP
https://www.mhlw.go.jp/stf/shingi/2r9852000001j51m-att/2r9852000001j5gi.pdf。

87 広域災害救急医療情報システム（EMIS）
阪神・淡路大震災の教訓を生かすため、同年度から構築、年度ごとに拡充し、2006 年度（平成 18）から運用が始まった。東西の 2 か所の広域災害バックアップセンターと都道府県センター、厚生労働省がネットワークをつくる。（ログイン画面　https://www.wds.emis.go.jp/）。

88 「全国の災害拠点病院において被災地への緊急派遣が可能な医療チームを編成し全国的な運用を図るという構想（日本版 DMAT 構想）については、災害発生時の広域的医療支援の体制強化と迅速化等に資するものと考えられ、全国的な災害医療ネットワークに関する検討と併せ、引き続き研究・検討を進めることが適当である」（同報告書）。

89 ログイン画面　https://www.wds.emis.go.jp。

90 Disaster Medical Assistance Team。

91 日本 DMAT 活動要領。

92 東京都福祉保健局 HP
https://www.fukushihoken.metro.tokyo.lg.jp/iryo/kyuukyuu/saigai/tokyodmat.files/1.tokyodmat.pdf。

93 厚生労働省 HP
https://www.mhlw.go.jp/stf/seisakunitsuite/bunya/0000089060.html。

6 大規模災害対処システムの活動と課題

　阪神淡路大震災や東日本大震災のような大規模災害が発生すると、政府・行政はあらゆる組織を動員し対処することになる。災害発生時、自助、共助は極めて重要だが、個人や小さなコミュニティではどうしようもないほどの打撃を受けたときに中心となるのが公助、すなわち政府・行政による救援活動である。その中心となるのは消防や警察、自衛隊や海上保安庁などの実動組織の活動である。これらの組織は通常、それぞれの目的、任務に従い活動しているが、大規模災害など個々の組織、個別システムが単独で対処できない規模の災害が発生した場合、それぞれの組織は統合的、総合的に災害対処の活動を開始する。災害対処時、これらの各組織の活動は多岐にわたるが、特にここでは初動、初期の人命救助に焦点を当て考察する。災害の様相に関わらず、災害時、何らかの原因で身体が傷つきあるいは動きが取れなくなるなどの状況にある被災者の救助は一刻を争う。災害の発生から救助までいかに素早く対処できるかが、被害の拡大を食い止める鍵となる。

6.1 阪神淡路大震災の教訓

　災害への対処は過去の経験と教訓の集積の反映である。その意味では、今の対処の仕組みは、過去の被害や犠牲の上に成り立っているともいえる。東日本大震災への対処は、それ以前のいくつもの災害対処の教訓が反映されたシステムで対応した。その中でも特に1995（平成7）年1月17日に発生した阪神淡路大震災の反省と教訓はその後の災害対処に大きな影響を与えた。

　阪神淡路大震災の経験から導き出された教訓や反省に関しては、既に多くの出版物や検討会等の成果物として公表されている。公的な資料としては2000（平成12）年2月に出された総理府阪神淡路復興対策本部事

務局の「阪神・淡路大震災復興誌」は災害の発生から復興までを様々な分野を網羅しており貴重な資料になっている。[1] また 2003（平成 15）年、中央防災会議「災害教訓の継承に関する専門調査会[2]」が設置され、過去の災害の教訓を調査し公表[3]した資料も重要である。

　災害対処では初動が重要である。多くの災害対処では、時間の経過は被害の広がりを意味する。阪神淡路大震災の初動については「阪神・淡路大震災教訓情報資料集」が内閣府によりまとめられインターネットに公開されている。その資料より初動[4]の概要について見てみたい。（以下引用[5]、一部変更）

「政府および国の防災関係機関の初動」

　01.震度計の故障、伝送システムのトラブルなどで、当初は神戸、洲本の震度 6 が伝わらなかった。

　　01)　地震直後、大阪管区気象台は「強い揺れを感じた地震発生のお知らせ」を自動発信。5 時 50 分に「ツナミナシ」の注意報を、55 分には地震情報第一号を発表した。

　　02)　神戸海洋気象台の震度 6 は、伝送システムのトラブルにより自動送信できなかったが、気象台職員によって無線で連絡された。

　　03)　NHK 神戸放送局では発災直後に神戸震度 6 を入手していたが、気象庁からの確認ができず、一旦訂正した。改めて「神戸震度 6」が放送されたのは 6 時 15 分だった。

　　04)　震源に最も近い洲本測候所では、NTT 回線のダウンと震度計の故障により震度情報が出されなかった。

　02.自衛隊は早い時期から情報収集を試み、一部の部隊は近傍派遣として要請前に救助活動を行っていた。災害派遣要請を受けた後も、混乱のため派遣先等に関する情報が不足した中での部隊運用となった。

　　01)　陸上自衛隊は、地震発生の直後からヘリコプターによる上

空からの情報収集を開始するとともに、県庁などへの連絡調整要員の派遣を行った。

02) 陸上自衛隊第 36 普通科連隊では、自治体からの災害派遣要請を受ける以前に、阪急伊丹駅、西宮市民病院付近などへ近傍災害派遣を実施した。

03) 自衛隊ヘリコプターからの映像は写りが悪く、また映像伝送装置がなかったために中央への伝送はできなかった。

04) 10 時に要請を受けた派遣部隊は具体的な情報のないまま出動せざるを得ず、先遣隊からの無線連絡も入らない中での部隊運用を迫られた。

03. 消防庁、警察庁にはある程度の情報が集積されながら、国土庁や官邸には届かず、制度上の問題が指摘された。

01) 消防庁では、宿直職員が震度 5 以上の地域が含まれていることを確認して、ただちに要領に基づいた情報収集を開始する一方、広域消防応援の準備を行った。

02) 警察庁は 6 時過ぎから全国の機動隊に出動準備の指示、8 時 30 分には「災害警備本部」を設置して機動隊を出動させた。

03) 海上保安庁では、5 時 50 分から大阪湾を行動中の巡視艇による被害調査を開始。7 時には第五管区海上保安部に「兵庫県南部地震災害対策本部」を設置し、被害状況の把握に努めた。

04) 国土庁では民間警備会社派遣の要員の連絡で、6 時 45 分から担当職員が登庁し始め、警察庁、消防庁などから被害情報の収集を開始した。

05) 官邸をはじめとする政府、国の機関はもとより、地元の行政機関、防災関連機関にとっても、テレビ・ラジオが最大の情報源だった。

06) 国土庁が独自に情報収集手段を持たず、また関係省庁からの情報の集約を十分に行えなかったことから、情報が官邸に十分伝わらなかったという制度上の問題点が指摘された。

07) 被災直後の情報収集・発信が不十分となった原因は、被災地の情報を被災地内外の社会全体として共有・理解することができなかったことが、指摘されている。

04.当日 10 時過ぎ「平成 7 年兵庫県南部地震非常災害対策本部」「地震対策関係閣僚会議」が設置され、19 日には「兵庫県南部地震緊急対策本部」、21 日には非常災害対策本部「現地対策本部」を設けることを決定した。

01) 午前 10 時過ぎの閣議で「平成 7 年兵庫県南部地震非常災害対策本部」「地震対策関係閣僚会議」の設置が決められた。

02) 19 日 20 時過ぎ、首相は地震対策関係閣僚会議を召集し、「兵庫県南部地震緊急対策本部」を設置し首相自らが本部長となることを決定した。また 1 月 21 日には「現地対策本部」を設けることが決定された。

03) 「緊急対策本部」には法的位置づけがないため、災害対策基本法上の「緊急災害対策本部」設置が必要との意見もあったが、見送られた。

04) 1 月 20 日、各省庁における対策の調整を担当する国務大臣（兵庫県南部地震対策担当大臣）兼非常災害対策本部本部長が任命され、23 日には国土庁に小里大臣特命室が設置された。

05) 1 月 22 日、国土庁政務次官を本部長、国土庁官房審議官を副本部長とし、13 省庁から約 30 人が常駐し、事務局の補助員を含めて総勢 60 人体制の「現地対策本部」が設置された。（下線部筆者。引用ここまで）

当時、国会では政府、特に自衛隊の対応の遅れが指摘された。[6]自治大臣・国家公安委員会委員長の野中広務は、初動の遅れに対する答弁で「阪神・淡路地域における大規模な災害でありましたために、現地の状況が的確に把握できる状況にありません。通信施設が途絶し、そして画像による状況をもテレビを通じても掌握できない状態であった」[7]と状況把握

の困難さを理由の一つに挙げている。他方、政府の体制を見てみると、例えば 6 時 7 分に気象庁から地震発生の一報を FAX が送信されたが、防災を所管する国土庁（当時）防災局は当直体制をとっておらず、それを受ける職員はいなかった。契約をしていた民間警備会社からポケットベルと電話での「一斉呼集装置」で大臣秘書官及び国土庁災害対策要員に連絡され非常呼集が行われた。[8] その後、7 時 00 国土庁防災局に首相秘書官から状況を問い合わせる電話があるも、現地、警察、消防から被害状況が入らず。なお、国土庁防災局が「非常対策本部」の設置準備を開始したのは 7 時 30 分であった。現在の体制（対処システム）は前述したが、当時の政府の体制が不十分だったことは否めない。

　また被災地域を管轄する陸上自衛隊中部方面総監部[9]（伊丹市）は 24 時間態勢を敷いているが、通常の当直勤務者とは別に、非常時の司令部活動の開始を担当する「運用当直」が常駐している。発災時、幸い各自衛隊をつなぐ専用回線への被害はなかった。また幹部のほとんどは駐屯地近くの官舎等に住んでいることから、6 時 10 分頃に作戦室に指揮所を開設した。[10] 中部方面隊隷下の第 3 師団（伊丹）も同様で 6 時半にはほとんどの司令部勤務者が登庁し指揮活動が始まった。特に第 3 師団隷下、第 36 普通科連隊には警察からの要請で 6 時 35 分、阪急伊丹駅で生き埋めになった 2 名の警察官の救助のため「近傍災害派遣」が下命され作業を開始した。一人は圧死、もう一人を救出した。しかし同様の要請は、公的機関あるいは市民を問わず次々に寄せられる。また八尾に所在する航空自衛隊中部方面航空隊では地震発生直後の 5 時 50 分偵察準備を開始している。航空法等の手順、暖機運転の後、7 時 14 分に離陸した。尚、市街地では飛行制限の関係で高度 300 メートルまでしか降下できない。それでも甚大な被害は確認できたという。

　戦後文民統制の観点から自衛隊の運用には厳格な要件が付されており、災害派遣要請も原則として詳細な内容を前提とした「都道府県知事」の要請がなければ出動できない仕組みになっていた。なお、兵庫県知事から自衛隊への災害派遣の要請は 10 時である。この遅れについては多

くの議論や指摘があった。[11]この要請遅れの教訓から、派遣要請の簡素化、自主派遣の運用改善などが行われたのは前述のとおりである。

　警察は6時15分兵庫県警生田署に「平成7年兵庫県南部地震兵庫県警災害警備対策本部」を設置している。その後、近畿管区警察局などに応援要請を行っている。7時30分警察庁警備局長を長とする「災害警備本部」を設置。徳島県警機動隊30名淡路島へ到着。11時10分京都府警機動隊約100名伊丹市に到着。17時30分大阪府警から応援警察官400名が兵庫県、20時30分警視庁レスキュー隊と、近畿、四国の府県警応援部隊820名西宮署へ到着している。消防は9時に消防庁地震対策本部を設置など未曽有の都市直下の地震災害に対し、各機関それぞれが懸命の対応をしている。

　大規模災害で司令塔になる政府では、村山首相が定例のスケジュールをこなしていたが、10時04分閣議を開催し小沢国土庁長官を本部長とする「非常災害対策本部」の設置を決定した。同47分小沢対策本部長記者会見。11時防衛庁兵庫県南部地震対策本部設置。12時7分政府・与党首脳会において五十嵐官房長官が正午現在の死者203人を報告。首相が「エーッ」と声を上げたという。14時30分小沢本部長上空より視察。16時首相記者会見という流れであった。

　発災から9日後、当日現地にいた高見裕一議員が衆議院予算委員会[12]で村山首相に対し次のように発言した。「現地のコントロールを責めるのは酷だと思います。この場合は、質ではなく量でカバーするしかないのだと思います。市役所の、県庁の、あるいは消防の、警察の、その現地の人々の家族がイコール被災者であります。その方本人も、私と同じく被災者でございます。無理難題を押しつけて、今問題ばかりをあげつらうよりも、今はどうすれば前向きにそれらのことが解決するのか、それを本当に国を挙げて考え、行動する、それが肝要かと思います」と発言している。阪神淡路大震災は神戸を中心とした都市直下を襲った初めての大規模災害であった。反省すべき点、教訓は数えきれない。その教訓はどのようにいかされたのか、政策に反映されたのか、運用に反映され

たのであろうか。阪神淡路大震災の約15年後、政府・行政は東日本大震災への対応が突き付けられることになった。

　朝日新聞1995年2月17日13版「1か月特集」の解説記事には「その時政治・行政は何をしたのかしなかったのか」とある。「防衛・海上保安庁→官邸ルートなし」ともあり情報伝達・収集の在り方に疑問を呈している。地元に関しての記事では「最新鋭の防災情報システム使えない」「知事は迎えの車で3時間後についた」ともある。【図表83】

　阪神淡路大震災でも東日本大震災でも、大規模災害に直面した場合、政府も一般的な行政機関も通常の業務、作業手順とは違う対応を迫られる。なおかつ、消防、警察を含み、被災地域の自治体の職員達は同時に被災者でもある。特に地震災害の場合、準備の間もなくある瞬間を境にその役割が変化する。組織体制を含め、どのようなシステムがより良いのかその答えはない。防災サイクルでも見たように、ある災害の反省と

図表83　阪神淡路大震災当時の政府の情報の流れ

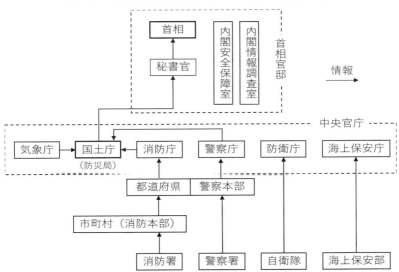

※朝日新聞1995年2月17日13版「1か月特集」（F）より筆者作成

教訓を積み重ね、現状を改善していくほかない。

　前出の総理府のまとめた「阪神・淡路大震災復興誌」で復興対策本部長でもある小渕恵三内閣総理大臣は「災害時の危機管理体制の強化を始めとする総合的な防災対策につきましても、震災の多くの犠牲の上に得られた教訓をしっかりと私たちの心に留め、今後とも積極的に推進してまいる所存であります」と決意を表明している。政府は阪神淡路大震災を受け平成 7 年に税金関係、復興の公債や助成関連で、16 本、平成 8 年に 1 本の立法、あるいは法律改正を行った。防災基本計画の全面改編も行った。

6.2　東日本大震災への初動対応

　先にみたように、伊勢湾台風などによる災害が、災害対策基本法成立をもたらし我が国の防災政策の近代化に寄与したように、阪神淡路大震災は政府・行政、民間を問わず危機管理体制の構築を促した一つの契機になったことは間違いない。その観点から、東日本大震災の初動対応について確認して聞きたいと思う。阪神淡路大震災の甚大な被害から得た教訓が生かされているのか、政府の実動システムの初動対応は改善されたのか、被災三県の初動対応も含み整理していく。

6.2.1　政府の初動[13]

　3 月 11 日 14 時 46 分、第 177 回国会、参議院決算委員会開催中だったが大きな揺れを感じ審議を中断した。

　14 時 50 分、「官邸対策室」を設置するとともに「緊急参集チーム」を招集した。また、同時刻、菅総理より「①被災状況の確認、②住民の安全確保、早期の避難対策、③ライフラインの確保，交通網の復旧、④住民への的確な情報提供に全力を尽くすこと」[14]との指示がなされた。

　15 時 14 分、災害対策基本法に基づき、同法制定以来、初めて、内閣総

理大臣を本部長とする「緊急災害対策本部」が閣議決定（「平成23年（2011年）東北地方太平洋沖地震緊急災害対策本部について」）により設置された。

　15時37分、第1回緊急災害対策本部会議が開催され「災害応急対策に関する基本方針」が決定された。

　尚、11日には青森県の1市1町、岩手県全34市町村、宮城県全35市町村、福島県全59市町村の他、茨城県、栃木県、千葉県、東京都の一部地域への災害救助法が適用された。翌12日には長野県、新潟県の一部地域へも適用、また激甚災害の指定、被災者生活再建支援法が適用された。また阪神淡路大震災時に立法された特定非常災害の被害者の権利利益の保全等を図るための特別措置に関する法律（平成8年法律第85号）の適用、すなわちこの災害が特定非常災害としての指定[15]もされることになった。

　18時42分現地調査団（内閣府副大臣及び各官庁の要員）の派遣が行われ、翌12日6時に「緊急災害現地対策本部」が宮城県に設置された。

　尚、原子力災害への対応については、3月11日15時42分に東京電力（株）より福島第一原発において原子力防災管理者の通報義務等を定めた原子力災害対策特別措置法第10条に基づく事象（「政令で定める基準以上の放射線量が政令で定めるところにより検出されたことその他の政令で定める事象の発生」[16]など）が発生したとの通報を受けて「官邸対策室」を設置した。その後、被害がさらに拡大し、東京電力（株）から原子力緊急事態宣言等を定めた原子力災害対策特別措置法第15条に基づく事象が発生したとの通報を受け、11日19時3分内閣総理大臣は「原子力緊急事態宣言」を発令し、原子力災害対策特別措置法制定以来はじめて、内閣総理大臣を本部長とする「原子力災害対策本部」及び「原子力災害現地対策本部」が設置された。翌12日7時45分には、福島第二原発についても「原子力緊急事態宣言」[17]が発令された。

　東日本大震災発災後の官邸の一連の対応は、前述した阪神淡路大震災の初動と比較すると明らかなように迅速に行われたと言える。災害の様

相が違う事、情報収集技術の進歩などがあるとはいえ、組織改革や運用に関して阪神淡路大震災及びその後の災害での反省や教訓が生かされたと言える。

6.2.2　消防庁の初動[18]

消防庁では発災直後、消防庁内にある「消防防災・危機管理センター」に全職員が参集し消防庁災害対策本部（本部長：消防庁長官）を設置、災害情報の収集を開始した。15時40分消防庁長官から緊急消防援助隊に対して、平成15年の緊急消防援助隊の法制化以降、初めて消防組織法（昭和22年法律第226号）第44条第5項の規定に基づき出動を指示した。

6.2.3　警察庁の初動[19]

警察庁では、地震発生に伴い、2011（平成23）年3月11日午後2時46分に警備局長を長とする警察庁災害警備本部を設置した。その後、首相官邸が緊急災害対策本部を同日午後3時14分に設置したことを受け、同時刻に長官を長とする警察庁緊急災害警備本部を設置した。また、全都道府県警察において、地震発生直後に警察本部長を長とする災害警備本部等を設置した。また警察庁では、首相官邸に設置された官邸対策室に幹部職員を派遣したほか、地震発生当日に被災地に派遣された政府調査団、原子力安全・保安院等にも職員を派遣し、連絡調整に当たった。

6.2.4　防衛省の初動[20]

防衛省は、地震発生直後の14時50分に防衛省災害対策本部を設置、15時30分に第1回防衛省災害対策本部会議を開催、18時00分に防衛大臣は各自衛隊部隊に対し大規模震災災害派遣を、19時30分には原子力

災害派遣を命令した。

　尚、大規模震災害派遣においては、被災地での活動をより強化するため、3月14日に、陸自の東北方面総監の指揮下に海自の横須賀地方総監および空自の航空総隊司令官が入った災統合任務部隊を編成[21]し、陸・海・空自の部隊の統合運用により活動した。

　さらに、原子力災害派遣においては、陸自の中央特殊武器防護隊[22]を中核として、海・空自の要員を派遣した。

6.2.5　海上保安庁の初動[23]

　海上保安庁は、地震発生直後、本庁と各管区海上保安本部に災害対策本部等を設置するとともに、大規模な被害の発生が予想されたことから、15時14分、「海上保安庁防災業務計画」に基づく「日本海溝型地震に係る動員計画」を発動、全国から多数の巡視船艇・航空機等を直ちに動員（第一次動員勢力）した。その後16時40分、追加勢力として第二次動員勢力の発動を命令、本庁配備の測量船等にも派遣を指示した。

6.2.6　厚生労働省の初動[24]

　3月11日14時50分には「厚生労働省防災計画」に基づき、災害対策本部が設置された。翌12日、東北三県に現地対策本部を設置した。厚生労働省の活動も多岐にわたるが、本書との関係でDMAT（災害派遣医療チーム）の派遣を整理すると、3月11日から3月22日まで、全国から約340隊、1500人（岩手県94チーム、宮城県108チーム、福島県44チーム、茨城県27チーム）が活動した。

　このほか、医療関係団体等の医療チームの派遣・急性期（3/16〜）最大約706人（156チーム）が4/15まで活動、薬剤師の派遣（3/17〜）最大133人が現地で活動（4/10まで）、保健師・看護師等の保健活動（3/14〜）現地での直接雇用へシフト（累計185人（7/11））、管理栄養士の派遣（3/20

～）、心のケアチーム派遣（3/16～）、介護職員等の派遣（3/21～）、被災地の要援護者の他都道府県等へ受入（3/21～）、大震災被災障害者総合支援本部（3/18～）、児童福祉司等の派遣（3/25～）等の措置を行った。

6.2.7　国土交通省の初動[25]

　国土交通省では、発災直後の14時46分に非常災害対策本部を設置し、15時15分には緊急災害対策本部を設置した。また、地方整備局、運輸局等は各々体制をとり、災害対応にあたった。

　15時45分第1回国土交通省緊急災害対策本部会議では大臣から「人命救助を第一義として、被災者の救援・救助活動等に全力をつくすこと」、「情報の的確な把握と提供」、「緊急輸送のための交通確保」、「迅速な所管施設の応急復旧」、「被災した県・市町村への支援を強力に進めていくこと」などが指示された。同日、発災後ただちに全国の地方整備局等から東北地方整備局管内に向け緊急災害対策派遣隊（TEC-FORCE）及び災害情報連絡担当官（リエゾン）が派遣され、発災3日後の集結人数は500名を超えた。[26]東北整備局内に設置されたTEC-FORCE総合司令部を通じ様々なニーズへの対応を調整し活動した。

6.2.8　東北三県の初動

（1）岩手県[27]

　岩手県では発災と同時に知事を本部長とする県災害対策本部を設置、総合防災室[28]では災害対策本部支援室の設置準備を始めた。14時52分自衛隊に対し災害派遣要請を行い、同59分には消防庁に対し緊急消防援助隊の派遣要請を行った。尚、この時点では陸前高田市、大船渡市の消防本部からの建物の倒壊等は見られないと報告を受けている。14時57分岩手県県警のヘリ「いわて」が花巻空港を離陸し沿岸部へ向かい、陸前高田市や大船渡上空を偵察し津波の来襲を撮影したがシステムの不調から

リアルタイムでの伝送はできなかった。また15時11分同じく花巻空港から県防災ヘリ「ひめかみ」も離陸し沿岸部に向かったが、天候の悪化により断念、内陸部の偵察をおこなった。なお同日18時時点では陸前高田市、大槌町、宮古市、田野畑村、野田村との連絡が取れなかった。

(2)　宮城県[29]

　地震発生とともに県災害対策本部を設置し、行政庁舎5階総務部危機対策課及び消防課執務室に災害対策本部事務局を開設し、速やかに各市町村への津波警報の連絡、自衛隊への災害派遣要請、庁内の各部局連絡員会議を開催した。14時50分危機対策課危機対策企画専門監から陸上自衛隊第22普通科連隊（多賀城駐屯地）に対し、電話にて災害派遣準備について連絡。14時52分には陸上自衛隊東北方面総監部防衛部防衛課へ電話にて情報収集のための偵察を依頼。14時58分、14時49分に緊急地震速報用ラジオから大津波警報が発表されたことを覚知したため、全市町村に対し衛星無線、FAX にて手書きによる避難指示を一斉送信した。15時01分、知事（災害対策本部長）より自衛隊への災害派遣要請が指示された。15時02分、陸上自衛隊東北方面総監部防衛部防衛課へ電話にて災害派遣要請した。15時14分、気象庁より津波予想10m以上と発表されたことから全市町村あて衛星無線、FAX にて避難指示を一斉送信した。15時17分、自衛隊の連絡要員（先遣隊）が県庁に到着した。

(3)　福島県[30]

　福島県では発災と同時に県災害対策本部を設置し16時30分第1回の本部員会を議催した。尚、発災から24時間で17回の県災害対策本部本部員会議が開催されているという記録は公表されているが、内容についてまとめたものは見当たらない。これについて福島県生活環境部がまとめた「東日本大震災に関する福島県の初動対応の課題について」（平成24年10月）によると、「執務室のロッカーが倒れ書類類が散乱し、余震の発生もあり、庁舎内からの退避を余儀なくされた。さらに停電で、執務

環境の回復が速やかに取りかかれず、災害対応開始に時間を要し、発災直後の初動に遅れが生じた。庁舎被災のため当初の計画場所に災害対策本部が設置できず、かつ、代替設置場所にも十分な資機材が揃っておらず、資機材の搬入・設置、執務環境の整備等に時間を要し、発災直後の事務処理や情報収集に苦慮した」（同 P.9）とあり、初動体制の確立の困難さがみえる。

　また市からは「県からの防災 FAX による災害情報を確認できる状況ではなく、津波や原発の情報は TV やラジオ等の報道で知ることとなった。県への被害状況報告回数が多すぎたため、被害状況報告のために多くの人員・時間がとられてしまい、本来優先すべき救援活動に支障が生じた」との意見がある。大規模災害発生時の人員やシステムの問題が浮き彫りになっている。

6.2.9　初動対応のまとめ

　それまでの防災の常識を覆すような阪神淡路大震災の発生は、人々に大きな衝撃を与えたが、同時に、政府の初動対応の遅さへの批判が起こった。特に人命救助はその初動が鍵になることからも、多くの犠牲をだしたこの大規模災害で、初動対応に関心が向けられるのは当然である。

　災害対策基本法にもとづき政府の設置する災害対策本部は、非常災害対策本部と緊急災害対策本部がある事はすでに述べたが、阪神淡路大震災では非常災害対策本部が発災から4時間ほど過ぎた10時04分、閣議を開催し小沢国土庁長官を本部長とする「非常災害対策本部」の設置を決定した。1月19日「緊急に政府としての一体的かつ総合的な対策を講じるため、内閣総理大臣を本部長とし，全ての閣僚を本部員とする「兵庫県南部地震緊急対策本部」の設置が閣議決定され、3月17日までに10回にわたって開催された。」[31]が「緊急対策本部」との名称ではあるが災害対策基本法における緊急災害対策本部とは別のものである。対して東日本大震災では政府は当日の15時14分、すなわち発災から28分後に緊急対策本

部の設置を閣議決定し、同37分には第1回緊急災害対策本部会議が開催され、対処基本方針が決定されている。また同日被災地域に災害救助法、翌12日には激甚指定、被災者生活再建支援法等の適用が開始された。

　このほか実動システムの中心である消防庁、警察庁、防衛省、海上保安庁なども、すべて5分以内に対策本部を立ち上げ対応に当たっている。阪神淡路大震災では、ここで整理した多くの組織は現地本部の立ち上げを含んでも、設置まで平均して1時間半要したのに対し大きく改善された。被災地域の自治体でも同様で、被災三県（岩手、宮城、福島）はいずれも5分以内に対策本部を立ち上げている。

　阪神大震災の頃と比べて、東日本大震災では災害派遣に関しての行政機関、あるいは警察、消防などの機関と自衛隊とのやり取りが概ね迅速になった印象がある。自治体側が災害派遣に関する自衛隊とのやり取りを防災計画の中に組み込んだり、合同訓練の自治体、消防、警察などの担当者と交流をしたり、平素に人的交流が行われるようになったことも大きな要因であろう。また災害派遣活動中も、自治体の設置する災害対策本部内で、警察、消防、自衛隊などは連絡員を通じ情報交換、調整を行う[32]ことで活動の効果を上げる努力をしている。

　初動対応は災害対処、特に人命救助のカギを握る。もちろん対応しなければならない災害が多種多様であることを考えると、対応させる組織等の修正は簡単ではない。法整備による組織や運用の変更や改善、担当する人々の業務の改善や練度の強化など、技術の進歩も取り込みながらその効果的な仕組みを考えなければならない。本書でいう「統制システム」と「実動システム」両方の修正が必要になる。また現場レベルでは、東日本大震災の対応経験者がいうように、普段から顔の見える交流ができるかどうかはその活動がスムーズにいくか否かのポイントの一つになるという。[33]

　阪神淡路大震災と東日本大震災における政府や自治体、行政の初動対応について整理すると、阪神淡路大震災の時に比べ東日本大震災の初動対応が迅速になっていることが確認できる。【図表84】

図表 84　東日本大震災における初動

	東日本大震災（2011）			阪神淡路大震災（1995）	
	（14：46 発生）対策本部の設置		その他	（5：46 発生）対策本部の設置	その他
政府	15：14（緊急災対）	15：37 第1回災対会議	14：50官邸対策室 緊急参集チーム	10時過ぎ（非常災対）	
（原子力関連）		12日7：45「原子力緊急事態宣言」	15：42官邸対策室		
消防庁	発災直後	15：40緊急援助隊へ出動指示		9：00	6時過ぎ 情報収集 広域消防応援
警察庁	14：46（警察庁災害警備本部）		15：14警察庁緊急災害対策本部	（6：15生田署）8：30 警備本部	6時過ぎ 機動隊出動準備指示
防衛省	14：50	15：30 第1回災対会議	統合任務部隊編成	（6：10　3D指揮所開設）	5：50空自偵察準備 6：35 近傍派遣（伊丹駅）
海上保安庁	発災直後		15：14日本海溝型地震に係る動員計画発動	7：00（第五管区）	5：50巡視艇による大阪湾の調査
厚生労働省	14：50			時間不明 当日設置	
国土交通省	14：46			国土庁　6：45頃から担当職員が登庁しはじめる	
岩手県	同時	14：52自衛隊に対し災害派遣の要請		兵庫県　7：00（副知事により設置。8：30貝原知事登庁）	
宮城県	直後	14：50自衛隊に対し災害派遣の要請	14：58全市町村宛てに避難指示のFAX送信		
福島県	同時	16：30 第1回災対会議			

※内閣府（2011）「平成23年度版防災白書」消防庁（2011）「平成23年度版消防白書」、警察庁（2011）「平成23年度版警察白書」、防衛省（2011）「平成23年度版防衛白書」、海上保安庁（2012）「海上保安レポート2012」及び「東日本大震災への対応の記録」（2012）、朝日新聞社（1996）「阪神・淡路大震災誌」、総理府（2000）「阪神・淡路大震災復興誌」等を参照し筆者作成。

6.3 東北三県（岩手・宮城・福島）の被害状況

東日本大震災を引き起こした「東北地方太平洋沖地震」は東北を中心として、揺れは北海道から高知県、徳島県にまで及んだ。[34]さらにこの地震により発生した大津波は、東北沿岸部から千葉県にかけて、多くの人命や財産を奪う甚大な津波災害を生じさせた。またその津波は、東京電力福島第一原子力発電所を襲い、深刻な原子力事故災害を引き起こすことになった。

ここでは、被害の大きかった岩手県、宮城県、福島県の東北三県の人的被害を中心に、その被害状況を整理する。

6.3.1 三県概要

面積[35]及び人口[36]（2010 年 10 月 1 日現在）で岩手県の面積は 15278.89 ㎢ 、人口は 1,330,000 人、宮城県の面積は 6862.11 ㎢、人口は 2,348,000 人、福島県の面積は 13782.76 ㎢、人口は 2,029,000 人であった。【図表 85】

図表 85　被災 3 県の面積と人口

	面積（km2）	人口（人）
岩手	152,279	1,330,000
宮城	6,862	2,348,000
福島	13,783	2,029,000

※面積は国土地理院、人口は総務省統計局「日本の統計」（いずれも 2010 年 10 月 1 日現在）を参照し筆者作成。数値は四捨五入。人口は 100 人以下切り捨て。

6.3.2　発災当時の気象状況

　災害の影響で、いくつかの地区で測定不能になっていたが、被災一週間の各県の県庁所在地の天候は次のとおりである。東日本大震災発生の3月11日の盛岡は晴れ時々曇り、仙台は雪、福島は雨であった。とくに沿岸部の天気は雪が舞うなど悪く、例えば航空自衛隊松島基地では予定されていた飛行訓練を中止したほどだった。[37]この日の日没は仙台で17時38分、翌12日の日の出は5時54分であった。[38]また夜には天気が回復したが、地震発生の11日夜は寒かったという。当時の天気図から「12日朝は放射冷却で津波被災地は軒並み氷点下2〜3度。被災者には厳しい気象条件だった」と推測している。[39]【図表86】

図表86　発災約一週間の気象状況

	盛岡市		仙台市		福島市	
3月11日	晴曇	2.0	雪	6.2	雨	6.7
3月12日	晴	-4.7	曇雪晴	-1.1	晴	-0.1
3月13日	曇晴	-1.4	晴	-0.5	晴	-1.9
3月14日	曇	2.0	曇晴曇	2.3	晴曇	0.6
3月15日	曇	-0.5	雨晴	0.1	曇雨	0.6
3月16日	曇雪	-4.0	雪曇	0.4	雨晴	-2.7
3月17日	晴雪	-5.9	雪	-2.7	晴	-3.7
3月18日	晴	-6.8	雪晴	-4.1	晴	-3.1

※以下を参照し筆者作成。11日は14時の気温は気象庁データ。
https://www.jma.go.jp/jma/menu/menureport.html
12日以降は最低気温。天気はgoo天気より。https://weather.goo.ne.jp/past/

　気象条件は、救助活動に大きく影響する要因の一つである。被災者自身の生命の維持という意味でも、救助する側にとっても大きな障害にな

る可能性がある。またどの季節のどの時間に発生するかという事も大きな要因である。東日本大震災の発生は3月とはいえまだ寒さが厳しいことが気象データから読みとれる。また14時46分に地震が発生しおよそ30分後、15時18分には大船渡市、15時21分には釜石市、15時26分には宮古市と石巻市、15時39分にはいわき市15時51分には相馬市を津波の第一波が襲った。[40]17時38分の日没（仙台）まで2時間であった。広域にわたる被害で空からの捜索が有効であるが、悪天候に加え日没まで2時間という条件は救出活動にとって不利な条件である。また季節や地域の影響に関して航空自衛隊南西航空混成団（沖縄）の派遣例に触れておく。部隊は翌12日派遣命令を受け出発したが、津波注意報が発令されていた関係で民間フェリーが運航を停止しており、津波警報解除後13日午後再開後のフェリーで本州へ向かうことになる。熊谷基地を経由するのは、「冬用タイヤ、チェーン及び隊員の着る防寒着等、冬用装備を持っておらず」その準備のためであったという。[41]いうまでもなく、気象はその活動に影響を及ぼす。

6.3.3　東北三県（岩手・宮城・福島）の人的被害

　被害状況を整理する上で、データの取り扱いに関し確認しておく。本書で中心データとする消防庁発表のデータは「災害報告取扱要領」によるものであるが、同要綱では「死者」について「当該災害が原因で死亡し、死体を確認したもの又は死体は確認できないが、死亡したことが確実な者とする」とのみ定義している。その運用は「災害報告取扱要領における人的被害の把握に係る運用」によりなされる。そこでは「当該災害による負傷の悪化又は避難生活等における身体的負担による疾病により死亡」したものも死者として計上するものとしているが、これを「災害関連死」として計上[42]するよう運用の変更が指示されたのは平成31年4月である。[43]　本書では、消防著発表の資料を基準に取り扱うが、注釈を入れたうえで各自治体が発表したデータを使用する場合もある。

　東日本大震災により東北各県は甚大な人的、物的被害を受けた。とりわけ岩手県、宮城県、福島県の人的被害は多く、岩手県は 5,141 人の死者、1,114 人の行方不明者、宮城県は 10,565 人の死者、1,221 人の行方不明者、福島県は 3,868 人の死者、224 人の行方不明者を出している。東北三県で約 2 万人の犠牲者を出している。茨城県でも 66 名、千葉県でも 22 名（うち旭市死者 14 人行方不明者 2 名）の死者を出している。【図表 87】

図表 87　東北及び茨城県の被害状況

	人	的	被	害		
	死者	行方不明		負 傷 者		
				重傷	軽傷	程度不明
	（人）	（人）	（人）	（人）	（人）	（人）
青森県	3	1	110	25	85	
岩手県	5141	1114	213	4	50	159
宮城県	10,565	1,221	4,148	502	3,618	28
秋田県			11	4	7	
山形県	3		45	10	35	
福島県	3,868	224	183	20	163	
茨城県	66	1	714	34	680	

	住	家	被	害		非住家被害		火災
	全壊	半壊	一部破損	床上浸水	床下浸水	公共建物	その他	
	（棟）	（棟）	（棟）	（棟）	（棟）	（棟）	（棟）	（件）
青森県	308	701	1,005				1,402	11
岩手県	19508	6571	19064		6	529	4178	33
宮城県	83,004	155,130	224,202		7,796	9,948	16,848	137
秋田県			5					1
山形県		14	1,249			8	124	2
福島県	15,435	82,783	141,053	1,061	351	1,010	36,882	38
茨城県	2,634	24,994	191,263	75	624	1,763	20,833	31

※消防庁災害対策本部「平成 23 年(2011 年)東北地方太平洋沖地震（東日本大震災）について（第 159 報）別紙」（平成 31 年 3 月 8 日（金）8 時 00 分）より筆者作成

　また物的被害、住宅被害は 14 都道県にわたり、東北 3 県では 362,431 棟が全半壊となった。公共施設の被害も 11,000 棟を超える。この中には

災害時拠点となる役場や学校も含まれている。[44]尚、これらの数値は前述した災害関連死計上とは別に、ご遺体の捜索作業は続けられており、その発見により変化する場合がある。

6.3.3.1 岩手県の人的被害

岩手県の死者数は消防庁発表で死者 5,141 人、行方不明者 1,114 人、岩手県発表 5,106 人、行け不明者 1,142 人[45]である東日本大震災発生当時、岩手県の自治体数[46]は 33、うち人的被害（死亡・行方不明及び負傷者）が発生したのが 28 自治体、そのうち死者・行方不明者数をみると、最も多かったのが陸前高田市の 1,806 人（岩手県資料では 1,556 人以下同じ）、人口に占める割合は 7.7％もの犠牲者が生じた。また釜石市は 1,146 人

図表 88　岩手県内の自治体別人的被害

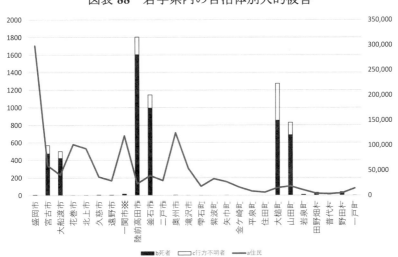

縦軸　右：人口、左：人的被害単位：（人）
※消防庁災害対策本部「平成 23 年(2011 年)東北地方太平洋沖地震（東日本大震災）について（第 159 報）別紙」（平成 31 年 3 月 8 日（金）8 時 00分）より筆者作成

（888 人）（人口に占める割合[47]2.8%以下同じ）、大槌町は 1,274 人（803人）（8.3%）、山田町は 832 人（604 人）（4.4%）、宮古市 569 人（420 人）（0.9%）、大船渡市は 501 人（340 人）（1.2%）となっている。※岩手県資料とは岩手県（2014）（「岩手県東日本大震災津波の記録」のことをいう。【図表 88】

　この整理をさらに、地図上で可視化したのが下図である。【図表 89】

図表 89　岩手県の人的被害分布

注：人的被害（死者・行方不明者、負傷者）500人以上が黒、0人が白。

※消防庁災害対策本部「平成23年（2011年）東北地方太平洋沖地震（東日本大震災）について（第159報）より、筆者作成

6.3.3.2　宮城県の人的被害

　宮城の死者数は消防庁発表で死者 10,565 人、行方不明者 1,221 人、宮城県発表[48]10,566 人（直接死 9,638 人、関連死 928 人）行方不明者 1,219人 である。東日本大震災発生当時、宮城県の自治体数[49]は 35 だが、そのうち人的被害（死亡・行方不明及び負傷者）が報告されているのが蔵王町を除く 34 自治体、千人を超える被害は石巻市の 3,972 人/住民に占める割合以下同じ 2.5%（県報告以下同じ 3,552 人）、気仙沼市の 1,432 人/1.9%（1,218 人）、東松島市の 1,155 人/2.7%（1,132 人）ある。加えて住

図表 90 　宮城県内の自治体別人的被害

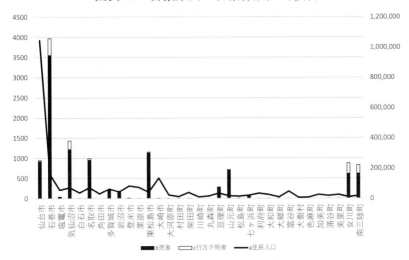

縦軸　右：人口、左：人的被害単位：（人）
※消防庁災害対策本部「平成 23 年(2011 年)東北地方太平洋沖地震（東日本大震災）について（第 159 報）別紙」（平成 31 年 3 月 8 日（金）8 時 00 分）より筆者作成

民に占める人的被害の割合では、873 人（615 人）の被害を出した女川町の 8.7％、831 人（620 人）の被害を出した南三陸町の 4.8％、718 人（701人）の被害を出した山元町の 4.3％であった。【図表 90】

　ここでは、単純に住民数と人的被害の比較を行っているが、例えば「仙台市のベッドタウン」[50]と呼ばれる七ヶ浜町などに着目すると、人的被害は少ないが、2010（平成 22）年の昼夜間人口比率は 65％[51]であり、これをもとに計算すると昼間人口は 13,270 人となる。これは発災がいつ起こるかにより被害状況が異なる一つの例である。深夜の発災であれば多くの住民は居住地に留まっていると予想されるが、昼間の発災なら多くの住民が勤務地、学校等へ移動していることが予想される。また休日か平日か、長期休暇期間か否かなどにより被災（者）の状況は大きく異なる事に留意が必要であろう。このほかにも、その地域の年齢構成なども被

害を左右する要因の一つになる。特に、避難行動との関係で高齢者が自宅にいることが多い点、そのため例えば津波災害などでは逃げ遅れることが指摘されている。[52]

　この人的被害状況を地図にあらわしてみると次のようになる。【図表91】この図を見ると宮城県でも岩手県同様、沿岸部の被害者数が目立つ。尚、内陸の栗原町での被害は、死者は1人であるが負傷者が550人発生し高い数値となっている。

図表 91　宮城県の人的被害分布

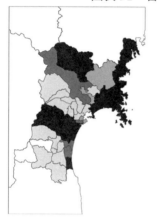

注：人的被害（死者・行方不明者、負傷者）500人以上が黒、0人が白。

※消防庁災害対策本部「平成23年（2011年）東北地方太平洋沖地震（東日本大震災）について（第159報）より、筆者作成

6.3.3.3　福島県の人的被害

　福島県の死者数は消防庁発表で死者3,868人、行方不明者224人、福島県発表[53]死者4,134人（直接死1,605人、関連死2,304人）行方不明者1人となっている。東日本大震災発生当時、福島県の自治体数[54]は59で、人的被害（死亡・行方不明及び負傷者）が報告されている自治体数は38である。県内で千人以上の被害を出したのは南相馬市の1,213人（福島県発表1,152人：直接死525間接死516人、以下同じ）であった。なお福島県は他の二県と違い地震、津波災害に加え原子力災害も抱えており、

図表 92　福島県内の自治体別人的被害

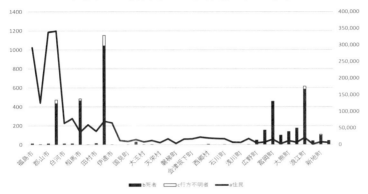

※消防庁災害対策本部「平成23年(2011年)東北地方太平洋沖地震（東日本大震災）について（第159報）別紙」（平成31年3月8日（金）8時00分）より筆者作成

消防庁では、広野町、富岡町、大熊町、双葉町、浪江町では、負傷者数の把握ができていない。

　人的被害のうち、住民数に対する死者・行方不明者の割合/人数で見ると、川内村の3.5%/99人（100人：直接死0間接死100人）、浪江町2.9%/615人（620人：直接死151間接死438人）、富岡町2.9%/458人（473人：直接死18間接死449人）、葛尾村2.6%/40人（41人：直接死0間接死40人）、双葉町2.5%/173人（174人：直接死17間接死153人）、楢葉町2.0%/152人（153人：直接死11間接死140人）、南相馬町1.6%/1213人（1152人：直接死525間接死516人）、相馬市1.3%/484人（486人：直接死439間接死28人）、新地町1.3%/108人（119人：直接死100間接死9人）、大熊町1.2%/137人（139人．直接死12間接死127人）の各自治体が1%を超える被害を出している。【図表92】【図表93】

　福島県の人的被害分布も、他の地域同様沿岸部に多い。福島県の被災状況で特異なのは地震災害、津波災害に加え原子力災害が発生したことである。もちろん原子力災害の影響は施設のある地域に限ったことではないが、それは、避難行動、救助活動、捜索活動そして復興に大きく影

響する。のちに見るように、救助活動は初動では地域の消防や警察が中心に活動する。しかしそのリソースが、例えば避難誘導や立ち入り禁止区域の管理に多くを割かなければならない状況をもたらす。さらに、救助隊の活動そのものを阻害することになる。

図表 93　福島県の人的被害分布

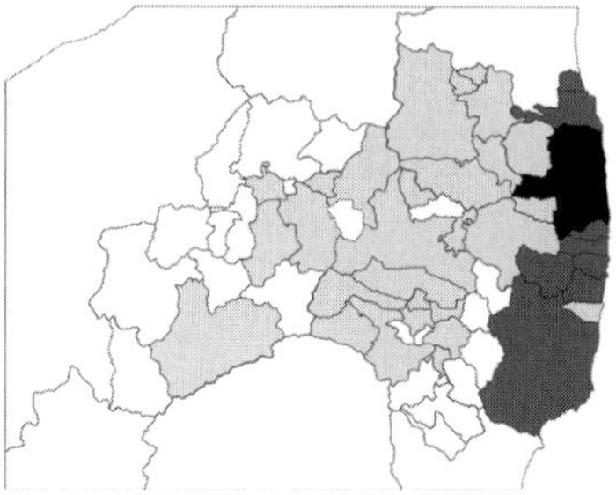

注：人的被害（死者・行方不明者、負傷者）500人以上が黒、0人が白。

※消防庁災害対策本部「平成23年（2011年）東北地方太平洋沖地震（東日本大震災）について（第159報）より、筆者作成

6.3.3.4　死因

　さて、ここまで被害の大きかった東北三県の人的被害について整理してきたが、この被害、特に亡くなった方の死因はどのようなものであったのだろうか。

　1995（平成7）年1月17日に発生した阪神淡路大震災の死因は、窒息・圧死が4224人（77.0%）、次いで焼死・熱傷が504人（9.2%）、頭・頸部損傷が282（5.1%）[55]と続く。阪神淡路大震災は発生時刻が午前5時46分と早朝で、多くの人々が就寝中であったこと、また被災地域が既存住宅等の密集地で高齢者が多く犠牲になったことなどが要因とされる。[56]

　それに対して、東日本大震災では、90.6%が溺死、圧力・損傷死・その他が4.2%、焼死が0.9%、不詳が4.3%と分類している。[57]これを見ると、東日本大震災での人的被害が、津波により引き起こされたことが推定できる。既に整理したように、地震発生から津波までの時間が概ね30分となっており、この時間が生死を分けた可能性があることがわかる。

6.3.3.4.1　検視

　「検視」は刑事訴訟法229条、「検視規則」昭和三十三年国家公安委員会規則第三号に基づいて警察官により行われる。[58]自然災害の場合も同様だが、膨大な検視作業で混乱が起きた阪神淡路大震災の教訓[59]から、警察庁は1995（平成7）年6月全国の警察に災害に特化した広域緊急援助隊を新設したがその中に災害時に検視などにあたる部隊を整備した。[60]

　岩手では4,671体、宮城では9,510体、福島では1,605体の検視作業を行った。（平成24年3月11日現在）その結果、15,786体のうち14,308体（90.6％）が溺死、145体（0.9％）が焼死、667体（4％）が圧死・損傷死、666体（4％）が不明であった。【図表94】

図表 94　東北三県の検視状況

	溺死	焼死	圧死・損傷死	不詳
岩手	4197	60	230	184
宮城	8691	81	273	465
福島	1420	4	164	14
合計	14308	145	667	666

※警察白書（平成24年版）「東北太平洋地震による死者の死因及び身元確認状況について」を参考に筆者作成

6.3.3.4.2　死因分類

　警察庁の発表では検視を実施した方のうち90％が溺死とされており、白書を含む各種報告書でもマスコミでも溺死9割は東日本大震災の死因を語るうえでいわば常識のように語られている。

　「溺死」の判断根拠について「一般的な水中死体のうち、直接死因が溺死・溺水と判断された 2135 例の診断根拠は、肺の性状（溺死肺の所見）が85％で最多で、胸水の重量が47％、プランクトン検査が42％、鼻口部の微細泡沫が8％で、その他は14％であった」と報告[61]されている。

　およそ14000体の検視を短期間で行わなければならない作業は、実に大変な作業であったと思う。同時に、東日本大震災の現場での精緻な検視が難しかったであろうことは容易に想像がつく。「死因を特定できなかった一つの事例として、陸前高田市のある場所で見つかった10数人の遺体を挙げた。そのうちの一体は、3月11日の震災当日に凍死した可能性があったという。「私が検案をしたのか、それとも他の医師によるものなのかはわからない。だが、仮に凍死だとすると、あの日の夜に警察や消防などが救助活動をしていれば、その人は助かったのかもしれない。しかし、解剖することができない状況だったから、死因は"凍死"ではなく、"溺死"と推定せざるを得なかった」[62]という医師の証言もある。

　警察庁発表の検視結果とは別に、厚生労働省がまとめた東日本大震災における死因についての資料を確認する。死因をICD-10基準で分類に沿って、被災三県の犠牲者数を整理した。【図表95】

　このICD-10とはWHOが策定した「疾病及び関連保健問題の国際統計分類」のことで、異なる国や地域から、異なる時点で集計された死亡や疾病のデータの体系的な記録、分析、解釈及び比較を行うことを目的とした分類である。[63]

　これを見ると東日本大震災では9割が「溺死」であるという通説[64]とはやや異なる様相が読み取れる。確かに14200人（75％）の死因が「溺死及び死に至らない溺水」に分類されているが、34名が低体温に分類され、3785人（20.1％）が、骨折など「部位不明の体幹もしくは肢の損傷又は部位不明の損傷」に分類されている。警察庁の分類及び割合とは明らかに異なっている。

図表 95　死因別人数

死因基本分類コード（ICD－10）(注)		総数	割合(%)	岩手県	宮城県	福島県	その他
S00-T98	損傷，中毒及びその他の外因の影響	18,877	100	5,642	10,483	1,757	995
S00-S09	頭部損傷	114	0.6	20	45	26	23
S10-S19	頚部損傷	28	0.1	7	13	4	4
S20-S29	胸部損傷	67	0.4	18	26	18	5
S30-S39	腹部，下背部，腰椎及び骨盤部の損傷	11	0.1	1	8	1	1
S40-S69	上肢の損傷	-	-	-	-	-	-
S70-S99	下肢の損傷	4	0	-	3	-	1
T00-T07	多部位の損傷	129	0.7	34	55	29	11
T08-T14	部位不明の体幹もしくは肢の損傷又は部位不明の損傷	3,785	20.1	1,446	1,933	233	173
T14.9	損傷，詳細不明	3,782	20	1,445	1,933	232	172
T15-T19	自然開口部からの異物侵入の作用	3	0	-	3	-	-
T20-T32	熱傷及び腐食	190	1	58	82	2	48
T33-T35	凍傷	7	0	-	7	-	-
T36-T50	薬物，薬剤及び生物学的製剤による中毒	-	-	-	-	-	-
T51-T65	薬用を主としない物質の毒作用	3	0	-	1	-	2
T66-T78	外因のその他及び詳細不明の作用	14,491	76.8	4,042	8,287	1,439	723
T68	低体温（症）	34	0.2	4	25	5	-
T71	窒息	253	1.3	118	54	70	11
T75.1	溺死及び死に至らない溺水	14,200	75.2	3,919	8,206	1,364	711
T79	外傷の早期合併症	45	0.2	16	20	5	4
T80-T88	外科的及び内科的ケアの合併症，他に分類されないもの	-	-	-	-	-	-
T90-T98	損傷，中毒及びその他の外因による影響の続発・後遺症	-	-	-	-	-	-

単位：（人）　注：者数には外国人も含まれる。
ICD-10 とは WHO が策定した「疾病及び関連保健問題の国際統計分類」
出典：厚生労働省「人口動態統計からみた東日本大震災による死亡の状況について」
https://www.mhlw.go.jp/toukei/saikin/hw/jinkou/kakutei11/　をもとに筆者作成

6.4　実動システムの対処と課題

　東日本大震災では多くの犠牲者を出すことになった。阪神淡路大震災以降、政府・行政は数多くの政策を発出し災害への備えを行い、来るべき災害に備えていたにもかかわらず、犠牲を防ぐことができなかった。東北地方太平洋沖地震から始まり、津波、そして福島第一原発事故と単独でも対処が難しい災害が複合し、まさに国挙げての対応を強いられた。この大災害に、我が国の大規模災害対処システム、特にその実動システムはどのように機能した、あるいはしなかったのだろうか。ここでは消防、警察、自衛隊の救助活動を、特に人的被害の大きかった東北三県（岩手県、宮城県、福島県）を中心に考察する。

6.4.1　実動システム（「投入勢力」）の展開

　発災直後の救助活動は、第一に自助そして現地の共助が中心であるが、それぞれの地域に元々組織されている消防、警察など（ここでは以下「地域勢力」と呼ぶ）の活動も重要である。また一部自衛隊や海上保安庁が駐屯地や基地の周辺での救助活動に投入される。それでもなおその対処能力を超える大規模災害の場合、被災地以外からの応援（以下「投入勢力」と呼ぶ）が必要になる。消防や警察は基本的に自治体単位で編成され活動しているが、阪神淡路大震災の教訓から、広域での応援体制を強化してきた。被災地外の地域から入る応援勢力である「投入勢力」について整理する。

6.4.1.1　緊急消防援助隊の活動

　消防組織の代表的な応援部隊（「投入勢力」）は緊急消防援助隊である。
「緊急消防援助隊は、平成7年（1995年）1月17日の阪神・淡路大震災
の教訓を踏まえ、国内で発生した地震等の大規模災害時における人命救
助活動等をより効果的かつ迅速に実施し得るよう、全国の消防機関相互
による援助体制を構築するため、全国の消防本部の協力を得て、同年6
月に創設された」[65]。その緊急消防援助隊への消防庁長官の出動命令は以
下のとおりであった。【図表96】

　活動開始は、3月11日岩手県6隊、宮城県11隊、福島県9隊同じく航
空部隊は岩手県3隊、宮城県8隊、福島県2隊、3月12日岩手県15隊、
宮城県19隊、福島県9隊同じく航空部隊は岩手県14隊、宮城県12隊、
福島県10隊、3月13日岩手県16隊、宮城県24隊、福島県8隊同じく

図表96　消防庁長官による緊急消防援助隊出動指示

出動指示			派遣部隊
1次出動指示	3月11日	15:40	東京、新潟、群馬、埼玉、神奈川、富山、山梨、長野、静岡、岐阜、愛知、滋賀、三重、兵庫、京都、山形、奈良、大阪、秋田、北海道（20）
2次出動指示	3月11日	23:15	石川、福井（2）
3次出動指示	3月12日	6:08	和歌山、鳥取、島根、広島、岡山、栃木（6）
4次出動指示	3月13日	22:00	青森、千葉（2）
5次出動指示	3月14日	11:25	福岡、香川、佐賀、大分、愛媛、山口、高知、徳島、長崎、熊本、鹿児島、沖縄（13）
6次出動指示	3月25日	8:30	茨城（1）

※消防庁「消防白書平成23年」を参考に筆者作成

航空部隊は岩手県14隊、宮城県16隊、福島県9隊、3月14日岩手県21
隊、宮城県34隊、福島県9隊同じく航空部隊は岩手県17隊、宮城県17
隊、福島県10隊であった。[66]【図表97】【図表98】【図表99】

活動内容及び実績は次のとおりである。

①派遣期間 3 月 11 日（金）～6 月 6 日（月）〈88 日間〉

②派遣人員総数 30,684 人、派遣部隊総数 8,854 隊 ※交替分を含む派遣された人員・部隊の総数。

③延べ派遣人員 109,919 人 延べ派遣部隊数 31,166 隊

④最大時派遣人員 6,835 人 最大時派遣部隊数 1,870 隊

⑤活動実績 航空部隊は情報収集、人命救助及び空中消火等に、陸上部隊は消火・救助活動等に従事し、消防庁において把握している救助者数は 5,064 人（地元消防本部等と協力し救出したものを含む。）水上部隊は 3 月 11 日からコンビナート火災の消火活動に従事

⑥救助・救出状況 5,064 人

　もちろん緊急消防援助隊だけではなく、市町村長が消防組織法（第 39 条第 2 項）に基づき締結する「消防相互応援協定」による消防応援活動も重要である。「岩手県、宮城県及び福島県においては、津波による沿岸部の被害が甚大であったため、主として内陸部の消防本部から沿岸部の消防本部へ応援出動し、発災直後の消火、人命救助活動に加え、発災数日後から増加した避難所からの救急搬送要請への対応、さらには消防署や消防団の車両が被害を受けた消防本部の補完的活動に従事」[67] し、また、地上部隊の活動とは別に、緊急消防援助隊航空部隊は，人命救助の他、消防防災ヘリコプターが「陸上自衛隊のヘリコプターによる救助活動と連携して、例のない深夜の空中消火の実施により、仙台市の孤立した小学校を火災延焼の危機から救った」り「津波により消防力が低下した消防本部において、緊急消防援助隊が常備消防力の補完的活動にも引き続き従事」[68] した。

図表 97 緊急消防援助隊の展開（岩手県）

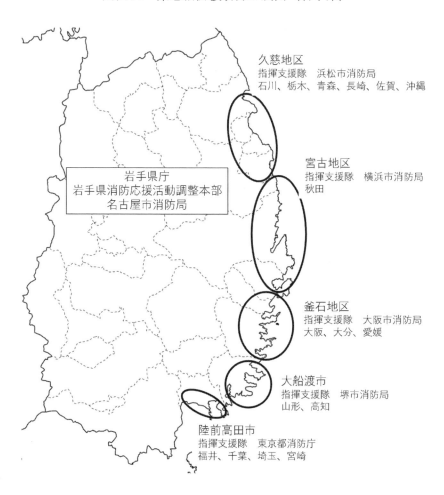

久慈地区
指揮支援隊　浜松市消防局
石川、栃木、青森、長崎、佐賀、沖縄

岩手県庁
岩手県消防応援活動調整本部
名古屋市消防局

宮古地区
指揮支援隊　横浜市消防局
秋田

釜石地区
指揮支援隊　大阪市消防局
大阪、大分、愛媛

大船渡市
指揮支援隊　堺市消防局
山形、高知

陸前高田市
指揮支援隊　東京都消防庁
福井、千葉、埼玉、宮崎

※消防庁「東日本大震災記録集」、Jレスキュー（2011）「東日本大震災消防レ
スキュー写真で見る 88 日間の活動全記録」イカロス出版、消防白書平成 23 年
などを参考に筆者作成

図表 98　緊急消防援助隊の展開（宮城県）

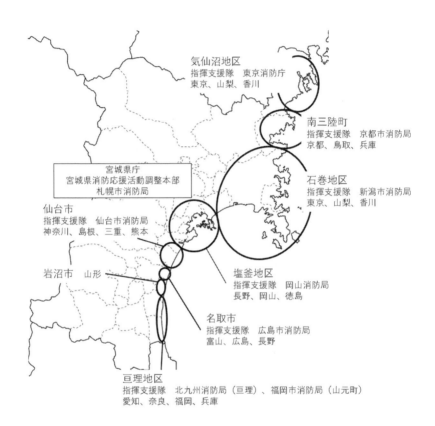

気仙沼地区
指揮支援隊　東京消防庁
東京、山梨、香川

南三陸町
指揮支援隊　京都市消防局
京都、鳥取、兵庫

宮城県庁
宮城県消防応援活動調整本部
札幌市消防局

石巻地区
指揮支援隊　新潟市消防局
東京、山梨、香川

仙台市
指揮支援隊　仙台市消防局
神奈川、島根、三重、熊本

岩沼市　山形

塩釜地区
指揮支援隊　岡山消防局
長野、岡山、徳島

名取市
指揮支援隊　広島市消防局
富山、広島、長野

亘理地区
指揮支援隊　北九州消防局（亘理）、福岡市消防局（山元町）
愛知、奈良、福岡、兵庫

※消防庁「東日本大震災記録集」、Jレスキュー（2011）「東日本大震災消防レスキュー写真で見る 88 日間の活動全記録」イカロス出版、消防白書平成 23 年などを参考に筆者作成

図表 99 福島第一原発対処に係る消防庁官による派遣要請

要請日時		要請先	内　容
3月18日	0:50	東京消防庁	放水活動
	20:10	大阪市消防局	放水活動
3月19日	15:30	横浜市消防局	放水活動
	16:30	川崎市消防局	放水活動
3月20日	16:00	新潟市消防局、浜松市消防局	大型除染システムの設置及び指導
3月22日	13:40	名古屋市消防局	放水活動
	13:50	京都市消防局	放水活動
	14:00	神戸市消防局	放水活動

※消防庁「平成 23 年版消防白書」p.42 より筆者作成

　福島県における緊急消防援助隊は、地震津波災害支援と福島第一原子力発電所事故に対する活動を並行して行った。福島第一原発 3 号機使用済み燃料プールへの放水の為の派遣は 4 月 2 日まで続いた。【図表 100】

図表 100　緊急消防援助隊の展開（福島県）

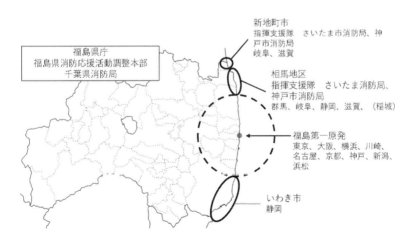

※消防庁「東日本大震災記録集」、J レスキュー（2011）「東日本大震災消防レスキュー写真で見る 88 日間の活動全記録」イカロス出版、消防白書平成 23 年などを参考に筆者作成

次に緊急消防援助隊の派遣の発災直後の展開を時間的視点から整理する。発災直後、15時40分消防庁長官より第一次出動命令が緊急消防援助隊20部隊に対して行われた。最終的に第6次命令（25日）まで43部隊が出動した。第一次命令で派遣されたのは東京、新潟、群馬、埼玉、神奈川、富山、山梨、長野、静岡、岐阜、愛知、滋賀、三重、兵庫、京都、山形、奈良、大阪、秋田、北海道の部隊である。この中で被災地域に近いのが群馬、山形いずれも移動は4時間以内と推定、次いで新潟、秋田が4時間、神奈川5時間、埼玉、富山、長野、静岡がいずれも6時間、東京、山梨が7時間、岐阜、愛知が8時間、滋賀、三重が9時間、奈良10時間、京都11時間、兵庫12時間、大阪、北海道は13時間と推定した。但し、北海道はフェリーを利用するので誤差が大きい可能性がある。推定に当たっては、出発地は原則各部隊の都道府県庁とし、到着地は活動地域の基礎自治体の役場とした。【図表101】

図表101　緊急消防援助隊の推定移動時間

推定移動時間	全体		一次派遣	
5時間未満	6	14.0%	4	20.0%
10時間未満	13	30.2%	11	55.0%
15時間未満	14	32.6%	5	25.0%
20時間未満	5	11.6%	0	0.0%
それ以上	5	11.6%	0	0.0%
	43		20	

※活動地域までの推定移動時間。北海道隊、沖縄隊を除き陸路を基準に、一般道・高速道を使用することを前提としている。実際には宿泊・野営をした部隊もあるが、それは考慮していない。以上の条件で筆者作成。

緊急消防援助隊は発令から活動地域まで5時間未満で到着するのは一次派遣隊の20%の4隊であった。その後、発令の時間が異なり三次派遣以降は、24時間から72時間後の到着であった。この派遣は最後の六次命令の茨城隊の2週間後まで続いた。

　他の組織も同様だが、例えば飛行場が使え輸送機やヘリが運用できるあるいはできない場合、港湾施設が使えるあるいは使えない場合等でも投入時間は変化する。さらに、季節、時間、天候も投入を左右する大きな要因である。フェリーで移動する予定の沖縄の災害派遣部隊が足止めされ、いわて花巻空港の県の防災ヘリ（「ひめかみ」）が、当日悪天候に阻まれ沿岸部へ飛行できなかったこと[69]などはその一つの例である。各組織の持つ機動力には大きな差がある。原則として各自治体内で活動する消防、警察と自衛隊では差があるし、海上保安庁は基本的には海上機動力（及び一部航空機）のみを保有している。東日本大震災を含め近年DMAT が自衛隊の航空機や艦船で移動する事例[70]も見られるようになってきたが、投射能力を考えるうえで各組織間の連携は今後の大きな課題の一つであろう。いずれにしても、被災地域と投入勢力の所属する場所との距離的な問題、発災の時間や気候等の自然環境の問題はその活動に大きな影響を与える。

6.4.1.2　広域緊急援助隊の活動

　広域緊急援助隊は阪神淡路大震災の教訓から 1995（平成 7）年 6 月 1日「災害対策のエキスパートチーム」[71]として編成された。
　広域緊急援助隊は以下の編成内容である。[72]
　1）現在人員 5,600 名（全国の総数）
　2）隊員は全て専任ではなく、兼任である。
　3）大規模災害発生時に広域緊急援助隊として活動する場合は、被災都道府県警察本部長の指揮下で活動する。（警察庁直轄部隊ではない）
　この広域緊急援助隊と他の派遣部隊により、最大 5,500 名（一日当たり）が、各県警の指揮下（岩手県警へは最大約 1.400 名、宮城県警へは最大約 3,900 名、福島県警へは最大約 3,000 名）に入り、避難誘導、行方不明者の捜索、検視、身元確認。パトロールなどの治安維持、交通対策など及び、福島第一原発事故対処の活動を行った。[73]

6.4.1.3　自衛隊の活動

　すでに整理したように、自衛隊の災害派遣は、要請権者からの要請に基づき出動する。その中心は都道府県知事であるが、発災後の要請は次のとおりである。11 日、14 時 52 分岩手県知事、15 時 02 分宮城県知事（14 時 50 分準備打診を連絡の後）、16 時 20 分茨城県知事、16 時 47 分福島県知事、16 時 54 分青森県知事、18 時 50 分北海道知事、翌 12 日午前 1 時千葉県知事からそれぞれの部隊に対し要請[74]があった。

　すでに近傍災害派遣[75]は行われていたが、被災地に所在する多賀城駐屯地や松島基地自体も被災し、一部機能が使用不能になった。なお、防衛大臣からは 18 時に大規模震災災害派遣命令[76]、19 時 30 分には原子力災害派遣命令が発令された。これを受けて、自衛隊は、地震発生当日から約 8,400 人の態勢を動員し活動を行い、また原子力災害派遣では「陸自の中央特殊武器防護隊を中核として、海・空自の要員を含めた約 500 名が活動した」[77]なお、菅（当時）総理から派遣規模を 10 万人にするようにとの指示[78]をうけ、3 月 28 日には 10 万 7,000 人（即応予備自衛官及び予備自衛官を含む）を超える態勢[79]になった。

　災害対応に関して自衛隊は、被災地域の部隊も含め、それ自体が「投入勢力」と捉えることができる。災害が発生したからと言って通常の業務がなくなるわけではない。災害とは無関係の通常の火災も起こるし、救急搬送の病人もでる。犯罪も起こる。その意味では消防や警察はその業務を継続しながら災害対処も担当することになる。自衛隊も、本来任務でありかつ主たる任務である「国防」も気を抜くことはできない。実際に 2011（平成 23）年の緊急発進（スクランブル）実施回数は前年の 386 回より増え 425 回となっている。火箱陸幕長（当時）は、当発災直後、熊本の 8 師団と那覇の 15 旅団には西部方面総監に対し「動かすな」と命じている。万が一の「尖閣諸島など南西諸島への対処」と当時噴火中の「新燃岳（霧島）」での噴火災害を念頭に出動を命じていない。[80]

　被災地岩手県に所在する陸上自衛隊第9師団の展開を整理する。自衛隊の各部隊は警備隊区を設定しており、災害派遣であっても、原則としてその計画に則り行動する。3月11日の発災後、岩手駐屯地に駐屯する各部隊は近傍を含み展開した。【図表102】

図表102　第9師団（岩手駐屯地）の初動（3月11日〜15日）

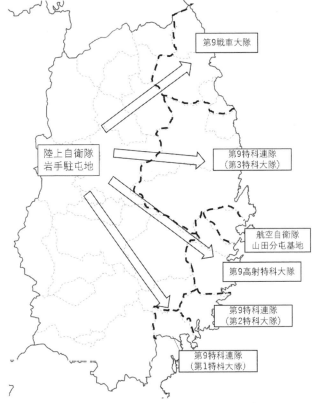

※「朝雲」3/17、扶桑社（2011）「MAMOR」vol.52、ジャパン・ミリタリー・レビュー（2011）「軍事研究」pp.28-37、火箱芳文（2015）「即動必達」マネジメント社、平成23年（2011年）東北地方太平洋沖地震に対する自衛隊の活動状況（3/11〜3/20）及び、当時の自分のメモなどをもとに筆者作成

　岩手県を警備隊区とする第9師団は、沿岸部の津波被害が甚大であることから、それぞれの部隊を担任する地域へ派遣した。3月14日、東日本大震災対処のための統合任務部隊（JTF）、「災統合任務部隊」（JTF-TH）が防衛大臣の命令[81]で陸上自衛隊東北方面総監を指揮官とし編成された。陸海空、三自衛隊が統合運用されることになる。この頃になると、全国の応援部隊も被災地域に集まるようになってきた。そこで当初の活動地域からの部隊の移動、転地[82]が行われるようになる。【図表103】

図表103　岩手県における担当部隊の転地（3月16日以降）

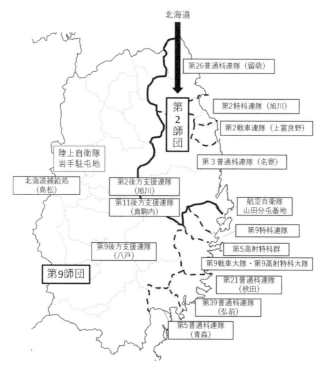

※「朝雲」3/17、扶桑社（2011）「MAMOR」vol.52、ジャパン・ミリタリー・レビュー（2011）「軍事研究」pp.28-37、火箱芳文（2015）「即動必達」マネジメント社、平成23年（2011年）東北地方太平洋沖地震に対する自衛隊の活動状況（3/11~3/20）及び、当時の自分のメモなどをもとに筆者作成

　岩手県北部には新たに、北海道旭川に司令部を置く第2師団が南下し
それぞれの場所に配置される。それに伴い、当初の第9師団の部隊はさ
らに南へ転地することになる。しかしこの被災地域へ投入できる「投入
勢力」のある意味のストック、縦深性は軍事組織の特徴でもある。この
あと運用と転地を繰り返しながら災害対処をおこなっている。

　一方、元々の警備隊区では、避難訓練等で自衛隊と自治体、あるいは
住民との平素の交流[83]もあり、そこを離れ移動することに、一部に自治体
からのクレームがあったという。[84]それは、一部自治体が機能を失う中、
地震災害、津波災害、原発事故災害と、多方面の対処を同時に行わざる
を得なかった。

6.4.2　東日本大震災への対処と人命救助

6.4.2.1　72時間の壁と被害者数

　発災時もっとも意識すべきなのがいかに早く状況に対処するかである
ことは間違いない。医療の分野のみならず近年防災、特に人命救助で意
識されるようになった概念[85]「72時間の壁（Golden 72 Hours）」は重要な
概念の一つとして捉えられている。しかし一方、この72時間の概念はあ
くまで目安の一つとして捉えるべきで、災害の様相、要救助者の置かれ
ている状況に応じて、その時間が変わることは言うまでもない。

　発災がシステム稼働のトリガーであるならば、応急対応期の肝はまさ
に初動にある。一方現場は災害の状況を把握する作業と並行して人命救
助に当たるが、その発災時刻や気象状況など様々な外部要因がそれらの
作業に大きく影響する。航空自衛隊松島基地司令の「最初の一週間が勝
負だ」という言葉[86]はこれを表している。

　ところで、人的被害の計上は各機関等によりずれが生じる。集計上の
誤差に加え、特に死者に関しては直接死と関連死を合わせるか合わせな
いか、また関連死への分類の判断によるばらつきが起こる。そこで、死

者、行方不明者数について、消防庁発表によるものと各県の発表を比較してみる。【図表104】

図表 104　人的被害比較

Ⅰ 消防庁による

犠牲者数	死者	行方不明者
岩手	5141	1114
宮城	10585	1221
福島	3888	224

Ⅱ 各自治体による

犠牲者数	死者	（直接死）	（関連死）	行方不明者
岩手	5143	4674	469	1113
宮城	10566	9638	928	1219
福島	4134	1605	2304	1

※ Ⅰは「消防庁災害対策本部「平成23年(2011年)東北地方太平洋沖地震（東日本大震災）について（第159報）」より。Ⅱは「いわて復興だより第152号　令和元年8月号」（岩手県復興局復興推進課）、宮城県HP　地震被害等状況及び避難状況　2020/3/10、「平成23年東北地方太平洋沖地震による被害状況速報（第1763報）」令和2年3月5日、福島県災害対策本部を参考に筆者作成。

　消防庁発表の死者数は集計時点までの災害関連死の追加も計上しているので、災害関連死が発生している限り数値が増え続けることになる。
　救助活動において、それが72時間であるか否かは議論があるにせよ、救助活動において、初動、初期活動が大切であることは間違いない。ただ、この72時間の使われ方に混乱が見られる。例えば一般財団法人関西情報センター　新事業開発グループの地区防災計画促進のためのパンフレット「災害が起きたら、あなたはどうしますか？生死を分けるタイムリミットは72時間」[87]や千代田区「大地震を乗り切る職場の72時間サバイバル計画」[88]などでは、被災者が自力で生きるための食料の備蓄や携帯ラ

ジオなどを即す内容で、要救助者が直面する医学的な生存確率とは別の意味で使用されている。大規模災害に於ける現実の救助データから見たのが、次の阪神淡路大震災での救助者数である。【図表105】

図表 105　発災直後の救助者数（阪神淡路大震災）

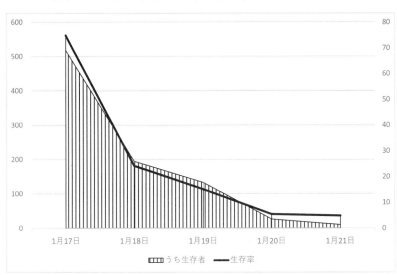

単位：（人）

発災後3日間での救出人数は2381人、うち生存者は1日目518人、2日目195人、3日目133人、救出人数に占める生存者の割合は74.9%→24.2%→15.1%と急激に低下する。
※近畿地方整備局（2002）「阪神・淡路大震災に学ぶ」を参考に筆者作成。
https://www.kkr.mlit.go.jp/plan/daishinsai/1.html

　既に整理したように阪神淡路大震災での人的被害は、死者6,434名、行方不明3名である。犠牲者の死因は、窒息・圧死が77%、焼死・熱傷が9%、その他が14%という事であった。[89]少なくとも3,074人の「生存者が救出できた」のが発災後ほぼ4日間、発災後3日間でそのうちの77.4%、2,381人が救出された。ただし、この数は公的機関により救出された人数で、その他、建物等の下敷きになった人々の8割は近隣住民等に救出され

ている。[90] 阪神淡路大震災は未明の都市を襲った地震災害であり、多くの人が在宅中に被災し、一部火災も発生した。

　次に東日本大震災の救助者数を見てみたい。公的機関、消防、警察、自衛隊、海上保安庁による救出者を合計して算出したものである。救助者数の数を見ると、最初の三日間で全体の救助者数の98.7%、26,385人が救出されている。その後も生存者が救出されるが、やはり発災後の三日間に多くの生存者が救出されている。【図表106】

図表 106　発災直後の救助者数(東日本大震災)

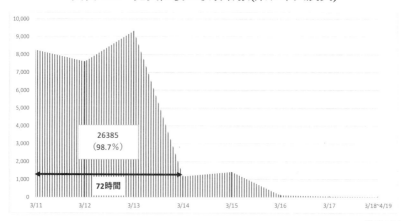

単位(人)

98.7%はこの期間の4組織合計の全救助者数26,707人に対する割合。

※出展等、以下資料をもとに筆者作成
内閣府「平成23年版防災白書」表1-2-2 救助等総数
http://www.bousai.go.jp/kaigirep/hakusho/h23/bousai2011/html/hyo/hyo016.htm
内閣府「平成23年版防災白書」第1部第1編第1章2（4）＜2011年7月＞
緊急災害対策本部「平成23年（2011年）東北地方太平洋沖地震について」
http://www.kantei.go.jp/saigai/pdf/201104091700jisin.pdf
自衛隊の救助者数合計は「防災白書」を参考にし、日別実績については「防衛白書（平成23年版）」p195、国土交通省HP内の資料
http://www.mlit.go.jp/common/001124783.pdf
及び、防衛省による報道発表「平成23年（2011年）東北地方沖地震に対する自衛隊の活動状況」を参考に筆者作成。

　被災地域では 11 日は所により雪も降る天気であったが、夜には寒さは
厳しかったが天気が回復してきたことは救助活動にプラスに作用した。
災害がいつ起きるか、時間や季節によっても被害の大きさが変化する。
またどのような気象条件で起きるかによっても被災者自身はもとより救
助活動に大きく影響し被害の内容を左右する。
　次に、各機関（消防、警察、自衛隊、海上保安庁）による発災後の約
一週間の救助者数について整理する。【図表 107】

図表 107　初動救助者数

日付/組織	消防	警察	自衛隊	海保	四組織計
3/11	3	32	8,202	18	8,255
3/12	641	397	6,362	229	7,629
3/13	3,728	1,631	3,944	28	9,331
3/14	238	448	465	19	1,170
3/15	2	1,183	203	24	1,412
3/16	0	27	77	24	128
3/17	0	29	26	1	56
3/18~4/19	2	2	7	17	28
計	4,614	3,749	19,286	360	26,707

（人）

※出展等、以下資料をもとに筆者作成
内閣府「平成 23 年版防災白書」表 1-2-2 救助等総数
http://www.bousai.go.jp/kaigirep/hakusho/h23/bousai2011/html/hyo/hyo016.htm
内閣府『平成 23 年版防災白書』第 1 部第 1 編第 1 章 2（4）
＜2011 年 7 月＞
緊急災害対策本部「平成 23 年（2011 年）東北地方太平洋沖地 震につい
て」
http://www.kantei.go.jp/saigai/pdf/201104091700jisin.pdf
自衛隊の救助者数合計は『防災白書』を参考にし，日別実績については
『防衛白書（平成 23 年版）』p.195、国土交通省 HP 内の資料
http://www.mlit.go.jp/common/001124783.pdf
及び、防衛省による報道発表「平成 23 年（2011 年）東北地方沖地震に対
する自衛隊の活動状況」を参考に作成した。

注 1）3/18 から 4/19 合計。警察の救助者のうち 1,302 名は消防と共同
注 2）消防機関の救助者数は自治体発表などでは別の数字のものもある。
本稿では総務省消防庁発表の数字を使用している。

　いうまでもなく、ここでは組織別の人命救助作業等の優劣を比較することは目的ではない。自衛隊の救助者数は実動組織の中では他を凌ぐが、投入人数や役割などを総合的に考えねばならない。例えば、災害対処の中心組織である消防は人命救助の他、火災対処、救急対処あるいは地元消防団などは、水門開閉、避難誘導等、警察は人命救助の他、交通誘導、治安維持など多岐にわたる。また海上保安庁は投入リソースも他の組織に比べれば少ない上に、活動範囲も海上とその周辺である。この活動は「大規模災害対処システム」のなかの「実動システム」による人命救助活動が中央組織、地方組織問わず全体としてどのように機能したかに着目したい。

6.4.2.2　投射能力と対処能力

　大規模災害の対処では人命救助が最優先される。実動システムの最大の目的は徹底的に人的被害を少なくすることであり、その為には如何に早く助けを待つ人々の地域で適切に活動を開始できるかが大きなポイントになる。前述したこの能力、すなわち「投射能力」が重要になる。人命救助に一応の目途がつけば、人命捜索や生活支援など応急対応の様々な活動が開始される。これら諸活動が適切に進めることも人命救助同様実動システムの重要な機能である。本書が着目しているこの応急対応期の諸活動において、実動システムに区分される各組織のもつ危機、災害に対処する能力、この「対処能力」はその活動結果、例えば被害の低減など大きく関係する。対処に当たる組織が、被災地域でいかに早く組織を展開させるかは、その後の活動や結果を左右する。他方、展開する消防、警察、自衛隊、海上保安庁のリソースは当然有限である。現在（2015〜2017年）の投射能力の限界は、計算上、全勢力で総人口に対処した場合、いずれかの組織に所属する1名の隊員が71名を担当することになる。また実動システムの中の陸上を中心とした勢力（消防、警察、陸自）でみればそれが90人に1名の割合になる。【図表108】

図表 108 各組織 1 名当りの対応人数 (投射能力の上限)

総人口 (2015年)	消防			警察	海保
	消防吏員	消防団員	小計		
127,095,000	160,649	859,995	1,020,644	258,076	13,208
隊員1名当たりの人口数	791	148	125	492	9,623

自衛隊						
陸上	海上	航空	小計1	即応予備	予備	小計2
138,168	42,209	43,099	223,476	8,175	47,900	279,551
920			569			455

全勢力	陸上勢力 (注)
1,794,955	1,416,888
71	90

※総人口、消防・警察の人数は、統計局「統計でみる都道府県のすがた」より、自衛官数は防衛省『平成 27 年版防衛白書』、海保は海上保安庁『海上保安レポート 2014』を参考にした。なお自衛隊の即応予備、予備自衛官および海上保安庁の人数は定員数、それ以外は現員数。ただし警察の人数は警視正以上のものを除いた数。　　　　※筆者作成

　もちろん現実には、消防警察は、各地域での通常の対応を続け、自衛隊も、全勢力を投入することはできない。大規模の投入が為された東日本大震災ですら自衛隊は全人員の約 40％であった。

　どのような災害が起ころうとも、その時点で準備されているリソースでそれに対処するほかなく、この点に関して政府・行政にできることはそれ以上でもそれ以下でもない。その意味で、平素どのようなリソースを整備するかは非常に重要な問題であるが、先に整理したように、あらゆる災害（危機）に完璧に対応させることは難しい。仮に東日本大震災の人的被害をさらに抑え込む推論の結果を考えれば、東日本大震災のケースですでに推計したように、投入勢力の人員だけを考えた場合、すべ

ての被害者を救出しようとすれば、それぞれの組織を168％、すなわち現状より7割近く増員する必要がある。

　また組織を十分に展開するには、人数のみならず機動力の確保も重要になる。徒歩で移動するのか、車両で移動するのか、あるいは船や航空機を使うのか。仮にそれらを保持していても、天候はもちろん、がけ崩れや橋梁崩落など被災地域の状況により、移動できないケースは少なくない。つまり、十分に展開するだけの人員や装備、すなわち投射能力をある程度備えていたとしても、各組織と被災地の位置関係も考慮する必要があ

図表 109　投入勢力と被災地域

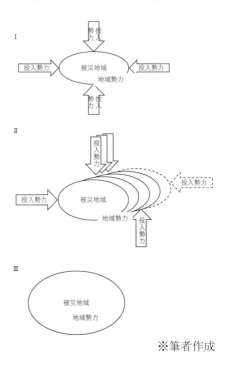

※筆者作成

る。そこでその位置関係について、三つのモデルを考えてみる。【図表109】

　モデルⅠは、単一の災害で、被災地域へ全方位から応援の勢力を入れることができる状況である。この場合、救助担当者は投入勢力を被災地のどこに投入し活動させるかを中心に考えることができる。阪神淡路大震災はこのモデルと考えられる。Ⅱのケースは、被災地域が複数ある場合、また、災害の種類が複数ある場合の複合災害などで、それぞれの被災内容に応じた対処と、投入勢力を分配する作業が加わる。この場合、投入勢力の大きさは、被災地域の数が増せば相対的に小さくなる。東日本大震災はこのケースと考える。

　以上二つのケースは、いずれも甚大な被害をもたらせる災害ではあるが、その被災地域以外のいわば無傷の地域から応援に入ることができる。それに対し、対処が難しいのがⅢのケースである。これは投入勢力として想定していた勢力、人員をも、被災地域の中にあり被害を受けている場合である。世界的なパンデミックなどはこのケースにあたる。また災害ではないが戦争（とくに総力戦）もこのケースと言える。

　もちろん、どのような現象に着目するのか、あるいはそれぞれの災害の広がりや強さに応じてケースは変化する。阪神淡路大震災でも、火災に着目すれば、地震後1時間以上経過しても断続的に285件の火災が発生[91]しており、それぞれの場面ではケースⅡと言えるし、地元消防隊、ここでいう「地域勢力」に着目すれば、ケースⅢともいえる。

　これらモデル化で理解が深まるのは、いずれのケースも「地域勢力」はもちろん「投入勢力」が有限であるという事である。そして例えばⅢのケースなどでは、状況によっては対処に当たっている人々も被災していく可能性が高い状況をあらわしている。

　加えて、このような展開時に大きく影響を与えるのが地理的要因である。災害対処では、地理的要因には二つのポイントが存在する。ひとつは、災害発生時の季節、時間、天候および場所である。例えば地震災害を考えても、真冬に発生するのか、真夏に発生するのか、日中の発生か、夜中の発生か、その日の気象状況など、その状況により、対処、救助の阻害要因になるし、被害も大きく変わる。阪神淡路大震災は冬の早朝の発生であったが、例えば通勤時間帯などさらに人の動きが激しい時間の発生であれば、人的被害は大きく変化したと予想できる。東日本大震災の発生は被災地域がまだ寒い3月の発生であった。地域にもよるが当日は悪天候で偵察活動や救助活動に支障をきたした。

　被災地域の地理的要因が被災者の生存やその救助活動などに大きく影響を与えることに加え、他の地域から応援に入る勢力に対してもその活動に大きく影響する。大規模災害の場合、その被災地域だけで対処できることは少ない。その地域に配置されている「地域勢力」は救助者であ

るとともに、多くの場合被災者でもある。そこでその「地域勢力」に加えて他の地域から応援部隊として派遣される「投入勢力」がなるべく早く被災地域に投入されることが重要だが、既に各組織の初動対応および実動システムの展開で述べたように、その投入勢力の位置もその後の活動に大きな影響を与える。抑え込む対象としての災害に着目すると、災害が発生した地域の「地域勢力」が通常持てる能力のみで封じ込めることのできる災害と、他の地域からの増援（「投入勢力」）が必要なケースがある。【図表110】

図表110　「地域勢力」と「投入勢力」

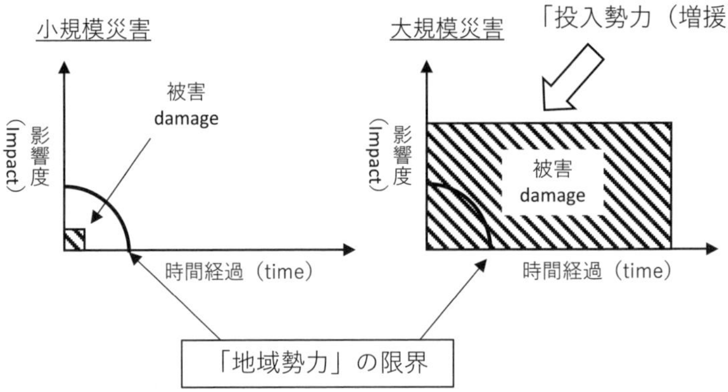

※筆者作成

　もちろん、災害がある限られた地域で単独で発生したようなケースでは地域勢力で十分対処できても、個々にみれば単独の災害でも、対処すべき数、例えば地域が増えていくと対応限界を超えるケースも考えられる。広範囲に被害を及ぼす大規模災害などは、この状況が発生する。
　以上のように、実動システムの持つ対処能力、とりわけ「投入勢力」は、危機、災害の対処に大きく影響する。なお、ここで言う対処能力には二つの側面がある。ひとつは、ある災害に対応するためその組織に備わっている実体としての能力、そして、各組織の目的や任務など法律で定められた仕組みを含めたシステムである。前者は、例えば移動に使用

する車両や航空機、船舶などや、人命救助の現場で使用する、エアージャッキやエンジン式削岩機、防護服など装備[92]やそれらを駆使し活動する個人あるいは集団が備えるスキルであり、後者は例えば、消防組織がどのような活動ができるかを規定している消防法令などである。

6.4.2.3 人命救助と投入リソース

　東日本大震災に対し、消防、警察、自衛隊、海上保安庁がどの程度の勢力を投入したのかについて整理してみたい。それぞれの組織が持つリソースを被災地域に展開する能力、すなわち安全保障でいう戦力投射能力（power projection capability）を意識している。例えば、実動システムの一つ、自衛隊が災害派遣の要請を受けた場合、災害の様相はもちろんだが、まず留意するのは、現在対処している他の組織のリソースであるという。[93]自然災害の場合、第一義的に対処するのは消防であるが、消防や警察のリソース、すなわち人的、技術的あるいは装備などでの対処の可否は、災害派遣検討の重要なポイントである。

　さて、大規模災害など応援を必要とする災害の場合、被災地域に元々常駐している勢力とその地域に応援で入る勢力について考える必要がある。当然のことだが、発災当初、主として地理的理由から人命救助等への対処はその地区における現有勢力で対処するほかない。地域における対処能力を超えた災害の場合、被災を受けていない他の地域から応援の勢力（投入勢力）が逐次投入される。東日本大震災における発災から一週間の投入勢力（累計ではなくその時点での数）は次のとおりである。【図表111】【図表112】

　通常、海上保安庁の海上部隊、海上自衛隊の海上部隊及び航空部隊、航空自衛隊の航空部隊については、艦船艇数、航空機数で公表されているが、マンパワーに着目していることから、人員に換算して把握している。

図表 111　組織別初期投入人数（表）I

| （日付） | 消防 | | | 警察 | | | 自衛隊 | 海保 | 4組織計 |
	3県常備消防・消防団	緊急消防援助隊	小計	3県警察	広域緊急援助隊	小計			
3/11	88,007	1,424	89,431	8,500	2,300	10,800	8,400	7,310	115,941
3/12	88,007	2,236	90,243	8,500	2,750	11,250	20,000	6,225	127,718
3/13	88,007	3,952	91,959	8,500	3,200	11,700	26,000	3,583	133,242
3/14	88,007	4,588	92,595	8,500	3,650	12,150	50,000	3,462	158,207
3/15	88,007	4,520	92,527	8,500	4,100	12,600	50,000	3,462	158,589
3/16	88,007	4,900	92,907	8,500	4,550	13,050	50,000	3,502	159,459
3/17	88,007	5,812	93,819	8,500	5,000	13,500	50,000	3,504	160,823
3/18	88,007	6,016	94,023	8,500	5,450	13,950	106,000	3,414	217,387

（人）

※　以下出展等と実数がない場合は以下のルールをもとに筆者作成。尚、人数には出動準備中のものも含まれる。

・消防：「平成23年（2011年）東北地方太平洋沖地震」、3/17消防　「平成23年（2011年）東北地方太平洋沖地震」（第54報）平成23年3月17日（木）20時30分消防庁災害対策本部、岩手宮城福島および緊急消防援助隊合計
・警察：国家公安委員会・警察庁編『警察白書平成24年版』p.21、中野寛成国家公安委員長の会見（バック・アップ『ポリスマガジン』2011年5月号pp.26-32）から3/11、3/17、広域緊急援助隊は3/11の初期投入数から3/17まで及び3/18は等比計算。
・自衛隊：「平成23年（2011年）東北地方太平洋沖地震に対する自衛隊の活動状況」より。
・海保：海上保安庁の救助活動は、特殊海難等以外は艦船、航空機数で発表されているため、保有艦船の平均的な乗組員数で換算し計算した。巡視船、巡視艇、航空機（大型巡視船は100-40名、中型40-30名、小型20名、巡視艇10名、測量船等その他の船舶50名、航空機は固定翼、回転翼とも4名換算で計算）尚、海上保安庁の活動範囲（活動人員）は東北沿岸以外も含んでいる。

　この中でも消防、特に地域で活動している消防団（岩手23,420名[94]、宮城21,681名[95]、福島34,799名[96]）がもっとも多い数となっている。消防団は被災地域で自らも被災者でありながら活動を行った。その消防団員は岩手県で119名、宮城県で108名、福島県で27名の死者及び行方不明者を数えている。[97]（平成24年9月11日時点）

図表112　組織別初期投入人数（グラフ）Ⅱ

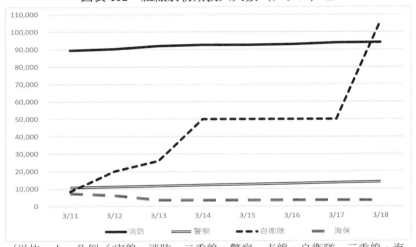

（単位：人、凡例／／実線：消防、二重線：警察、点線：自衛隊、三重線：海保）　　※筆者作成

　さて、投入された、大規模災害システムの実動システムの活動概略は以上だが、この投入リソースは、前述した72時間の壁を意識した時に、大きく二つに分けて考える必要がある。それは元々地域に配置されているいわば「地域勢力」、大規模災害が発生したことにより、他の地域などから応援などで投入される「投入勢力」である。例えば一週間後に応援で被災地域に入っても、人命救助という意味では、効果は低い。そこで以下「地域勢力」と「投入勢力」を分けて考え、まずは「地域勢力」について整理する。

　ここで取り上げている、消防、警察、自衛隊、海上保安庁でいえば、

消防については、被災地の消防勢力が地域勢力である。特に消防団は被災地域、被災者、要救助者に最も近くその活躍が期待される。また地域警察も同様、警察署や交番を中心にその力が発揮されることが期待される。このように消防、警察は日常的な業務の延長として救助も位置付けることができそれ自体「地域勢力」と考えることができるのに対し、自衛隊は、災害救助といえども、前提として、前述した法的要件を満たし原則として要請と命令ののち組織として動き出すという点で「投入勢力」と考えるのが妥当である。海上保安庁はその両方の性質を持つが、主たる活動領域が海上であり船艇の活動が中心になるという点を考慮しなくてはならない。

被災東北三県は、常備消防、消防団合わせて 88,007 名、三県県警合わせて 8,500 名であり「地域勢力」は 96,507 名である。しかし、この勢力すべてが被害の大きな地域での活動にあてられるわけではなく、通常業務との調整の中での対処となる。

危機事態、特に大規模災害はその発生に際し、時間的、地理的、あるいは規模など不確実な要因が多く、その様相を事前に確定し対処するのは難しい。特に人命救助という意味では残念ながら運に左右されることが少なくない。阪神淡路大震災当時の仕組み、システムを見るまでもなく、初動の重要性と、外部からの応援体制、投入勢力をいかにスムーズに展開するかが、大きな課題となる。これは防災政策、防災法制や防災計画を考えるうえでも重要な点である。

6.5　統制システムの対処と課題

大規模災害が起きた直後は、防災関連法案の制定数の増加や、災害関係予算には「政策の窓」が開かれる傾向が表れている。災害を体験することにより、政治家や行政官を含めた国民の関心がその状況に向くことで、法改正や計画の修正、あるいはその被害からの復興に多くの予算が支出される。

　さらに、大規模災害の発生により災害を直接的に受けたか受けていないかにかかわらず、連日の報道などで国民の関心も増し、その国民やメディアからの批判、政治家や行政官自身の意識の変化などから、それまでの不備の修正のための法改正、あるいは新しい法律が制定され、防災計画の不備を修正するために内容の変更が行われる。しかし、その修正は既に過ぎ去った災害から得られた教訓をもとにしている。「統制システム」は過去の災害の経験や、その教訓、知見がベースとなっている。他方「実動システム」は、今まさに目前で起こっている危機、災害に対応することを求められている。国であれ自治体であれ、あるいは個人ですら、ここに越えられない壁が立ちはだかる。

　以下、東日本大震災への対応に関し、いくつかの具体的な事例を「統制システム」に焦点を当て概観し、「計画と現実の不整合」「個別システム間のインターフェイスの課題」「法律間の齟齬」について考えてみたいと思う。

6.5.1　「計画と現実の不整合」～大川小学校と大槌町の事例

　我が国の防災計画は中央防災会議の策定する防災基本計画を頂点に、地方防災計画、地区防災計画へと下りてくる構造になっており、その統一的な体系により災害に備えている。もちろんそれは地域ごとの特色を充分に織り込み実効力のあるものを理想とする。また、公共施設である学校なども、学校防災計画（学校防災マニュアル[98]、防災以外も包括した学校危機管理計画など）を策定しているところもある。ここでは、防災計画等と現実の災害との関係について、二つの事例について考えてみたいと思う。

（a）大川小学校の事例[99]

2011（平成23）年3月11日（金）14時46分、三陸沖を震源とするマ

グニチュード 9.0 の地震が発生した。石巻市立大川小学校では、地震当時在校していた児童・教職員が校庭への二次避難を行ったが、その後、保護者等への引渡しにより下校した児童 27 名を除く児童 76 名、教職員 11 名が津波に遭遇し、うち 5 名（児童 4 名、教職員 1 名）を除く多くの児童・教職員が被災した。

　石巻市立大川小学校は宮城県石巻市釜谷山根に所在していた児童数約 100 名の小さな学校である。すぐ近くを北上川が流れ、学校の裏には小高い山（西宮山）がある。現地を訪れると、一瞬山に囲まれた、山の地域のような印象を受けるが、横を流れる北上川は約 4 キロ先が河口である。【図表 113】

図表 113　大川小学校周辺図

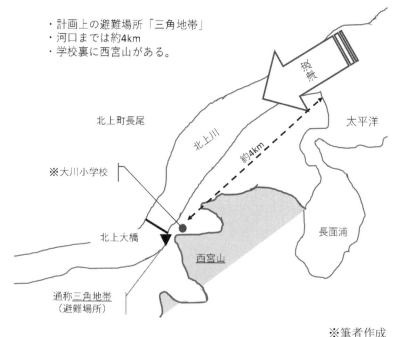

・計画上の避難場所「三角地帯」
・河口までは約4km
・学校裏に西宮山がある。

※筆者作成

　当時の「防災計画」をめぐる状況について報告書には「震災当時の大
川小学校における災害対応マニュアルには、一部に津波に関する記述が
加えられていたが、津波を想定した避難行動や三次避難場所の検討等は
なされなかった。校庭からの避難先である三次避難場所は、地震を想定
した平成19年度のマニュアルの記載（近隣の空き地・公園等）がそのま
ま踏襲されていた。マニュアルには児童引渡しのルール等が記載されて
いたが、保護者に対する周知は行われておらず、引渡しの仕組みは未完
成のままだった。また、津波を想定した避難訓練や児童引渡し訓練は行
われていなかった。」という。つまり、一応学校としての計画は作られて
いたが、不備があったという。[100]

　地震発生後、校庭で点呼をし、地元住民も集まってきた中、教職員及
び地元住民が避難場所についての相談をする中で「山は危ない」との認
識が形成されてきたという。また「その時点では津波に対する危機感を
強く感じていなかったこともあいまって、山への避難は行わないという
意思決定がなされたものと考えられる。」[101]とする。

　また「石巻市の地域防災計画では、宮城県の「第三次地震被害想定調
査」に示された宮城県沖（連動）を想定地震とし、この想定に基づいた
津波浸水予測図を用いてハザードマップが作成され、市民等に配布され
ていた。大川小学校は、津波の予想浸水域から外れており、津波の際の
避難所となっていた。」[102]

　この事案の場合、「想定」と「現実」の不整合、ズレのみならず、それ
に基づく計画でも、少なくとも東日本大震災への対応には不備があった
といわざるを得ない。また意思決定における認識のズレなどもみられる。
事故の背景や法的な責任についてはすでに結審した裁判[103]でのやり取り
に譲るが、想定や計画、あるいは認識に多くのズレが重なった。

（b）大槌町役場の事例[104]

　岩手県大槌町は宮古の南釜石の北、三陸沿岸部の中央に位置する人口

およそ 1 万 2 千人の町である。東日本大震災当時、町役場は大槌川の河口近くにあった。【図表 114】

図表 114　大槌町周辺図

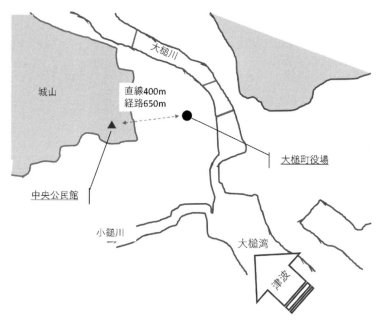

※筆者作成

　2011 年 3 月 11 日地震を受け庁舎内にいた多くの職員は外に避難したが、それが収まると庁舎内に入り、余震が起こると外へ出るとの行動をしている。そうこうしているうちに、外庭に「災害対策本部員会議や情報収集等災害対策本部の運用場所の設置が始まった」[105]という。
　この災害で大槌町役場では、役場庁舎勤務者 57 名の内休暇中の者を除き、町長など幹部職員を含み庁舎内等で 39 名が犠牲になり自治体としての機能を失った。

　大槌町における災害対策本部と初動の困難さについて、東日本大震災発生当初の岩手県大槌町の事例を「東日本大震災津波における大槌町災害対策本部の活動に関する検証報告書（平成29年7月）」[106]をもとに整理する。

1　犠牲者の状況
　災害対策本部の対応のため役場前駐車場にいた者：20名
　災害対策本部の対応のため役場庁舎内で待機していた者：8名
　出張先から帰庁中だった者：5名（畜産公社職員を含めれば6名）
　避難所対応のため移動中だった者：3名
　町内から勤務公所に向かって移動中だった者：2名
　　　計38名（39名）

　災害対策本部の設置について「災害応急対策計画」では、①相当規模の災害が発生した場合②大津波警報が発表された場合③町の区域に震度5弱又は5強の地震が発生した場合は1号非常配備となり、全管理職、各避難路、避難所に職員が配備されることになっている。さらに①大災害が発生した場合において、本部のすべての組織、機能をあげて災害応急対策を講ずる必要があると認められた場合②町の地域に震度6弱以上の地震が発生した場合は2号非常配備で、全職員が配備されることとなっていた。また「津波対策編」では、震度5弱以上の地震が発生した場合や津波警報、大津波警報が発表された場合は非常配備で、全職員の動員配備になっていた。
　一方、職員に配布されている「大槌町職員用防災手帳」では、相当規模の災害が発生した場合は1号非常配備ですべての管理職が、津波警報や大津波警報が発表された場合などは2号非常配備で全職員が配備されることとなっていた。
　また、本部の位置は、本編災害応急対策計画で大槌町役場となっており、「役場庁舎が被災し、本部としての使用に耐えないと見込まれたとき」

は、仮設本部を下記に設置するものとするとして中央公民館を挙げている。なお、この本部の位置に関する規定は、震災対策編には同様のものが定められているが、津波対策編には定められていない。震災対策編では、津波についても想定しているが、この両編の関係が不明瞭であった。

　一方「大槌町職員用防災手帳」の「地震津波災害における行政と自主防災組織等の災害応急対策に係るシナリオ」の中の災害対策本部・情報の部分に「○震度速報、津波警報の受信　○非常参集、災害対策本部設置→職員も避難、本部を中央公民館に設置」と記されていたという。

　当時大槌町にあった災害に対する職員の行動指針が「地域防災計画」と「大槌町職員用防災手帳」と二つ示されていたことは、混乱を助長する要因の一つになっていたと推測される。他方でこの調査報告書では犠牲者について、作成した町自ら「防げた」犠牲だと認識し作成されている。町がこのような報告書をまとめるには多くの困難があったと思うが、実際の被災経験、その反省からいかに多くの教訓を得て次の災害への対処に備えるかは重要である。

　さて、この二つの事例を「計画と実行」に着目してみると、大川小学校では計画自体の不備に加え実行に至る意思決定にも不備があり、実行（避難行動）自体にも問題があったと言える。計画、例えば防災計画、避難計画はそれの実行段階で意思決定の過程を経て実行に移される。この三つの過程全てで不備があれば、大きな被害につながる。残念ながら大川小学校の事例はそれを示している。大槌町役場の事例は、計画の不備（混乱）、意思決定の不備（混乱）に加え実行（避難行動）もしないかあるいは混乱があった。大規模災害に直面すると誰もが混乱し、通常時であれば難なくできる正常な判断や行動ができなくなる例は少なくない。被害を極小化するには、計画の精度はもちろんだが、それにもまして各場面での判断「意思決定」が重要な要素になる。この意思決定は計画を実行に移す段階のみならず、例えば避難の最中も、避難してからも様々な場面で常に要求される。「釜石の奇跡」といわれた岩手県釜石市立

釜石東中学校の生徒が、自身と、隣接する鵜住居小学校の児童、あわせて約570名の命を守れたのも、計画だけにとらわれない臨機応変な意思決定、行動をとったからだと言える。[107]

　政策や計画の中に被害を極小化するこれら様々な要因を織り込むという事は容易ではない。その上「法や計画」は、過去の災害を教訓に、制定時までの知見を基に未来の災害に対応することを想定し作られる性質上そもそも将来の危機事態に完全に対応させることは難しい。このように危機管理政策、防災政策には多くの限界が存在している。

6.5.2　システム内の調整、インターフェイスの問題

　大規模災害へ対処する組織、機関は多岐にわたることから、それらを統合、総合し運用することは難しい。特に実動組織は指揮命令系統がそれぞれ厳格に決められており、変則的あるいは例外的な命令にはなじまない。それはそれぞれの組織が、自らの目的、任務のために統一された行動をするために当然であるし、また場合によっては人命がかかる命令の責任の所在を明確にする意味もある。他方、非常時は例外的な事案が次々に起こり、また東日本大震災の対処のように、いくつかの組織が同じ目的、任務をもって活動しなければならないことがある。

（a）福島第一原発事故災害対処と指揮権

「統制システム」と「実動システム」にまたがる政策の限界についての災害現場における象徴的な事例を加えたいと思う。東日本大震災の被害の甚大さは人々の脳裏に強く焼き付いている。なかでも福島第一原発事故は連日のセンセーショナルな報道[108]も手伝って、人々の不安を増大させた。このような中、注目されたのが福島第一原子力発電所3号機の使用済み核燃料貯蔵プールへの放水作業であろう。3月17日自衛隊のヘリによる空中からの放水、[109]そして地上からは警視庁の機動隊員等 13 名

が放水銃を備えた「高圧放水車」の投入放水[110]が行われた。以降、民間の圧送車等[111]による注水及び発電所における電気系統の復旧作業が完了するまで[112]の約1週間、警察、消防、自衛隊による放水作業が行われた。【図表115】

図表115　福島第一原発放水作戦

		消防	警察	自衛隊	
統制	指揮命令	自治体	公安委員会	国	
	放水命令	内閣総理大臣より東京都知事へ、総務大臣より各市町村長へ要請（注1	経済産業大臣より要請（注2	内閣総理大臣指示	
	活動期間	3/19-3/25	3/17	3/17・18・20・21	3/17
実働	使用車両等	屈折放水塔車	高圧放水車	消防車MB-1型改2	CH-47J
	放水実績(t)	4227	44	340	30

注1)　消防庁『平成23年版消防白書』p.42
注2)　警察庁『平成23年版警察白書』p.9
※上記白書の他、防衛省『平成23年版防衛白書』p.15、朝雲新聞社『自衛隊装備年鑑2012-2013』p.357、イカロス出版（2012）『自衛隊災害派遣装備パーフェクトガイド』、同（2012）『JPOLICE』vol.3、などを参照し筆者作成。

　本書ではこの作戦を「統制システム」としての作用に着目し整理する。指揮命令に関して国（緊急災害対策本部長である内閣総理大臣）には消防、警察に対しての直接の指揮権がない。したがって「要請」という形で指示をしている。これに対して、原子力災害への自衛隊の対応は、内閣総理大臣の命を受け原子力災害派遣（自衛隊法第83条の3及び原子力災害対策特別措置法第20条4）に基づく行動という事になる。放水は警察、自衛隊が17日、消防が19日からの作業になった。[113]指揮権限に関して永田（2013：148）は「消防が国にとって使いにくい組織であった」事、それは「消防は完全に市町村の管轄する事務である。国とは関係のない別組織」であることをあげている。

　ただ、放水作業に関しては平成23年3月20日、原子力災害特別措置法第20条第3項[114]を根拠に原子力災害対策本部長（内閣総理大臣）名の「指示書」が「防衛大臣」「警察庁長官」「消防庁長官」「福島県知事」「東京電力代表取締役社長」の5者宛てに発出されたと言われている。[115]内容は「1.福島第一原子力発電施設に対する放水、観測、及びそれらの作業に必要な業務に関する現場における具体的な実施要項については、現地調整所において、自衛隊が中心となり、関係行政機関及び東京電力株式会社の間で調整の上、決定すること。2.当該要綱の作業の実施については、現地に派遣されている自衛隊が現地調整所において一元的に管理すること。」というものであった。

　その行動に対してはきわめて厳格に運用されてきた自衛隊に対して「調整」や「管理」というやや曖昧な言葉が使われている。緊急時の指揮命令の運用についてどのように考えていくのか、どこまで法律で規定するか或いはしないかなども含め、緊急事態時の組織の在り方について考えさせられる事例である。[116]

(b) 既存の法律と災害対処 ～交通規制・私有地捜索について

　法律と救助等の活動との関係での交通規制の問題と、私有地捜索について整理する。阪神淡路大震災では、至る所で交通渋滞が起こり救助隊などの到着を阻害したことは大きな問題になった。交通規制も「当日は警察官による交通規制が行われたが、必要な人員に比較して規制に当たることのできる警察官の人員数は不足していた」[117]ことによりままならず、混乱が拡大した。このような状況は救助に入った自衛隊等の災害派遣部隊の移動にも大きな支障をきたした。そこで震災後に設置された「防災問題懇談会」の提言では、派遣手続きの簡素化の必要性の他、自衛官が人命救助、障害物除去のために必要な権限を法律上に明記すべきであるとされた。これを受け、前者は災害対策基本法の改正（第68条の2）で対応し、後者は、自衛隊法第94条[118]で対応した。第94条では災害派

遣時等の自衛官の権限として、一定の要件のもと、警察官職務執行法、海上保安庁法の当該規定の準用が可能になった。

　それぞれの組織の行動を規定する法律や内規、あるいは行動様式は思った以上に弾力性がなく、それを変更するのは簡単ではない。例示した交通規制や私有地捜索などや、福島第一原発への放水のように、即時に対処しなければならない状況、その時点での法律で規定された行動や権限が、対処ができない、あるいは対処に不具合を生じさせる場合、法律の整合性をとるために原則的には法律で規定された手続きが必要になる。危機事態、大規模災害等への対処の過程で、障害になる仕組み、「統制システム」内の何らかの変更には、時間や労力等のコストを必要とする。

6.5.3　法律間の齟齬　〜災害対策基本法と災害救助法の事例

　統制システムの中でも中心的な法令である「災害対策基本法」と「災害救助法」について、特に「責任主体」と「対応主体」という視点から整理した。その責任主体に関係する課題について、「救助の事務委任」と「救助」の解釈についての課題を事例として整理する。

(a)「救助の事務委任」についての対立問題

　災害対応についての最終的責任を負うのが国であることは言うまでもないが、「救助」に関しては法律的にも現実的にも実務は原則として都道府県および基礎自治体である市町村が行う。この中で特に注目したのが災害救助法にある都道府県の救助事務を市町村に委任する（災害救助法13条）「救助の事務委任」についての取り扱いである。「災害発生時においては、被災状況を迅速かつ適確に把握し、被災者に対し迅速に被災状況に応じた必要な応急救助を行う必要があるが、そのためには、基礎自治体である市町村が対応することが有効であるケースも想定されること

から、都道府県においては、法による救助の実施に関する事務委任を積極的に活用されたい」と内閣府政策統括官（防災担当）から都道府県知事宛てに通知された。確かに基礎自治体が被災者に一番近く状況を把握しやすい立場であるが、例えば阪神淡路大震災や東日本大震災のような大規模災害発生時にその委任された事務が遂行できない事態が生じることは容易に想像できる。さらに災害救助に関し指定都市の位置づけをどうするのかも課題の一つである。そのような課題に対して 2016（平成 28）年 12 月より内閣府において「災害救助に関する実務検討会」が開催された。ここでは内閣府から「現行の事務委任制度に加え、地域の実情に応じた一つの選択肢として、包括道府県としっかりと連携できる指定都市を新たな救助主体とするため、法改正することが適当とする」見解が示された。これに対して都道府県側からは「現行の委任制度で何ら問題は生じておらず、指定都市を新しい救助主体とすることについては都道府県の広域調整機能や資源配分機能が損なわれることから反対」との意見が出された。一方、政令指定都市側からは「賛成」という意見が示された。[119]

　災害救助をめぐる都道府県と政令指定都市の対立に関して、東日本大震災における仙台市と宮城県の認識の違いの事例が「災害救助に関する実務検討会」で報告されている。「プレハブ応急仮設住宅の建設に当たり、県内市町との均衡確保を理由に事務委任されず、用地が確保されていたにもかかわらず、着工が遅れた」（仙台市）との認識に対して「仙台市の事例は権限がないためではなく、仙台市での用地選定が思うように進まなかったことにより、建設に時間を要したものと承知している」（宮城県）と真っ向から対立している。そのうえで「救助の基準について、これまでも国には弾力的な運用を求めており、現行制度でも、適宜指定都市から国に、直接特別協議できる運用とすれば権限移譲の課題には当たらない」（宮城県）との認識を示している。このような認識の不一致はほかにも見られるが、この要因は大規模災害の発生時は都道府県も市町村も通常業務とは違う数多くの事務処理に追われ、被災者に最も近く様々な事

務の直接の「対応主体」となる基礎自治体、指定都市と、財源を負担し、「責任主体」である都道府県のそれぞれの立場に起因する部分は少なくない。このようなことから、政府は、災害救助法では「責任主体」のみならず「対応主体」も本来都道府県に求めているにもかかわらず、「事務委任」という方法で基礎自治体にその役割を持たせようとしている。他方で「事務委任」の方法によると都度その範囲や方法などの協議を行う必要があり、調整コストが発生し効率化に逆行する懸念がある。【図表116】

(b)「広義の救助」と「狭義の救助」

災害救助法における「救助」は「1 避難所及び応急仮設住宅の供与、2 炊き出しその他による食品の給与及び飲料水の供給、3 被服、寝具その他生活必需品の給与又は貸与、4 医療及び助産、5 被災者の救出、6 被災した住宅の応急修理、7 生業に必要な資金、器具又は資料の給与又は貸与、8 学用品の給与、9 埋葬、10 死体の捜索及び処理、11 災害によって住居又はその周辺に運ばれた土石、竹木等で日常生活に著しい支障を及ぼしているものの除去」である。

災害救助法における「救助」は、直接生命にかかわるものとどちらか

図表116　災害救助法の適用と適用外

		市町村	都道府県
救助法を 適用しない場合		**救助の実施主体**（基5）	総合調整（基4）
適用 救助法	救助の実施	都道府県の補助（救13-2）	**救助の実施主体**（救2）
	事務委任	事務委任を受けた救助の 対応主体（救13-1）	救助の一部を市町村に 委任可（救21）

注：基…災害対策基本法　救・救助法…災害救助法
※各法を参考に筆者作成

と言えば発災後の生活維持など財産にかかわるものが混在していることがわかる。本書では仮に前者を「狭義の救助」後者を「広義の救助」とする。災害救助法の成立過程でも触れたように、元々災害救助法は凶作の時や飢饉のときの備蓄の制度を源流に持ち、現行法令も災害時の生存の維持や生活の維持といういわば「広義の救助」に焦点が当てられている。災害対応の中でも最も重要な応急対応における人命救助、いわば「狭義の救助」と「広義の救助」を同列に規定することが効果的なのか否かについては検討すべきではないだろうか。ここまで考察してきたように災害救助法における「救助」は網羅的な内容となっており、発災後の被害の様相とその時間経過による変化に即した「救助」の内容について考慮されていない。優先して行う「救助」の内容を再検討し、その対応について再構築する必要があるのではないだろうか。

　さて、ここまで「統制システム」における「計画と現実の不整合」「個別システム間のインターフェイスの課題」「法律間の齟齬」の事例をみてきた。個別の事例ではあるが、これらはいずれも、この領域にみられる特徴が表れている。繰り返し述べているように、危機管理政策、防災政策は過去の事案の教訓をもとにその政策が作られ、なおかつ、その多様な様相を何らかの基準で想定という形に集約し、それへの対処と言う形で計画され実施される。結果として計画と現実の運用（実施）との間にズレが生じることが少なくない。また、別々の目的を持つ組織間での調整コストも時間を争う災害対処の場面では大きな障害になる。これは通常時別々の目的で活動しているシステムが総合、統合して活動する場合には避けられない課題であり、その改善には、各組織合同での訓練など平常時にいかに交流しその調整コストを低くするかが大きな課題である。筆者からの「災害対応をスムーズに進めるための方策は」との問いに「結局のところ日々の交流だと思います」[120]と東日本大震災の災害派遣に参加した自衛隊員が話してくれた。

　大規模災害への対応で、実動システムが常に直面するのが、災害の様相、時期や天候などの外部要因の不確実さと、その災害に対応する内部

要因としての対処能力、投射能力の間には晴れることない霧の存在がある。もちろん実動システムの各機関、各組織はその能力を都度更新しているが、それは各機関、組織の法律に規定された目的、任務の優先順位に従い、また予算の枠中でおこなわれる。この実動システムに様々な規制を課している仕組みが「統制システム」であり、この霧の影響を少しでも低減させられるか否かはまさに政策の課題である。

---

1 現在（2020.3）内閣府 HP で閲覧することができる。
http://www.bousai.go.jp/kyoiku/kyokun/index.html。
2 災害対策基本法施行令第 4 条第 1 項の規定に基づき中央防災会議の議決により設置される専門調査会。
3 内閣府 HP では災害の教訓や事例などを公表している。
http://www.bousai.go.jp/kyoiku/kyokun/index.html。
4 内閣府 HP　阪神・淡路大震災教訓情報資料集【03】政府および国の防災関係機関の初動
http://www.bousai.go.jp/kyoiku/kyokun/hanshin_awaji/data/detail/1-2-3.html。
5 内閣府 HP
http://www.bousai.go.jp/kyoiku/kyokun/hanshin_awaji/data/detail/1-2-3.html。
6 第 132 回国会、衆議院地方行政委員会、平成 7 年 5 月 17 日。
栗原裕康「次に、阪神大震災を契機にいたしまして、今回、消防庁、それから警察庁、それぞれ大規模な災害あるいは震災対策ということで予算が計上されていらっしゃいます。
　マスコミで、阪神大震災の対応、初期の段階で政府の対応がおくれておったということが、何かもうそれが評価が定まったような、そういう報道をされておりますし、本会議においても野党の皆様方はとにかく対応がまずかったということをしきりとおっしゃるのです。
　私はたまたま静岡県の出身でございますので、震災対策等については県としてかなり進んでおると思っております。例えばその担当者の方に聞きますと、私どもは決してあれはそんなに遅いとは思わないということをおっしゃるのですね。ですから、この際、大臣に一言、何かマスコミ等で阪神大震災の初動態勢がえらいおくれたという定着した見方が広まりつつありますけれども、そのことについて御意見を伺いたいと思います。」

　野中広務「今委員から御指摘のような批判があったことは私もよく承知をしておるところでございます。また、一つ一つの事象を点検するときに、そういう御指摘をも謙虚に踏まえながらこれからの危機管理に当たらなくてはならないと存じておるところでございますけれども、当時の状況を顧みますときに、私はその対応がおくれたとは思っておらない一人でございます。

　一つには、阪神・淡路地方に起きた災害でございまして、通常東京で把握できる災害ではございませんでした。もう一つは、阪神・淡路地域における大規模な災害でありましたために、現地の状況が的確に把握できる状況にありません。通信施設が途絶し、そして画像による状況をもテレビを通じても掌握できない状態であったわけでございます。

　また、そういう中におきまして、自衛隊の派遣がおくれた等の批判もあったわけでございますけれども、自衛隊につきましては御承知のように都道府県知事が派遣を要請することになっております。そして、どの地域にどの規模の災害が起きておるからどのような部隊を何名ぐらい派遣してほしいということを要請するわけでございます。午前十時に兵庫県知事が派遣要請をいたしたのは、私はそういう点から考えますときに当然の時間であったと思いますし、兵庫県庁はもちろん、神戸市あるいは消防関係、警察関係、すべてに至りまして被災者でありました。そして瓦れきの中から出てきて状況を把握して、そしてその中から自衛隊に派遣申請をしたわけでございます。また、そういう中におきましても、既に事前連絡で自衛隊に電話でお願いをしておったところでございます。

　また、今日的国民の認識は、自衛隊がいつでも出動できるような状況の認識がございます。けれども、自衛隊の中は約半数の人たちはいわゆる営外居住をやっておるのでございまして、そういう点で自衛隊の部隊招集等にも非常に時間を要したことを私どもは承知をいたしておるわけでございます。

　消防におきましては、非常に交通手段等が途絶をした状況でございましたけれども、県内の三田市から直ちに消防本部が現地に駆けつけてくれまして、非常に劣悪な状況でやっておる消防士、消防職員あるいは消防団の諸君に大きな勇気を与えることになりました。また、各地の消防団が現地に駆けつけていただきましたけれども、これまた御承知のように交通途絶等の状況で十分な機能を果たすことが残念ながらできなかったわけでございます。

　消防庁といたしましては、午前八時に各政令指定都市が持つ消防本部に対しまして出動準備を要請をいたしました。その後、兵庫県知事からの要請によりまして、既にすべてがスタンバイできる状況で準備を完了いたしておりましたので、直ちに順次現地にヘリを含んで救援にはせ参じていただいたわけでございまして、消防につきましては、私は初動のおくれは全くなかったと考えておるわけでございます。

　今後も災害時におきます応急体制につきまして、迅速かつ的確に対応するように、地方公共団体、関係消防本部とも連絡を密にしてまいりたいと考えておるところでございます」。

7 第 132 回国会、衆議院地方行政委員会、平成 7 年 5 月 17 日栗原裕康の質問に対する答弁。

8 総理府(2000)『阪神・淡路大震災復興誌』p.11 及び、朝日新聞大阪本社（1996)『阪神・淡路大震災誌』朝日新聞社 p.326 を参照。

9 なお、陸上自衛隊中部方面総監部では、平成 7 年 6 月に「阪神・淡路大震災災害派遣行動史」で行動と教訓をまとめている。

10 松島悠佐（1996)『阪神大震災自衛隊かく戦えり』時事通信社 pp.3-4。

11 後年、貝原兵庫県知事（当時）自身は「自衛隊と交信ができなかった。8 時の段階で、姫路の連隊からこちらの係員にやっと通じた。『大災害だから準備を。すぐ要請するから』と言ったところで切れて、それ以降、連絡が取れなかった。いまだから言ってもいいと思うけど、出動要請が遅かったというのは、自衛隊の責任逃れですよ」と語っている。（PRESIDENT 2011 年 5 月 30 日号での塩田湖のインタビュー）と語っている。なお、国土庁防災部が兵庫県総務部に自衛隊派遣を求めるように要請したのは 9 時 5 分である。また自治体擁護の立場から元神戸市市長室参与の高寄昇三（1996)「阪神大震災と自治体の対応」学陽書房のなかで出動の遅れを自衛隊側の怠慢と断じ「要するに、自衛隊出動が府県知事にしかできないとかいう市町村自治を軽視した現在の自衛隊法・災害対策基本法そのものが大きな欠陥法といえよう」p19 と述べている。他方、9 時に北淡小久保町長は兵庫県民生局を通じ自衛隊に出動を要請している。また伊丹市も自衛隊中部方面総監部へ救援活動を要請している。
高見裕一（1995)『阪神・淡路大震災 官災・民災 この国の責任』ほんの木、pp.54-55「議員バッチを外されてもいい。自衛隊を呼んでくれ（略）もう本当にだめだ。警察とか消防の次元じゃない」とあり東京の秘書に防衛庁へ出動要請をするよう命じたところ「防衛庁にかけました。ところが、県からの要請がないと出動できませんという返事です」とのやり取りが記載されている。

12 第 132 回国会、衆議院予算委員会、平成 7 年 1 月 26 日。

13 内閣府（2011)『防災白書平成 23 年版』参照。

14 内閣府（2011)『防災白書平成 23 年版』p.24。

15 「①許認可等の存続期間（有効期間の延長）、②期限内に履行されなかった届出等の義務の猶予、③法人に係る破産手続き開始の決定の留保、④相続放棄等の熟慮期間の延長」等の措置。

16 原子力災害対策特別措置法施行令第四条「法第十条第一項の政令で定める基準は、一時間当たり五マイクロシーベルトの放射線量とする。」。

17 https://www.kantei.go.jp/saigai/pdf/kinkyujitaisengen.pdf。

18 消防庁『平成 23 年版消防白書』を参照。

19 警察庁『平成 23 年版警察白書』を参照。

20 防衛省（2011）『平成 23 年度版防衛白書』p2 参照。

21 平成 23 年（2011 年）東北地方太平洋沖地震に対する大規模震災災害派遣の
実施に関する自衛隊行動命令（自行災命第 6 号）。

22 震災当時中央即応集団隷下で大宮に駐屯。前身は地下鉄サリン事件や東海村
JCO 臨界事故で出動した事で知られる第 101 化学防護隊。2018 年中央即応集団
が廃止され、陸上総隊へ編合された。

23 海上保安庁『海上保安レポート 2012』及び「東日本大震災への対応の記録」
（2012）を参照。

24 厚生労働省「東日本大震災への対応について」第 22 回社会保障審議会（平成
23 年 8 月 29 日）資料 3-3-3、「厚生労働省での東日本大震災に対する対応につ
いて（報告書）平成 24 年 7 月、厚生労働省 DMAT 事務局「東日本大震災にお
ける DMAT 活動と今後の課題」
http://www.bousai.go.jp/oukyu/higashinihon/2/pdf/kourou.pdf　参照。

25 国土交通省 HP　東日本大震災の記録
https://www.mlit.go.jp/saigai/kirokusyu.html 参照。

26 平成 24 年 1 月 31 日までに派遣された延べ人数は 18115 人。

27 岩手県『岩手県東日本大震災の記録』を参照。

28 「災害や大規模な事故等の危機事案発生時における情報収集や応急対策、防
火・防災意識の普及啓発、消防・救急・産業保安に関する事務、防災ヘリコプ
ターの運航など」を業務とする。
https://www.pref.iwate.jp/soshiki/soumu/1015977.html。

29 宮城県「東日本大震災-宮城県の 6 か月間の災害対応とその検証-」を参照。

30 福島県「東日本大震災の記録と復興への歩み」（平成 25 年 3 月）参照。

31 内閣府防災 HP6-1「阪神・淡路大震災の復興対策」
http://www.bousai.go.jp/kaigirep/hakusho/h17/bousai2005/html/honmon/hm120600.htm。

32 空自松島基地、将官他幹部 2011/9、陸自東部方面総監部広報班、佐官
2015/06、自衛隊協力本部、佐官 2023/7 との会談等など。

33 東北方面隊、隊員（陸曹）2014/11 他。

34 消防庁災害対策本部「平成 23 年(2011 年)東北地方太平洋沖地震（東日本大震
災）について（第 160 報）」令和 2 年 3 月 10 日 8 時 00 分を参照。

35 国土地理院調査
https://www.gsi.go.jp/KOKUJYOHO/MENCHO/backnumber/GSI-
menseki20101001.pdf。

36 総務省統計局「日本の統計」より。https://www.stat.go.jp/data/nihon/02.html。

37 2011/9　松島基地取材より。

38 国立天文台 HP　https://eco.mtk.nao.ac.jp/koyomi/dni/2011/s0403.html　より。

39 河北新報 2016 年 2 月 10 日
https://www.kahoku.co.jp/special/spe1168/20160210_01.html。
40 警察庁（2013）「平成 23 年回顧と展望 東日本大震災と警察」警察庁 p.2 参照。
41 沖縄防衛局長田中聡（2011）「第 13 回防衛セミナー（9 月 28 日）議事録」参照。
https://www.mod.go.jp/rdb/okinawa/02seminar/h23/0928/230928gijiroku.pdf を参照。
42 災害関連死は都度審査される。「津波や建物の倒壊など震災に直接起因する死亡と区別して、震災後の避難所生活の継続など環境の変化により体調を崩して死亡した場合等の、いわゆる「災害関連死」として判定された場合にも「災害弔慰金」は支給されます。」岩手県 HP「災害弔慰金の支給について」を参照。併せて「災害弔慰金の支給等に関する法律」を参照。
https://www.pref.iwate.jp/shinsaifukkou/saiken/okane/1002464/1002465.html を参照。
43 消防庁国民保護・防災部防災課応急対策室長より各都道府県消防防災主管部長宛に死者の内数として災害関連死の数を新たに計上する等の内容の「災害報告取扱要領における人的被害の把握に係る運用の一部改正について（通知）」（消防応第 29 号平成 31 年 4 月 25 日）が発出された。なお「災害関連死」については、内閣府資料を参照のこと。
http://www.bousai.go.jp/taisaku/kyuujo/pdf/r01kaigi/siryo8.pdf。
44 消防庁（2013）「東日本大震災記録集」pp.86-91 物的被害の状況について参照。
45 「東日本大震災津波 の被害状況」岩手県 HP
https://www.pref.iwate.jp/_res/projects/default_project/_page_/001/002/725/higaijyoukyou.pdf。
46 政府統計の総合窓口 HP
　https://www.e-stat.go.jp/municipalities/number-of-municipalities。
47 住民比に関しては小数点 2 位以下四捨五入で計算。
48 宮城県 HP「東日本大震災における被害状況（令和 2 年 2 月 29 日現在）発表参照。
https://www.pref.miyagi.jp/site/ej-earthquake/km-higaizyoukyou.html。
49 政府統計の総合窓口 HP
　https://www.e-stat.go.jp/municipalities/number-of-municipalities。
50 仙台都市圏広域行政推進協議会
http://www.sendaitoshiken.jp/syokai/shitigahama.html。
51 七十七銀行（2017）『調査月報』2017 年 8 月号、p.24　昼夜間人口比率は昼間人口÷夜間人口で算出。

52 日本経済新聞 2011 年 4 月 19 日電子版「東日本大震災の死者、ほぼ津波が原因　60 歳以上が 65％」にある警察庁幹部の指摘。

53 福島県災害対策本部「平成 23 年東北地方太平洋沖地震による被害状況速報（第 1763 報）」（令和 2 年 3 月 5 日 8：00 発表）を参照。

54 政府統計の総合窓口 HP
　https://www.e-stat.go.jp/municipalities/number-of-municipalities。

55 厚生省大臣官房統計情報部「人口動態統計からみた阪神・淡路大震災による死亡の状況」を参照。兵庫県 HP に保管されている。
https://web.pref.hyogo.lg.jp/kk41/wd33_000000253.html。

56 朝日新聞大阪本社『阪神・淡路大震災誌』編集委員会（1996）、『阪神・淡路大震災誌－1995 年兵庫県南部地震』朝日新聞社 p.125、p.133 などを参照。

57 警察庁『平成 24 年版警察白書』（資料特-4　東北太平洋沖地震による死者の死因等及び身元確認状況について）。

58 平成 24 年法律第 34 号「警察等が取り扱う死体の死因又は身元の調査等に関する法律」制定
また東京都は平成 29 年 8 月に「災害時における遺体の取扱いに関する共通指針（検視・検案等活動マニュアル）」を制定した。

59 内閣府 HP 阪神淡路大震災教訓集「遺体確認」参照の事。
http://www.bousai.go.jp/kensho-hanshinawaji/chosa/sheet/054.pdf。

60 教訓があったとはいえ、東日本大震災でも混乱が起きた。「宮城県警などによると、全国の警察から県内に派遣された部隊や法医らが 1 日最大 1080 人を検視し、1 カ月後には 8 千人の検視作業を終えた。だが、海水に長期間漬かったため身元特定の鍵となる DNA が十分に採取できない遺体が多かったことなどから、岩手、宮城、福島の 3 県警では 13 人の遺体が間違って別の遺族に引き渡されるトラブルが起きた」（産経 WEST「大規模災害時の検視「体制づくり急務」2 つの震災で遺体の身元確認、兵庫県警捜査 1 課警視が指摘」2017.1.12）
https://www.sankei.com/west/news/170112/wst1701120020-n2.html。

61 日本法医学会企画調査委員会（November 20, 2012）「水中死体事例の調査」
http://www.jslm.jp/problem/。

62 吉田典史（2012）『もの言わぬ 2 万人の叫び封印された震災死その真相』世界文化社 Kindle 版 p.11。

63 詳しくは厚生労働省 HP を参照の事。https://www.mhlw.go.jp/toukei/sippei/。

64 内閣府『平成 23 年版防災白書』図 1-1-4 p.12。

65 消防庁『平成 30 年版消防白書』p.219、なお、平成 15 年の消防組織法改正で法律上の位置づけが明確になった。（改正前は要綱で対応）

66 消防庁（2013）『東日本大震災記録集』pp.388-394 参照。

67 消防庁（2013）『東日本大震災記録集』p.361。

68 消防庁（2011）『平成 23 年消防白書』pp.35-36。

69 岩手県（2014）「岩手県東日本大震災津波の記録」pp.62-63。

70 越智文雄（2011）「東日本大震災における自衛隊の医療活動」『The Japanese Journal of Rehabilitation Medicine』、48、pp.779-784。

71 警察庁（2011）『平成 23 年版警察白書』p.3。

72 関東管区警察局広域調整第二課警備第 4 係（2019.10.7）回答。

73 警察庁（2011）『平成 23 年版警察白書』pp3-15。

74 各県の震災記録および山下輝男元第五師団長資料などを参考に作成。
http://www.jpsn.org/special/forces/166/。

75 近傍災害派遣（自衛隊法第 83 条第 3 項）庁舎、営舎その他の防衛省の施設又はこれらの近傍に火災その他の災害が発生した場合は、部隊等の長（駐屯地司令である必要はない。）は、部隊等を派遣することができる。

76 「自衛隊の災害派遣に関する訓令」（昭和 55 年防衛庁訓令第 28 号）第 14 条に基づく命令。この場合派遣部隊は、方面総監、自衛艦隊司令官、地方総監または航空総隊司令官が指揮を執ることになる。

77 防衛省（2011）『平成 23 年版防衛白書』p.2。

78 日本経済新聞（2011.3.19）
https://www.nikkei.com/article/DGXNASFS19021_Z10C11A3PE8000/　参照。

79 防衛省（2011）『平成 23 年版防衛白書』p.3。

80 火箱芳文（2015）『即動必達』マネジメント社、p.32。

81 2011 年 3 月 14 日の防衛大臣の命令（自行災命第 6 号）。

82 ある意味「想定を超えるほどの災害」であった。（2018.6、第 6 師団司令部での筆者インタビュー）。

83 2014 年 11 月筆者によるインタビュー。第 6 師団の隊員に「災害派遣で重要なことは」との問いに「自治体に関しては日頃からのコミュニケーションが一番重要」と回答。

84 2018.6、第 6 師団司令部での筆者インタビュー。

85 たとえば内閣府「災害が起きたら、あなたはどうしますか？」では生死を分けるタイムリミットは 72 時間という観点から啓蒙資料として作成されている。また国土交通省近畿地方整備局の阪神・淡路大震災の死因や生存率をまとめた「死者を減らすために」のデータによると、震災当日の 1 月 17 日の救出率は 75％でしたが、翌日は 24％、3 日目が 15％、4 日目では 5％と救出率は大きく低下するとしている。https://www.kkr.mlit.go.jp/plan/daishinsai/1.html。

86 2011 年 9 月、筆者が震災対応のまさに最前線である航空自衛隊松島基地を訪問したときの基地司令（空将補）の言葉。司令部に関して言えば最初の一週間で大きな対処方針を固めた後は、その遂行と修正の繰り返しになるという。

87 近畿地方整備局 HP
http://www.bousai.go.jp/kyoiku/chikubousai/pdf/160818.pdf。

88 千代田区 HP
https://www.city.chiyoda.lg.jp/koho/kurashi/bosai/shien/shokuba/index.html。
89 https://www.kkr.mlit.go.jp/plan/daishinsai/1.html。
90 内閣府 HP
http://www.bousai.go.jp/kaigirep/hakusho/h22/bousai2010/html/honbun/0b_toku_01.htm。
91 内閣府 HP：阪神・淡路大震災教訓情報資料集【04】火災の発生と延焼拡大
http://www.bousai.go.jp/kyoiku/kyokun/hanshin_awaji/data/detail/1-1-4.html。
92 防衛庁（1996）『防衛白書』p.187 阪神淡路大震災の経験教訓を受け「カッターやジャッキなどを備えた人命救助セット」など災害派遣に係る装備品の充実を表明している。
93 陸自防衛課経験者（佐官）2022/07/26。
94 岩手県資料消防の概況より。平成 22 年 4 月 1 日現在。
https://www.pref.iwate.jp/_res/projects/default_project/_page_/001/004/296/siryouh24.pdf。
95 宮城県『平成 22 年消防防災年報』より。平成 22 年 4 月 1 日現在。
https://www.pref.miyagi.jp/soshiki/syoubou/nenpou22-pdf-mokuji-print.html。
96 福島県『消防防災年報（平成 24 年版）』平成 22 年 4 月 1 日現在。
https://www.pref.fukushima.lg.jp/sec/16025a/nenpou24.html。
97 消防庁（2013）「東日本大震災記録集」。
98 文部科学省 HP　「学校防災マニュアル（地震・津波災害）作成の手引き」の作成について
https://www.mext.go.jp/a_menu/kenko/anzen/1323513.htm　を参照。
「学校の危機管理マニュアル作成の手引」の作成について」
https://www.mext.go.jp/a_menu/kenko/anzen/1401870.htm　など参照の事。
99 ここでは、主として平成 26 年 2 月にまとめられた、大川小学校事故検証委員会（2014）「大川小学校自己検証報告書」の内容を参照しながら考察する。
100 大川小学校事故検証委員会（2014）「大川小学校自己検証報告書」pp.8-11。
101 大川小学校事故検証委員会（2014）「大川小学校自己検証報告書」p.100。
102 大川小学校事故検証委員会（2014）「大川小学校自己検証報告書」pp.16-17。
103 平成 26(ワ)301、国家賠償等請求事件（平成 28 年 10 月 26 日）仙台地方裁判所。平成 28(ネ)381、国家賠償等請求控訴事件（平成 30 年 4 月 26 日）仙台高等裁判所、仙台地方裁判所。
104 ここでは大槌町『東日本大震災津波における大槌町災害対策本部の活動に関する検証報告書』（平成 29 年 7 月）を参照しながら考察する。
105 大槌町『東日本大震災津波における大槌町災害対策本部の活動に関する検証報告書』pp.3-4。
106 大槌町 HP　https://www.town.otsuchi.iwate.jp/gyosei/docs/374668.html。

107 内閣府 HP「特集　東日本大震災から学ぶ　～いかに生き延びたか～」を参照。
http://www.bousai.go.jp/kohou/kouhoubousai/h23/64/special_01.html。
108 例えば、朝日新聞社の週刊誌『アエラ』2011 年 3 月 19 日号の表紙では防毒マスクを装着した人物のアップの写真が一面を飾った。地下鉄などの中吊り広告も同様の画像を使っていた。記事の見出しも「原発が爆発した」「最悪なら『チェルノブイリ』」「被爆したらどうしたらいい？」「『放射能疎開』が始まった」などとセンセーショナルなものが並んでいた。これに対して批判が殺到し、同誌編集長がサイト上で「恐怖心を煽る意図はない」と釈明する事態になった。
109 自衛隊ではこの放水作戦とは別に、ホバリングしたヘリからホウ酸を投下する作戦（「鶴市作戦」）を計画していた。火箱芳文（2015）『即動必達』マネジメント社 pp.100-110。
110 自衛隊のヘリからの放水も、警察庁による高圧車の放水も、効果は限定的だったという。「政府事故調査報告書、中間報告書」pp.236-237。
111 三重県の中央建設株式会社が保有する圧送車 2 台を東京電力へ提供を申し出た。
http://www.chuo-groups.co.jp/　（ただしこの圧送車に関しては待機のみ）
その他、中国、アメリカ、ドイツ、ベトナム等からの提供、提供の申し出があった。
112 「政府事故調査報告書、中間報告書」pp.238-245。
113 自衛隊の放水作業には「大型破壊機救難消防車」が使われたとし連続放水能力がないという見解もあるが、筆者は報道資料などから「消防車 MB-1 型改2」であると考えている。前者は飛行場などでの航空機の事故を想定した装備で確かに貯水タンク容量は小さく 200L であるが、消防車 MB-1 型改 2 は 4,500L で消防の保有する水槽付きポンプ車（5t）の 5,000L と大差がない。
114 「第二十条　原子力災害対策本部長は、前条の規定により権限を委任された職員の当該原子力災害対策本部の緊急事態応急対策実施区域及び原子力災害事後対策実施区域における権限の行使について調整をすることができる。
2　原子力災害対策本部長は、当該原子力災害対策本部の緊急事態応急対策実施区域及び原子力災害事後対策実施区域における緊急事態応急対策等を的確かつ迅速に実施するため特に必要があると認めるときは、その必要な限度において、関係指定行政機関の長及び関係指定地方行政機関の長並びに前条の規定により権限を委任された当該指定行政機関の職員及び当該指定地方行政機関の職員、地方公共団体の長その他の執行機関、指定公共機関及び指定地方公共機関並びに原子力事業者に対し、必要な指示をすることができる。
3　前項に規定する原子力災害対策本部長の指示は、原子力規制委員会がその所掌に属する事務に関して専ら技術的及び専門的な知見に基づいて原子力施設の

安全の確保のために行うべき判断の内容に係る事項については、対象としない」。

[115] 火箱芳文（2015）『即動必達』マネジメント社 pp.114-116。

[116] 衆議院憲法調査審議会事務局（2013）「緊急事態に関する資料」衆憲資第87号。

[117] 内閣府HP　道路の損傷に加え、多くの私的な支援者が殺到したことも要因。
http://www.bousai.go.jp/kyoiku/kyokun/hanshin_awaji/data/detail/1-6-1.html。

[118] 自衛隊法第九十四条「警察官職務執行法第四条並びに第六条第一項、第三項及び第四項の規定は、警察官がその場にいない場合に限り、第八十三条第二項、第八十三条の二又は第八十三条の三の規定により派遣を命ぜられた部隊等の自衛官の職務の執行について準用する。この場合において、同法第四条第二項中「公安委員会」とあるのは、「防衛大臣の指定する者」と読み替えるものとする。
2　海上保安庁法第十六条の規定は、第八十三条第二項、第八十三条の二又は第八十三条の三の規定により派遣を命ぜられた海上自衛隊の三等海曹以上の自衛官の職務の執行について準用する」。

[119] 「災害救助に関する実務検討会」（最終報告）を参照の事。
http://www.bousai.go.jp/kaigirep/saigaikyujo/pdf/saishuu.pdf。

[120] 2014年11月「みちのくALERT2014」にて。陸自隊員（陸曹）インタビュー。

7　政策と災害　〜危機管理政策の構造と限界

　ここまで繰り返し述べているように、ある時点で政府・行政の持つ大規模災害への備え、「大規模災害対処システム」は、それ以前に経験した災害の教訓や科学技術の発展や学問の成果などを取り込んだ様々な知見、あるいは政治的な流れなどに影響されながら防災「政策」により形成される。阪神淡路大震災の教訓を受け災害対策基本法が改正され、消防や警察、自衛隊など実動各組織の装備の追加、あるいは運用の変更など、法律の改正や予算の変更などの形で実施された。中央防災会議による防災基本計画、各省庁の防災業務計画の改正など、それまで備えていた「システム」の不備の改善を目指し修正が行われた。そして東日本大震災はこれら修正を受け形成された「システム」により対処された。しかし阪神淡路大震災でも東日本大震災でも、この「システム」は結果として期待通りに完全に機能したとは言えなかった。もっともこれは阪神淡路大震災や東日本大震災などの大規模自然災害だけでなく、コロナなどの感染症災害、あるいは人為的な災害でも同じ傾向がみられる。いわば政策の失敗はこの政策領域で繰り返される。

　本書の最後に、ここまで見てきた政府・行政による大規模災害への対処をもとに、政策としての構造と特徴、そして限界の整理を試みたいと思う。どのように新しい政策を打ち出しても、新しい対処システムを構築しても、我々は大災害が起こるたびに、犠牲や損害に涙し、その対処の限界を目の当たりにしてきた。もちろんそれでも、首都直下地震、南海トラフ地震など現在想定されている大地震に対して、その対応を政策課題と位置づけ様々な施策を打ち出している。この繰り返される政策サイクルには、この領域独特の特徴があるのではないだろうか。ここではまず危機管理政策、防災政策が災害への対応にどのように関与できるのかを整理し、その政策形成に大きく影響する要因についてみていきたいと思う。政策形成に影響を与える要因を整理確認することは、そのマイ

ナスの影響をいかに抑え込むかについて考えるきっかけになるはずである。

7.1　危機管理政策の射程　〜政策が及ぶものと及ばないもの

　課題解決が政策の目的であるならば、危機管理政策、防災政策は「統制システム」および「実動システム」の課題を解決しなくてはならない。それが次の災害への対処能力の向上になり、防災、減災につながるはずである。しかし、災害、特に大規模災害が発生する度に犠牲者や被害は絶えない。1959（昭和34）年伊勢湾台風の猛烈な被害を受けもう二度とこのような被害を出さぬようにと災害対策基本法を作り、1995（平成7）年阪神淡路大震災の過酷さの経験から防災政策を中心に数々の修正を行い、災害へ備えた。2011（平成23）年東日本大震災はこのような努力が無駄だったのではないかと思わせるほどの猛烈な災害であった。

　ともすれば我々は自然をコントロールし、災害を防止できると考えている。しかし危機の定義で確認したように社会を取り巻く危機は多種多様で、危機に遭遇しないのは単なる運の問題ではないかと思わせるほどである。災害は日々発生し、時に大規模災害として襲ってくる。そのたびに繰り返される犠牲は何故おこるのか。その被害を目の当たりにするたびに、政府・行政は災害に対し有効な政策を打ち出しているのだろうかとの疑問が思い浮かぶ。発災中、TVや新聞などのメディアでは評論家やコメンテーターが政府・行政の対応に批判を繰り返す。特に大規模災害の場合、入手できる情報が少なくどのように対応しているかすら把握できない事が多い。なぜ救助にこんなに時間がかかるのか、なぜこういう施策を打たないのか等々の意見は災害が起こるたびに聞かれる。そんな中、解決に向かう政策が本当に実行されているのか、それとも政策に限界が存在しているのだろうか。

　政府・行政は、大規模な災害へ対応する仕組みとして「大規模災害対処システム」を用意している。このシステムは防災政策を中心とした政

策によって形成される。しかし政策とシステムの関係を観察すると、このシステムに対して「政策の及ぶもの」「政策の及びにくいもの」「政策の及ばないもの」がある事がわかる。この「及ぶもの及ばないもの」というのは、その対象が政策によって直接変更が可能か否かという点を基準に考えている。【図表 117】

　例えば、災害対策基本法はこのシステムの根幹をなす基本法であり、政策が直接及ぶものである。災害を受けその教訓から都度改正が行われている。実動システムに区分される各組織や機関も、それぞれの根拠法を通じて、政策により立法という形で組織されており、政策が直接及んでいる。またそれぞれの組織の運用に不可欠な予算や防災施設の整備などの予算も政策が直接関与している。一方、大規模災害対処システムの対象である災害そのものに関することはほぼすべて政策の及ばない事項

図表 117　危機管理政策、防災政策の射程

政策が	及ぶもの	防災法制	基本法	内容の抽象性
				法律間の齟齬
			組織法	各組織の目的
				各組織の連携
		防災計画		計画と現実のズレ
				策定コスト
		防災予算		予算の優先順位
				コストとリソース
	及びにくいもの	対処活動	初動	災害の様相により手順通りにいかない場合もある。
			対処能力	装備などハード面には政策が直接及ぶが練度には及びにくい。
			連携	任務を超える対処
	及ばないもの	災害の様相	種類	
			発生場所	
			発生日時	
			天候	

注：基準は「その内容の変更の可能性」としている。尚、ここに例示したのは、本稿で論じている主なもの。　※筆者作成

である。さらに救助活動はその内容や状況が千差万別であり個別には政策の影響が及びにくい事項として考えることができる。また各組織の編成や装備などはその組織の任務内容とともに政策に強く影響されるが、その個々の構成員や組織のスキルの向上に関しては関与する度合いが低い。

　また「大規模災害対処システム」の主要な部分を構成する行政組織は大規模災害対処に特化している訳ではなく、平常時にはそれぞれの所管事務や任務を中心に活動している。したがって各組織が何らかの政策を打ち出す場合、通常はその所管事務や任務の重要度に応じた優先順位になる。その結果、いわば純粋な防災対策としてあらかじめ射程に入れていない政策でも結果として防災に応用できた、応用せざるを得ない政策が存在する。このように危機管理政策、防災政策の分野では各組織とも広義では「国民、住民の生命財産の保全」いう政策目標を持っていたとしても、個別にみると組織ごとに優先順位の異なる多様な政策の集合になり、多数の政策上の接面、インターフェイスが形成されることになる。

7.2　危機管理政策の特徴とその制限要因

　災害対策は過去の災害の経験や教訓、その他学術的な成果を踏まえ、様々な施策を実行し大規模災害に対応するため用意する仕組み、本書でいう「大規模災害対処システム」は、危機管理"政策"、防災"政策"の所産としての"人工物"である。

　他方、ある政策を策定しようとする場合、そもそもそれはどのような危機へ対処する為の政策なのか、例えばその対象が地震災害なのか航空機事故なのか、あるいはテロへの対処なのか等々具体的な政策課題にもとづく対象を提示しなくては、政策の策定、あるいは政策の具体的な施策や事業へ展開できない。また仮にその危機の種類が設定できたとして、それに対応する政府・行政ではもちろん国民の間でも、発生の頻度や様相が不明確な様々な危機に対し、平常時に予算や人員を完全に準備する

ことができるのか、すべきなのか等々の課題が生ずる。例えば防災予算は、平常時、危機が発生していない、あるいは発生していないと認識している状況下で、防災の分野への予算を割く事ができるか、他の課題との関係で優先順位が下がる傾向がある。

　鍵屋は「行政は、もともと危機に対しては脆弱です。継続性、安定性を求めて法律や手続きが重視される」（鍵屋，2011：13）と述べているが、一部の組織を除き、一般的な行政機関は平常時の業務に最適化した組織であり、必ずしも大規模災害などの危機へ万全に対応できる組織ではない。それにもかかわらず、防災法制、特に災害対策基本法では、基礎自治体に対応の権限が与えられており、例えば自治体の枠を超えた広域災害の場合やそもそも自治体自身が甚大な被害を被っている場合など、[1]災害対応では規定されている「すべき事」と、現実に「できる事」の間に齟齬が生じる。このような危機管理政策、防災政策の特徴に加え、そもそも危機管理政策では自然災害の発生に限らず危機の発生の時期、その様相の特定は難しく、その対象をどう捉えるかという難題がその出発点になる。

7.2.1　危機管理政策の霧　～想定外は想定できない

　政策が「何らかの課題や問題の解決手法」であるという事から考えれば現実に発生している課題、問題を解決するための政策は具体的に提示しやすい。それに対し危機管理政策、防災政策（復興段階での政策は別として）は、危機事態や災害の発生を前提としているが、いつどのような災害が発生するかについては、予測が困難であり、その対処のための的確かつ具体的な政策を提示するのは難しい。なぜなら危機管理政策、防災政策、特に応急対応期の活動について策定される政策は、現実の課題に対する何らかの解決手法の提示ではなく、想定される課題に対処するために策定されるからである。

　危機管理政策、防災政策の策定は必然的に過去の経験とその教訓を手

掛かりに策定せざるを得ない。実際に起こった災害の経験から教訓を抽
出し、知見を加味し政策課題を見出し、政策を策定する。その実際の危
機事態、災害の様相は地震災害かもしれないし台風災害かもしれない。
したがってある様相の災害から教訓を得つつ別の様相の災害への対応を
考える場合には、想像による対処の「想定」として仮置きするほかない。
その上「予算等の制約から対策が可能な範囲の被害予想にとどめたいと

いう配慮が働き、科学
的な根拠に乏しい被害
想定が部局間の力関係
により決められてしま
う」(真山 1995 : 11) 事
すらあるという。この
ように危機管理政策、
防災政策は、多くの場
合、個々の経験等をも
とにした想定に対する
対処の積み重ねでしか
なく、それを広く適用
できるよう総合的にし
ようとすればするほ

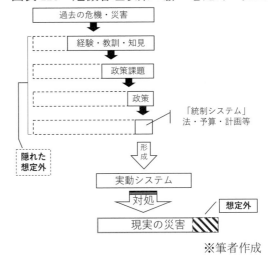

図表 118　危機管理政策の霧〜想定外の発生

※筆者作成

ど、抽象的な内容にならざるを得ない。逆に断定的な内容にすればする
ほど、現実の災害とのズレが生じる危険性が増加する。そしてこのズレ
や危機の様相が相まって救助活動等、政策実施上の想定外として現れる。
【図表 118】
　防災計画や災害への対処計画も「想定」から「結果」までには、多く
の要因により影響される。前述したように、策定段階での「想定」では
どのような災害を思い描くのかに幅があるし、その想定をもとにした計
画も、どれだけ精緻に検討し策定したとしても現実とのズレは生じ、そ
れは課題の段階から現実の施策の段階に進むにつれ大きくならざるを得

ない。将来に起こるであろうと予想される事態に対処する想定を策定する一方、その同じ過程で、策定の対象から何らかの理由、例えばその時点での知見から、[2]あるいは法律の要請から、またはコストとリソースの面から、さらには世論の動向などにより、人為的に排除して、またはさせられて想定外を作り出す。

　このように危機管理政策が現実の課題というよりは、将来の課題を想像し対応させる政策、すなわち「想定」を中心とした政策であることから、大規模災害発生などの危機事態という現実と想定と対処に少なからず「ズレ」すなわち「想定外」が生じることになる。そしてこの想定外には、一般的によく言われる現実の危機事態、災害対処で問題とされる「想定外」と政策策定段階で積み重なる「隠れた想定外」がある。前者の想定外は、多くの場合、対処する危機事案、災害の様相が不明確であること、特に大規模自然災害のように、それが自然現象であることによる想定の難しさによって引き起こされる。それに対し後者の隠れた想定外は、過去の危機や災害から教訓を導き出し、その中から政策課題を切り取り、あるいは何らかの政治的な流れから影響を受け政策を策定する段階で除外した部分であり、いわば人為的に作り出された想定外である。

　例えば南海トラフ地震への対策を図ることを目的とした「南海トラフ地震に係る地震防災対策の推進に関する特別措置法」[3]では、内閣総理大臣による、南海トラフ地震防災対策推進地域[4]や南海トラフ地震津波避難対策特別強化地域の指定を規定（同法第3条、第10条）し、その対策を求めているが、その指定基準は①震度に関する基準：震度6弱以上の地域、②津波に関する基準：津波高3m以上でこの水位より海岸堤防が低い地域、③過去の地震による被害、④防災体制の確保等の観点、そして対策特別強化地域についてはさらに「陸上において津波により30cm以上の浸水が地震発生から30分以内に生じる地域」が加えられている。[5]この指定基準を見ても、④以外はすべて「想定」をもとにした規定である。もちろん、その「想定」にも、例えば過去の地震による被害については「確かな古文書・調査記録などに記録された個々の市町村の被害記

録を基に、当該地域の揺れを震度階級に換算したものが震度6弱以上と
なる市町村」とするように、更なる基準を提示して曖昧さをなくすよう
努力をしているが、そこにある「隠れた想定外」は消えることはない。

　危機管理政策、防災政策は「想定」をもとに政策を策定するという特
徴を持っている。言葉を変えれば「"仮説"に対する政策」であるとも言
え、必然的に「想定外」を含んでしまう構造となっている。その一方で、
何らかの危機事態、災害が発生した場合、防災サイクルでいう応急対応
期の段階に進んだ途端、徹底的に具体的な対応、対処が求められる。仮
説で形成された政策が徹底して現実への対処を求められる。災害の発生
する度に「政府は何をやっているのだ」、「行政は仕事をしているのか」
と言うような批判が為されるのは、このような危機管理政策、防災政策
の構造が背景にある。全容を把握できている災害への対処ですら、多く
の困難が存在するが、不確実な状況への対処であればなおさら限界が生
じやすい。「現に起こっている課題解決としての政策」と「予想される課
題への対処としての政策」の違いはこの政策領域の大きな特徴である。
危機管理や防災の領域の法律や計画の策定は、多くの場合その前提に「想
定」が必要になるが、その「想定」は常に策定する政策や計画が適用さ
れる想像上の状況である。不確実性が伴う危機管理政策の霧はいつまで
も消えることがない。[6]

7.2.2　危機管理政策の優先順位　〜危機にどこまで備えるか

　一般的に、政策の実施にはコストが伴うが、近年特に費用対効果を強
く意識させられている。危機管理政策、特に防災政策でもそれは同様で
ある。すでに防災予算のマクロ的視点からの整理で述べたように、全予
算に占める防災予算の相対的な割合は、例外的に大災害の後は増加する
が、その割合は年々低下している。戦後我が国の防災政策は、戦後の荒
廃期、多発し被害をもたらす災害に対峙し、法令を整備しまた多くの予
算を支出し対応してきた。しかし災害の人的被害の減少とともにおおよ

そ高度経済成長期を境に、法令の制定、予算額（割合）は減少させた。むろん阪神・淡路大震災、東日本大震災のような激烈な災害を経験した時には、再び法令制定数、予算額は増加させた。防災政策は、具体的な問題に直面した直後はその優先順位が上がる。もちろん、すでに発生した災害に対する復旧復興のための予算が計上されることから当然であるが、阪神淡路大震災、中越地震、東日本大震災の応急的な支出を除いてみると、平成期に入り災害関係予算は右肩下がりである。全体としても、個別の案件としても将来起こりうる災害に対する予算の計上は他の予算に対して相対的に優先後度が低いことが窺えた。政府・行政は予想される危機、災害に対処システムを構築するが、どこまでのリソースを備えるのか、すなわちどこまでコストをかけ得るのかという問題に直面する。災害の様相や被害を最大限に見積もり、それに対し無尽蔵に準備することはできず、そこにはある一定の制限が存在する。予算の制約、財政上の制限があることは他の政策と同じだが、危機管理政策、防災政策ではその前提が未来の危機事態、災害等の予想であることから把握しにくいという特徴がある。個別の政策でも例えば、かつて内閣府に設置されていた行政刷新会議で行われた事業仕分け[7]では高規格堤防（いわゆるスーパー堤防）の建設が「スーパー無駄使い堤防」と言われ「見直しを行う」と評価された。このヒアリングの中で政策担当者が繰り返し評価者に問われたのが「B/C（Benefit by Cost：費用対効果）」と「想定」に関しての質問であった。この判断の評価は別として、往々にして、その政策の想定との関係、費用との関係はこの政策領域の議論の中心になる。もちろん他の政策領域でも同様の議論はなされるが、この領域ではその政策が生命財産に直結するという点で困難をもたらす。先の事業仕分けで参加者から「河川改修というのは、全体的に見て必要だということはわかるんですけれども、やはり災害が起きることに対して国民全員に保険がかけられないのと同じように、やはり優先順位ということを慎重に考えていかなければ」[8]という意見が出されるのは無理もない。

　このように立案段階では「未来の危機に対する政策」であるが故に、

特に費用対効果は強く意識されるし、そもそも同様の政策、例えば河川改修で考えても、ほかの地区に優先的に整備しなくてはならない河川があるのではないかとの意見が当然出る。その上、想定と現実にある程度の「ズレ」が組み込まれざるを得ない特質を持っている。

　災害が多く発生する我が国では災害対策基本法制定以降 57 年間で、非常・緊急災害対策本部が設置された災害は 33 回だが、そのうち犠牲者が 5000 名を超えたのは阪神・淡路大震災と東日本大震災の 2 回である。影響（度）が非常に大きな災害であったが、発生確率は、非常災害対策本部が設置されるレベルの災害で考えると 6%の確率であり、この期間における発生確率は 3.5%である。被害が甚大であるこの発生確率、発生頻度の災害に対して、どの程度のリソースを準備し、コストをかけるかは、まさに政治の課題であり、その可否は国民、住民がカギを握る。もっともどのような政策が取られようとも、政府・行政、特に本書でいう実動システムに区分される組織は、その政策により与えられた範囲内で災害に対処するほかない。ところで、この与えられた範囲を超えた事態、いわば政策上のズレから生じる想定外には、政策形成の過程で現れる隠れた想定外と救助活動等、政策実施の段階で現れる想定外がある。この後者の想定外を補い得るようなリソースを準備することは可能なのであろうか。大規模災害が発生した場合、最も重要なのは人命救助であり、そのためには多くの人的リソースが必要である。確かに、あらかじめ十分な人的リソース、特に本書でいう投入勢力を増強、増員しておけば、大規模災害が発生しても、被害が抑えられるはずである。しかし、それには莫大なコストを要する。すべての危機、災害に対して完全な、あるいは充分と思えるような準備をすることは不可能である。リソースをどこまで備えるか、将来起こり得る危機に対するコストをどこまで許容するのかはこの政策領域の主要課題の一つである。

　多くの国民、住民は、大規模災害に直面しても政府・行政が最大の能力でなんとかしてくれるだろう、救助など何らかの手段を講じて対処してくれるだろうと思っている。大きな災害が発生すると自治体の職員な

どが避難誘導をおこない避難所を開設運営し、人命救助に駆けつけてくれるのではないかと漠然と理解している。そして正常性バイアスを持ち出すまでもなく、平常時、多くの人々は、自分は災害に巻き込まれないと思っているし、仮に巻き込まれたとしてもなんとかしてくれると考えがちである。政府・行政の対処の限界を意識することなく、彼らは何らかの準備をしてくれているだろうと思っていることが多い。[9]他方、国民や住民のみならず、メディアやあるいは政府・行政自身も、政府・行政には何ができ何ができないかについて正確に理解しているとは言い難く、それが対処システムをどのように構築するべきかの議論の難しさでもある。

7.2.3　危機管理政策の窓　～平常時と非常時の意志決定

　新しく政策が策定され、あるいは変更されるタイミングを、キングダンは「問題の流れ」「政策の流れ」「政治の流れ」の合流で説明している。危機管理政策、防災政策での政策の窓について考えてみる。

　解決をしなければならない政策課題がある程度特定されたとして、その解決のためのアイディアをどのように政策に取り込むのか。そしてそのアイディアは課題が難しくなればなるほど、その課題に取り組んでいる"専門家"に頼ることになる。そこで、ここでは、まず政策コミュニティと政策ネットワークに着目してみたいと思う。政策コミュニティとは「特定の政策領域の専門家で構成されている」[10]集団であり、政策ネットワークとは「ある政策領域において官民のアクターが自主的に資源を持ち寄り問題を解決する関係性」[11]だという。前者はその主体に着目し、後者は枠組み、関係性に着目している。

　防災政策に参加するアクターは多岐にわたり取り組んでいるテーマや課題は様々である。そのテーマを中心に政策コミュニティや政策ネットワークが形成される。

　防災に関連する法律は、災害対策基本法制定以前は、災害ごとに対処

する法律等が作られていた。災害対策基本法の制定で一応の枠組みはできたが、それでも災害対策基本法と災害救助法の齟齬のように、個別の課題は少なくない。[12]それらの法律の運用はそれぞれを所管する省庁を中心に運用される。そこでの政策のアイディアはそれぞれの組織、アクターの所管事務[13]を軸に形成される。【図表 119】

　もちろん、アイディアは行政機関、公的部門だけにあるわけではない。特に防災政策のように対象とする分野が多岐にわたる政策の場合、民間部門も含み、様々な場所にアイディアが存在している。そもそも政策ネットワーク論[14]が発展したのは、このように政策における公的部門の関与の度合いが相対的に低下し、ある社会的課題を解決する場面で、公的部門のみの関与ではなく、民間部門をも含めて対応するという状況が現れたことが背景にあるという。民間部門の関与は、対象とする社会的課題、また政策により強弱があるが、防災政策でも災害対策基本法による指定公共機関の拡大などにその状況がみられるようになる。例えば防災計画では、指定公共機関など民間部門の関与を前提として策定されている。[15]また、学識経験者や民間企業の担当者が様々な防災関連の検討会などへ参加しアイディアを共有しようとしている。

　サイモンによると「人工物」が目的に対し有効に機能するためには「外部環境」と「内部環境」がうまくかみ合うことが重要で、それを可能にするか否かは、この二つの環境をつなぐ「インターフェイス」の機能に左右されるという。危機管理政策、防災政策には関係法令の間、様々な組織の間あるいは法律と組織、あるいは政策コミュニティや政策ネットワークの間に数多くのインタ

図表 119　防災政策のアクターとテーマ

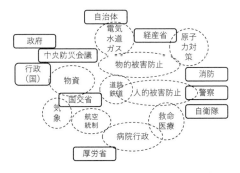

※筆者作成

ーフェイスが存在している。例えば「大規模災害対処システム」で考えると「大規模災害に有効に対処する」というシステムの目的に対し、組織の在り方、人的資源、装備等の「内部環境」を大災害という「外部環境」へ対処させる為には「インターフェイス」をいかに有効かつ適切に機能させるかということが重要になる。目的に対する各組織の活動を規定する要因は、法律であり、予算であり、各組織の機能や組織力（通常時の任務との関係や装備、練度など）である。これを形づくりコントロール、まさしく「統制」しているのは本書でいう「統制システム」の機能であり、内部環境としての「実動システム」と外部環境としての災害（危機）との間に介在する「インターフェイス」は、この「統制システム」により規定されている。これらの各機能、各組織を円滑に機能させる為に法律の改正、組織の改編、各機関の合同訓練など様々な工夫がなされ続けているが、それでもなおインターフェイスを跨ぐには「調整コスト」が必要である。

　例えば、防災施設等の整備に関しては国土交通省、災害医療については厚生労働省等々、各々所管事務に関して防災に関わる政策は策定するが、平素の防災政策の策定、ここで言う防災政策形成ネットワークの行政の中心は、中央防災会議、内閣府防災担当（かつては国土庁防災局）及び総務省消防庁である。一方、発災時の対処、総務省消防庁をはじめとした、各自治体の消防本部、警察庁及び各都道府県の警察、防衛省自衛隊、海上保安庁など、実動部隊を備える機関によるネットワーク、災害対処実動ネットワークが中心となる。そして、復興段階になると、再び各自治体、内閣府、復興庁、国土交通省などの災害復興ネットワークが形成され事業を推進することになる。それぞれのアクターは、場面によりこの3つのネットワークすべてに関与する場合もあるし、どれかに関与する場合もある。このように政策の対象が多岐にわたることから、それぞれに参加するアクター、専門分野別に形成されている政策コミュニティが多くなることは防災政策の特徴であり、このことによりアクター間、政策コミュニティ間の調整コストの増大を招く要因となる。

　キングダンは、政策コミュニティ間には「断片化（Fragmentation）」の傾向がみられると述べている。ここで言う断片化とは、ある政策コミュニティは他の政策コミュニティで何が行われているか知らないこと、そして知らないのみならず影響を及ぼしてしまう事があるという。運輸政策の分析の中でこの断片化をもたらす様々な要因を架橋する構造の存在を例示しているが、その効果については「元々断片的なシステムを結び付ける仕組みには限界がある」という。[16]本書で着目してきた「インターフェイス」をめぐる問題は組織間のみならず、政策コミュニティ間でも存在している。

　防災予算の検討で明らかになったように、災害、特に大規模な災害が発生すると復興関連等、政策に優先して予算が振り分けられる。そして法律の制定や改正も通常時より速いペースで行われる。さらに、実際に対応が必要な予算措置などは言うまでもないが、ある種の閾値を超えた事態に対しては通常時の調整コストに拘わらず政策の窓が開かれることがある。キングダンの言うように「提案は、常に政策の流れの中にあるが、突然、政府の議題として取り上げられるようになったのは、それが緊急の問題の解決策とみなされたり、政治家がその提案を取り上げると都合がいいと考えたりするから」[17]（筆者訳）だとすれば、その課題が緊急であればあるほど、重大であればあるほど、政策の窓が突如開かれることがある。大規模災害の発生は間違いなくその契機になっている。しかしそれは裏を返せば、危機、災害が現実のものとならなければ政策の窓は開きにくいとも考えられる。政策の窓には「予測可能な窓（Predictable Windows）」と「予測不可能な窓（Unpredictable Windows）」があるという。定期的な更新が訪れる道路政策などを前者、予測の難しい航空機事故の発生など突発的なものは後者と位置付けている。[18]

　どちらかというと「予測不可能な窓」である危機管理政策、防災政策の窓は、平常時、自らは危機の影響を直ちには受けていない状況の中、過去の経験から未来を予測、想定しその課題、すなわち不明瞭な政策課題に対する政策を策定するという形で開かれる。さらに危機管理政策、

防災政策は、政策にかかわるアクターの複雑さ、政策コミュニティ、政策ネットワークの複雑さから、その立案までの調整コストが他の政策に比して高い。各法律間や省庁間の調整コストは無視できない。防災政策内でのリソースの調整の難しさのみならず「他の政策領域とのリソース獲得競争において常に不利な状況に置かれる」(Schneider 1995:25)(風間1995:2)ことは防災政策の抱えるひとつの課題である。

　他方、1963(昭和38)年制定以来大きな改正が行われていなかった災害対策基本法が阪神淡路大震災という大規模災害を契機に頻繁に改正されるようになった事例などは、それまで開きにくかった窓が、社会に大きなインパクトを与えた出来事以降一定の関心が集まったことと、政策策定手順が一般化することにより政策の窓が比較的開きやすくなった例と言える。個別の事例で見れば、阪神淡路大震災で問題となった交通渋滞という課題については、交通整理を警察官のみに限定していた規定を改め、ある一定の要件下では自衛官にも警察官職務執行法を準用させることでその解決、改善を図った。この政策変更は、防災問題懇談会の提言などを受け、国会での審議を経てなされたものである。通常の政策変更の手続き同様、政策段階モデルに沿った流れとみることができる。これらの政策策定、変更は災害が落ち着き、社会が比較的通常の生活に戻った中で、災害対処の不具合などを検証し、政策を修正する場合の手順、他の政策と同様の手順で行われる。

　一方、危機管理政策、防災政策では、具体的な危機事案、大規模災害等が発生した場合、すなわちその非常時の只中で政策の策定、変更を行う機会が多い。これはこの領域の大きな特徴の一つである。非常時においては、上位の政策から施策、現場レベルの行動にかかわる現実の対処しなければならない課題が次々直面する。

　具体的な事例ではすでに取り上げた福島原発への放水をめぐり他の機関を自衛隊の指揮下(政府は「管理」、「調整」と表現している)に入れる判断や、そもそも自衛隊による空中からの放水の判断[19]などは、現実の重大でかつ緊急を要する課題を解決するために、その時点で利用できる

アイディア、リソース等々を勘案し、政策の窓が一気に開いた事例と言える。

　震災を受けて政策決定をした例には当時の菅直人首相により中部電力浜岡原発（静岡県御前崎市）に対し停止の要請がおこなわれ2011年5月14日に全面停止に至った事例などは、発災後2か月経って行われたものであるが、総理自らも述べているように「法的根拠は決まっておらず」これは「要請」であって「命令」と言ったものではなく、政府の要請に中部電力側が従ったという形になっている。[20]本書で取り上げた、指揮権の問題、放水の問題、原発停止の事例など平常時ではどれも法的にあるいは政治的に論争になると予想される事案もその時点では大きな問題にはなっていない。

　このように見てくると、危機管理政策、防災政策は平常時における政策決定と、非常時における政策決定に違いがあることがわかる。

　平常時における政策決定では、最終的な意思決定者のまわりに多くのアクターや情報そしてアイディアが集まっている。もちろんここまで考察してきたように、政策決定にあたっては、アクター間、政策コミュニティ間などでの調整が必要であるが、ある程度時間をかけて課題を検討する余地がある。それに対して、危機発生など非常時の政策策定、変更はその緊急性から課題解決のための各案を十分に検討し、政策コミュニティ等へ調整する暇はなく、また多くの場合判断の為に与えられる材料も限られることになる。その結果、危機事案発生時、緊急性の高い政策判断は好むと好まざるとに拘わらず、判断の最終権限者、例えば緊急又は非常災害対策本部長である首相や自治体の災害対策本部長である首長など、[21]災政策決定の権限を与えられている者、間接的には意思決定に関わっている数人への依存度が相対的に高くなる。また、その内容についての精緻な検証はされないか、あるいは後回しにされることが多い。【図表120】

図表 120　平常時と非常時の政策決定、意思決定

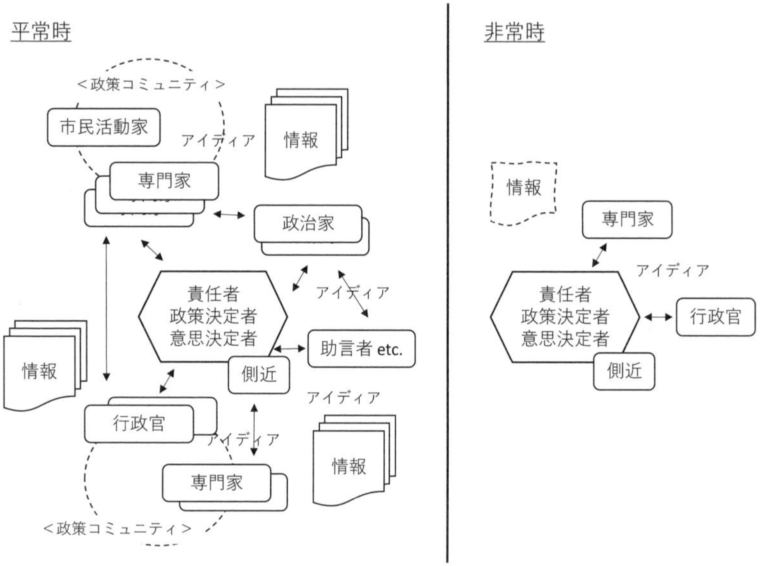

※筆者作成

　危機管理政策、防災政策では政策の窓の合流に着目すると、平常時と非常時では大きな違いがある事が分かる。本書でいう統制システム内の大きな変更、例えば既に整理した災害対策基本法の変遷などを見ればわかるように、大掛かりな政策策定、変更は、危機事態、大規模災害など非常時の最中に行われることはほとんどなく、事態が落ち着くか過ぎ去った後に行われる。他方、危機事態がまさに発生している状況下で、個別の事態に対応させる為に何らかの政策の策定、変更が必要な場合、その時の政策の範囲の中での運用の修正などで対応することが多い。もちろんその場合でも原則として定められている手続きに沿って進められる。

　他方、それまでの想定、規定、政策がどうあろうとも、現実の重大な危機事案に対応するため、それらを変更しなければならない事もある。

2011年3月に発生した福島第一原子力発電所の事故への対処は、まさに
その緊急かつ重大な事案であった。苛酷な状況下で専門性を持った作業
員が対応に当たるほかなく、しかしもし仮に対応に当たることのできる
作業員等が全員法定被ばく線量を越えてしまえば、もはや打つ手がなく
なるという状況であった。それまで原子力発電所などで被ばくが予想さ
れる緊急に作業に従事する者の被ばく線量の限度は実効線量[22]で 100
mSv と定められていたが、東日本大震災における福島第一原子力発電所
事故対応時には、緊急作業に従事する作業員に対して、正式な手続き[23]に
よる変更ではあるが、最初の諮問より12日後の答申で、被ばく線量の限
度を250 mSv に変更された。この事例は、対処の緊急性、重大性が政策
の窓を一気に開かせた事例といえる。尚、放射線審議会の総会は、2008
年は1回、2009年の開催は無く、2010年は1回開催と例年1回程度の開
催であったが、2011年は10回開催されている。

　危機管理政策、防災政策の領域で、政策課題が最も具体的かつ大きな
インパクトとして現れるのは現実の危機事案の発生である。その事案へ
対処するため、極力手続きの正当性を保ちつつ、新たな政策を立案し直
ちに実施する必要がある。他方、平常時の政策変更は緩やかに行われる。
この領域の政策の窓に関し平常時と非常時では全く違う特徴を持ってい
る。

7.2.4　危機管理政策の政策サイクル

　ここでは危機管理、災害への対処を政策という観点から見てきた。こ
こまで整理した防災政策を中心に危機管理政策を特徴づける諸要因を、
例えば「国土並びに国民の生命、身体及び財産を災害から保護」という
防災政策の政策形成サイクルに当てはめると、政策立案、政策決定の段
階で政策形成の前提としての「想定外」と政策の「優先順位」の要因が、
政策実施の段階で「平常時と非常時」の意志決定の違いが強く影響する。
【図表121】

図表 121　危機管理政策の政策サイクル

<u>政策目的：国民の生命財産の保全</u>

★政策の対象か否
★政策の前提としての「想定」の不確かさ、想定外の発生
★優先順位、準備と対処（リソースとコスト）
★意思決定（平時と非常時）

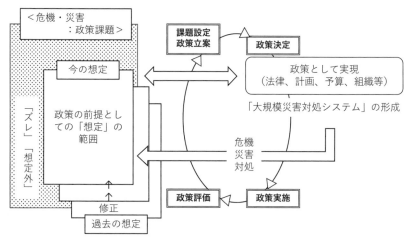

<u>政策評価：どれだけ国民の生命財産が保全されたか</u>

※筆者作成

　危機管理政策の特徴として、想定外が発生する必然性、政策の優先順位、政策の窓が開く時の背景について整理した。もちろん類似の特徴は他の政策領域でも見られるが危機管理政策ではその特徴が顕著に表れ、多くの場合、政策目的の達成を阻害する要因になることは、将来の危機に対する政策である危機管理政策ならではの特徴である。

7.3　政策と災害　〜絶望と希望の狭間で

　危機管理政策、殊に防災政策では災害での経験を整理し、その時の活動における反省を行い、そこから教訓を得て、様々な知見を加え、新たな政策に反映させ、次の危機、災害に備える。そこで形成された対処システムで新たな災害に立ち向かうが、災害のたびに、残酷な現実に絶望する。

　本書ではここまで、政府・行政が大規模災害に対処する仕組みを「大規模災害対処システム」と捉え、特に災害での初期段階、防災サイクルでいう「応急対応期」の政府・行政の対処を中心に整理し、具体的には東日本大震災に対して、政府・行政はどのような体制で立ち向かったのかについて概観してきた。

　災害のたびに繰り返される被害に絶望するが、政府・行政はそこにとどまることは許されない。政府・行政は、次の災害に備えるべくまた準備を始めなければならない。阪神淡路大震災の後、1995（平成7）年3月28日、内閣総理大臣により「防災問題懇談会」[24]が設置されたのはその一例である。そこでは（1）災害情報の収集及び伝達体制の在りかた（2）消防・救急・警察・医療・自衛隊等に係る緊急即応体制の在りかた（3）広域連携体制の在りかた（4）その他の災害対応体制の在りかた等について検討し提言をまとめた。この提言を踏まえ、消防は「緊急消防援助隊」を組織し、警察は「広域緊急援助隊」を組織した。[25]また自衛隊では初動体制の変更[26]を行い災害派遣要請の手続きや自主派遣の運用基準などを変更した。装備では、瓦礫の中からの人命救助の際、主として円匙（スコップ）での対応しか方法がなく、その装備が問題になったことをうけ、オイルジャッキやグラインダーなどを含む「人命救助システム[27]」を導入[28]した。その後、2007（平成19）年には災害派遣即応部隊[29]（2013年以降はファスト・フォース[30]と呼称）を編成している。また、震度5弱以上の地震が発生した場合、速やかに航空機などを使用して現地の情報を収

集し官邸へ伝達できる態勢をとるようになった。[31]

　このように「大規模災害対処システム」は、災害から教訓を得て、政策を通じさらなる精度の向上を目指すが、その教訓のフィードバックは、法律改正や予算編成の変更などの政策形成と並行して、あるいは先行して、個々の組織や機関内で、例えば運用の変更や役割の変更などで行われる。災害対処の実動の経験やそれに基づく様々な修正は組織内部で独自のノウハウとして蓄積されていく。これらのフィードバックにより各組織の災害対処能力は向上するが、他方で各組織間の対処の違いが大きくなると実際の災害対処の場面でさらなる調整コストが生じることがある。これは大規模災害対処が、統一された対処組織を持っていないが故の避けられない問題であり、合同訓練などを通じて解消を目指すほかない。[32]

　近年、各機関の連携の大切さの認識から、消防、警察、自衛隊では多くの共同訓練を行うようになっている。[33]実動をともなう大規模な防災訓練として東日本大震災の直前の 2008（平成 20）年に陸上自衛隊東北方面隊主催で行われた「みちのく ALERT2008」（災害対応訓練）は、震災時の活動に影響を与えたと言われている。[34]この訓練では自衛隊の他、宮城県及び岩手県内の自治体、消防、警察さらに地元住民など約 1 万 8000 人が参加する大規模なものだった。当時の陸上自衛隊東北方面総監が「宮城県沖地震の発生から約 30 年が経過したことから、想定される大規模災害に備え、常日頃から部隊の練度維持が必要であるとして、実動を伴った訓練の実施を指示」[35]し始められた。その後 2014 年、2018 年、2020 年にも開催され、中央省庁や関係自治体などの行政機関の他、外国の軍隊や民間企業も参加するようになっている。また 2018（平成 30）年に行われた「みちのく ALERT2018」では「陸自仙台駐屯地（仙台市宮城野区）では隊員が同訓練では初めての導入だという防災情報共有システム「SIP4D」を使い、参加機関と各地の被害状況を把握する訓練に取り組んだ」[36]という。この「SIP4D」（Shared Information Platform for Disaster Management）とは「災害対応に必要とされる情報を多様な情報源から収

集し、利用しやすい形式に変換して迅速に配信する機能を備えた、組織を越えた防災情報の相互流通を担う基盤的ネットワークシステム」[37]のことである。本システムは、それぞれの組織が別々の情報で活動していることで生じる欠点を改善するために構築されている。

　他にも災害対策に関しての標準化の試みも始まっている。災害対策の標準化とは「多様な主体が活動する災害時において、各機関の連携・協力が円滑に行われるとともに、全体として効果的、効率的な活動が行われ、災害の種類や大小に関わらず迅速・的確に対応できるように、災害対策体制構築や業務遂行のための手続き・実務などについて統一性、共通性等を確保するための基準やルール作り等必要な措置を講ずる取り組みを推進すること」[38]であるという。

　東日本大震災を見ればわかるように大規模災害への対応は、政府・行政のみならず民間の力も投入して対処する必要が生じる。官民問わず、これら組織が一体となって効果的に活動できるための何らかの仕組みが必要になっている。そこで政府は 2013（平成 25）年から「災害対策標準化検討会議」を開催し 2014（平成 26）年 3 月に報告書としてまとめている[39]。このように様々な施策の実施や共同訓練、技術開発などにより各組織間の連携の不具合を少しでも減少させ克服する活動が続けられている。

　震災後、ある自衛官に災害派遣を振り返って重要だと思ったことは何かと聞いたところ、即座に「平素からのコミュニケーションです」[40]と答えてくれた。普段から自治体など関係機関の担当者とのコミュニケーションを取っておくことが何より重要だという。コミュニケーションをとるというのは本書でいうところのインターフェイスのシームレス化の一つと言える。もっとも東日本大震災のような大規模かつ広域での災害派遣になると、各地域にあらかじめ決められている担当部隊とは違う部隊が投入されることがあるが、それでも普段からお互いの組織を知りコミュニケーションをとっておくことは非常に重要である。

　本書で整理してきた統制システムにせよ、実動システムにせよ、その

改善には、関係者はもとより、国民・住民の意識が大きく影響する点は、他の政策領域と同じである。すべての国民が自ら被災者になる可能性がある中、それでもなかなか具体的な関心が向かないことが多い。[41]もっとも被災者に対しいつまでも震災を昨日のことのように思い出させることは酷かもしれない。客観的に教訓を整理し啓蒙することと、被災者の生活が一日も早く平常に戻ることを両立させる必要がある。

　加藤は「危機管理の本質は、決して政策決定の組織やその運用の方法といったハウツウの問題ではなく、危機管理を行う主体の価値観の問題である」（加藤，1999：19）と述べている。危機管理を行う側が「獲得した価値」に対しどのような価値観を持つのかが、危機管理が有効に機能するか否かのポイントだと論じている。この点については完全に同意する。他方、どのような価値観を持とうとも、効果的な政策実施、適切な対処ができなければ政策目的が達せられたとは言えない。

　政府・行政は、どのような組織を備え、どのように運用するかを常に意識していなければならない。上位概念としての価値観から、発災現場における組織の活動まで、全ては危機管理の本質にかかわる問題である。しかし、それを貫く一定の価値観は、発災時に突然備わるものではない。普段から、そのことを念頭に置きつつ、対処システムを構築する必要がある。

　死者224名、行方不明者8名を出した平成30年7月豪雨の被災地の一つ、愛媛県宇和島市で「不幸にして人的被害[42]も発生したが、減災に対して消防団の働きが大きかったのではないか」（危機管理課）との話を伺った。[43]発災時、平成30年8月31日の宇和島市の人口は76,191人、それに対し、消防団員数は2,055名（平成30年4月1日現在、実数）であり、市民一人当たりの消防団員数は0.027名であり、全国平均の0.007名を大幅に上回っており愛媛県平均の0.014名と比べても多いことがわかる。[44]もちろんその背景には豪雨による水害ということで、地震などに比べれば準備時間をとれることもあるだろうが、そうであったとしても、消防団員等による声掛け、避難誘導の効果が一定程度あったと考えられ

る。災害の様相に
よりその被害が変
化することは本編
で述べたが、「地域
勢力」の重要性は
高いことがわか
る。【図表 122】
　それに加え、同
危機管理課でお話
を伺った限りで

図表 122　宇和島市消防団員人口比率

	人口	消防団		一人当たりの
		分団数	実員数	消防団員数
宇和島市	76,191	27	2,055	0.0269
愛媛県	1,352,000	368	20,015	0.0148

（単位：人）
※人口は宇和島市資料（平成 30 年 8 月 31 日現在）、
総務省人口統計（平成 30 年 10 月 1 日）より消防団に
ついては総務省消防庁「消防団の組織概要等に関す
る調査の結果（平成 30 年 4 月 1 日現在）」及び宇和島
市「消防団の組織概要」を参考に筆者作成

は、普段の住民同士、住民と自治体など行政機関とのコミュニケーショ
ンが被害を抑えた要因の一つである印象を受けた。
　本書では、大規模災害に際して、政府・行政が対処のため、どのよう
なシステムを準備しどのように運用されているかに焦点を当て、そのシ
ステムの背景にあるこの領域の政策の特徴や限界を考察してきた。畑村
は「自然災害について人間は、起こった直後こそ真剣に取り合うものの、
時がたつとだんだん忘れて、最後にはなかったものとして扱ってきまし
た」（畑村、2001：17. 18）と警鐘を鳴らすが、同時に「辛い経験を含め
て過去のことをすべて覚えていたら、前に進めなくなって動きがとれな
くなってしまいます」（同上）とも述べている。震災遺構の保存に関する
議論などでも賛否両面から多くの意見が飛び交うように、災害とその本
人のかかわり方により、その考え方、意見は様々である。
　しかし災害は確実に来る。南海トラフ地震や首都直下地震等の発生が
予想されている現在、政策の限界を直視しつつも、過去の災害の教訓や
反省を踏まえ被害を最小限に抑える対策、「システム」を構築していかね
ばならない。そして万が一災害に襲われたとき、その「システム」の能
力を最大限発揮させることが、政府、行政に求められる使命である。

1 「災害対策基本法等の一部を改正する法律（法律第三〇号）」により「特定災害対策本部」という新たな組織が法定された。これは「非常災害に至らない規模の災害が発生し、又は発生するおそれがある場合に、地域の状況等を勘案して災害応急対策を推進するため特別の必要があると認めるときは、内閣総理大臣は、臨時に内閣府に特定災害対策本部を設置」する。従来、一義的に災害対応をすべきとされている自治体が、その業務を遂行できないような被害を受けた場合などに設置される。なお、改正災害対策基本法は 2021（令和 3）年 5 月 20 日から施行された。

2 例えば福島第一原子力発電所の津波対策など。「今回の津波は、これまで経験したことがなく、原子力規制が要求してきた浸水防止（ドライサイト）対策では対処できない未曾有の災害」（2017.8.1 日本学術会議公開シンポジウム、原子力発電所の自然災害への対応－福島事故の津波対策を例として－の配布資料「福島第一原子力発電所事故以前の津波高さに関する検討経緯－想定津波高さと東電の対応の推移－」p19）とし、東日本大震災で発生した津波そのものの被害は防止できなかったとしている。

　他方「原子力安全・保安院と東京電力は、溢水事象のリスクを認識していながら、浸水した場合の対応策の検討を怠っていた」（同資料 p.21）と浸水対策が不十分だったことを指摘している。同様に吉田至孝、宮野廣（2018）「福島第一原発事故は従前の津波対策で予防できたか　－事故以前の想定津波高さ評価と東電の対応の考察－」『日本原子力学会誌』Vol.60, No.1,pp.15-19 では「東電は、わが国の津波評価の考え方に従い津波高さを評価するとともに、規制要求に従って必要な対策を実施しており、中央防災会議では取り入れられなかった、研究段階にある貞観津波の知見や地震本部の「三陸沖北部海溝寄りから房総沖海溝寄りで、どこでも発生する可能性がある」との指摘に対して試算を行っていた。しかし、規制機関と東電は、洪水事象によるリスクの大きさを認識しながら、浸水した場合の対応策(浸水防止対策ではない)の検討を怠っていたと考える。東電が試算した津波高さ 15.7m の内容を，国会事故調報告書の内容に基づき分析した結果、規制が要求する従前の津波対策(浸水防止対策)を実施したとしても、津波被害を防ぐことは困難であったと推察され、浸水した場合の対策を準備しておくべきであったと考える」とし学術会議の資料同様、津波への評価、その対策はなされていたが、洪水被害への対策を怠っていたことを指摘している。

3 平成十四年法律第九十二号。法律の目的は「この法律は、南海トラフ地震による災害が甚大で、かつ、その被災地域が広範にわたるおそれがあることに鑑み、南海トラフ地震による災害から国民の生命、身体及び財産を保護するため、南海トラフ地震防災対策推進地域の指定、南海トラフ地震防災対策推進基本計画等の作成、南海トラフ地震津波避難対策特別強化地域の指定、津波避難対策緊急事業計画の作成及びこれに基づく事業に係る財政上の特別の措置につ

いて定めるとともに、地震観測施設等の整備等について定めることにより、災害対策基本法（昭和三十六年法律第二百二十三号）、地震防災対策特別措置法（平成七年法律第百十一号）その他の地震防災対策に関する法律と相まって、南海トラフ地震に係る地震防災対策の推進を図ることを目的とする。」（同法第1条）とされている。

4 南海トラフ地震に係る地震防災対策の推進に関する特別措置法により「南海トラフ地震が発生した場合に著しい地震災害が生ずるおそれがあるため、地震防災対策を推進する必要がある地域を、南海トラフ地震防災対策推進地域」（同第3条1項）と内閣総理大臣に指定された地域。

5 内閣府防災 HP
http://www.bousai.go.jp/jishin/nankai/pdf/nankaitrough_chizu.pdf。

6 例えば、政府が設置した南海トラフ沿いの大規模地震の予測可能性に関する調査部会は、2017（平成 29）年 8 月に「南海トラフ沿いの大規模地震の予測可能性について」で、今後の調査研究の進展等を踏まえ見直しがあり得る事を前提としつつも「地震の発生時期や場所・規模を確度高く予測することは困難である」（p.20）とし、現時点での精緻な予知は難しいとしている。

7 事業仕分け第 1 弾（2009（平成 21 年）11 月 11 日　行政刷新会議ワーキンググループ、事業番号 1-8 河川改修事業（直轄、補助）及び翌 2010 年（平成 22 年）10 月事業仕分け。
https://warp.da.ndl.go.jp/info:ndljp/pid/9283589/www.cao.go.jp/sasshin/oshirase/nov11.html。

8 事業仕分け第 3 弾（2010（平成 22）年 10 月 28 日）行政刷新会議ワーキンググループ、項目番号:B-7 特別会計名:社会資本整備事業特別会計 項目名:治水事業の選択と集中、河川等の管理のあり方。

9 青山貴洋（2019）「「自助・共助・公助」と「市民」による地域防災力：食料危機管理政策からみた災害時空白期間における相互補完的防災体制の可能性」pp.71-93、なぜ家庭での災害用の食料備蓄が進まないのかの要因分析を行っている。災害に対する考え方、災害観などの分析、行政による啓蒙活動の分析及びアンケートなどの分析を通じて「備蓄の計画の煩雑さや金銭的な費用に負担を感じている可能性」（同 p.87）等をその要因として提示している。

10 「Policy communities are composed of specialists in a given policy」John W.Kingdon. Agendas, Alternatives,and Public Policies, Second Edition, Pearson Education Limited,2007,p.117.

11 風間規男（2013）「新制度論と政策ネットワーク論」『同志社政策科学研究』14(2), p.1.

12 法律そのものの問題にとどまらず、かつての自衛隊への災害派遣の手続き問題（阪神淡路大震災で運用が改善され、自治体側も防災計画等への明記などで

問題は少なくなった）のように、運用や当事者の知識不足、コミュニケーショ
ン不足など、様々な課題が存在している。

13 国家行政組織法、各組織の設置法。

14 「政策ネットワーク論」は「ある政策分野における政府アクターと社会アク
ターの関係に注目して政策過程の動態を明らかにしようとする理論」だとい
う。岩崎正洋編（2012）『政策過程の理論分析』三和書籍、P47。

15 例えば運送業者等の指定公共機関に対し、物資や資材運送の指示等。中央防
災会議『防災基本計画 令和 3 年 5 月』p.90。

16 「A few structures in transportation bridge these various sources of
fragmentation.」「There are limits to the efficacy of such a structure knitting together
an inherently fragmented system, but at least some integration has taken place.」John
W.Kingdon. Agendas, Alternatives,and Public Policies, Second Edition, Pearson
Education Limited,2007,p.119。

17 「These proposals are constantly in the policy stream, but then suddenly they
became elevated on the governmental agenda because they can be seen as solutions to
a pressing problem or because politicians find them sponsorship expedient.」John
W.Kingdon. Agendas, Alternatives,and Public Policies, Second Edition, Pearson
Education Limited,2007,p.172。

18 John W.Kingdon. Agendas, Alternatives,and Public Policies, Second Edition,
Pearson Education Limited,2007,pp.189-190。

19 関係者の証言として、アメリカから、英雄的犠牲（Hero's sacrifice）やアメリ
カ軍の撤退をほのめかされたことなどを受け判断されたという。なお同番組
で、北澤防衛大臣は日記に「菅総理防衛省への信頼高し」と記載し、また菅総
理が「自衛隊ってドラエモンのポケットみたいだね」と発言したとも証言して
いる。ANN テレメンタリー 2013 自衛隊ヘリ放水の謎〜日米同盟最大の危機〜
2013/5/26。

20 2011 年 11 月 6 日午後 7 時 10 分総理記者会見
「（質問者）総理がなされた浜岡原発の停止要請ですが、これはどういった法律
で、どういう根拠に基づく要請であるのか。根拠がない場合、中部電力側が断
ってきた場合、総理はどのようにするつもりなのでしょうか。
（菅直人総理）要請に関して、後ほど海江田経済産業大臣から詳しくご報告を
させていただきますけれども、基本的には、この私がきょう申し上げたのは、
中部電力に対する要請であります。法律的にいろいろな規定はありますけれど
も、指示とか命令という形は、現在の法律制度では決まっておりません。そう
いった意味で要請をさせていただいたということであります。」朝日新聞
DIGITAL より。
http://www.asahi.com/special/minshu/TKY201105060323.html。
他にも、中日新聞　https://www.chunichi.co.jp/article/235128

日本経済新聞
https://www.nikkei.com/article/DGXNASFL0909V_Z00C11A5000000/。
[21] もちろん、この他にも災害現場で対処している各組織の責任者なども意思決定の連続である。ここでは災害対策基本法上の責任者として。災対法3〜5、23、23-2、24〜28-6条等。
[22] 「放射線被ばくによる全身影響を表す。人体の臓器と組織の等価線量に組織加重係数を乗じたものを合計して算出するが、直接測定できない。」「実効線量と周辺線量当量の比率は、核種の違い（放出されるγ（ガンマ）線エネルギーの違い）や照射条件（一方向か全方位かなど）により異なりますが、成人の場合、実効線量は、概ね周辺線量当量の0.55〜0.85倍程度になります。」環境省「放射線による健康影響等に関する統一的な基礎資料（平成26年度版）」　第1章　放射線の基礎知識と健康影響より。
https://www.env.go.jp/chemi/rhm/kisoshiryo/attach/201510mat1-01-40.pdf。
[23] 被ばく線量については、放射線審議会（2011年当時、文部科学省に置かれ、文部科学省科学技術・学術政策局原子力安全課が事務を担当していた。なお2021（平成23）年現在原子力規制委員会に置かれている。）が諮問を受け答申を行う形式で実施されている。この緊急時の被ばく線量の変更については2011（平成23）年第113回総会（3月14日、電子メールによる審議）で厚生労働大臣及び経済産業大臣から、第114回総会（3月16日、電子メールによる審議）で人事院総裁から諮問され、最初の諮問から12日後の3月26日に答申をおこなっている。
[24] 内閣府HP　http://www.bousai.go.jp/kyoiku/volunteer/detail_kondankai.html
国土交通省HP　https://www.mlit.go.jp/singikai/shingi/gizi/　を参照の事。
[25] さらに警察庁は東日本大震災を受け警察庁次長を委員長とする「警察庁災害対策検討委員会」を設置し活動の検証を行い、それまでなかった津波災害対策編を防災業務計画に新編する改定などを行っている。国家公安委員会・警察庁(2012)『平成24年版 警察白書』pp.24-38、警察庁緊急災害警備本部（2011）「東日本大震災における警察活動に係る検証」資料より。
[26] 防衛省（2011）『平成23年 防衛白書』pp.247-252。
[27] 陸上自衛隊仕様書情報
https://www.mod.go.jp/gsdf/chotatsu/document/kyo.html。
「陸上自衛隊装備品等一般共通仕様書（GLT-CG-Z000001）」、「陸上自衛隊仕様書（物品番号3920-280-8848-5）」仕様書番号（ME-B036004）等を参照。
[28] 防衛庁（1996）『平成8年版 防衛白書』第4章第2節に詳しい。また第132回国会、衆議院予算委員会（平成7年5月18日）における玉沢防衛庁長官の答弁「平成七年度補正予算におきましては、御案内のとおり、ヘリコプター等により収集した映像情報を伝達するシステム、人命救助システム等の整備にかかわる経費を計上」とある。

29 陸上自衛隊は人員約 2,700 名、車両約 410 両、ヘリ約 30 機を全国に配置、海上自衛隊・応急出動艦として、各地方総監部に 1 隻ずつ艦艇を待機（計 5 隻）、各基地において、哨戒機、救難機等の航空機を待機（計 23 機）、航空自衛隊・航空救難に対処するため、各基地に救難機 1〜2 機を待機（計 10 機）、緊急輸送に対処するため、入間、小牧、美保に輸送機各 1 機を待機させている。防衛省国民保護・災害対策室（2007）「防衛省・自衛隊の災害対策について」第 7 回大規模水害対策に関する専門調査会資料 1、pp.7-8。

30 防衛省（2018）『平成 30 年版 防衛白書』p.335。

31 防衛庁（2003）『平成 15 年版 防衛白書』p.177。

32 例えば、今では、全国で特別救助隊（レスキュー）が組織されるようになったが、その先駆けである横浜市消防局（「横浜レンジャー（YR）」）は創設当時、隊員を陸上自衛隊富士学校でのレンジャー訓練に参加させている。https://fpcj.jp/assistance/tours_notice/p=25627/。

33 防衛省（2017）『平成 29 年 版防衛白書』p.516 等。

34 Wedge REPORT（2011 年 4 月 20 日）HP
「自衛隊の訓練が津波と原発の対応の差を生んだ「想定外」を生き抜く力」WEDGE 編集部　https://wedge.ismedia.jp/articles/-/1699。

35 東北防衛局 HP「防衛省・東北防衛局がおくる日本の防衛 Q&A　自衛隊百科」
https://www.mod.go.jp/rdb/tohoku/kyouryoku_kakuho/fmradio/0301-qa-rm.html。

36 産経新聞 2018 年 11 月 10 日
https://www.sankei.com/region/news/181110/rgn1811100032-n1.html。

37 SIP4D の HP。https://www.sip4d.jp/outline/。

38 武田文男（2015）「災害対策の標準化について」『地域防災データ総覧　災害対策の標準化へのアプローチ編』消防防災科学センター、p.13。

39 内閣府 HP　http://www.bousai.go.jp/kaigirep/kentokai/kentokaigi/index.html。

40 自衛隊主催で行われた大規模な震災対処訓練（みちのくアラート 2014）時、陸上自衛隊第 6 師団隊員（陸曹）。

41 被災者から「震災 3 年でもう避難訓練への参加者が激減している」というお話を伺った。（2014/11/10 気仙沼）。

42 直接死 11 名関連死 1 名宇和島市資料より。

43 2018（平成 30）年 11 月 2 日愛媛県宇和島市役所危機管理課にて。

44 総務省消防庁「消防団の組織概要等に関する調査の結果（平成 30 年 4 月 1 日現在）」及び宇和島市「消防団の組織概要」、http://www.ehime-syokyou119.jp/data/30/data_daninsuichiran_30.pdf、を参考にした。

おわりに

　冒頭で取り上げた南三陸町の女性職員は波にのまれて帰らぬ人となった。当時、南三陸町では地域防災計画にそって防災対策庁舎2階に災害対策本部を設置するとされていた。東日本大震災前のハザードマップでは、防災対策庁舎の敷地および1階には浸水するが、災害対策本部を設置する2階は浸水しないと想定されていた。[1]しかし津波は押し寄せ、屋上に避難した約30名のうち約20名がその波にのまれ犠牲になった。大槌町や女川町など沿岸の多くの自治体で災害対応の最前線になるはずの役場が機能を失うことになった。発災直後だけではないが、消防職員の死者・行方不明者は27名、消防団員は254名が犠牲に、[2]警察官は30名の死者・行方不明者[3]を、自衛官では2名[4]が災害派遣中に亡くなっている。このほか、役場の職員、教職員、医療機関や介護施設の職員など数多くの公的な作業に従事していた人々が犠牲になっている。国、自治体、防災関係機関の方々はもちろん、懸命に災害と闘った市井の人たちの話を決して風化させてはならない。

　私は東日本大震災が発生した2011年夏、仙台や石巻へ訪問する機会があった。仙台の若林区では、私が子供の頃に見た青々とした広大な水田は津波で流され一面むき出しの土砂に覆われていた。海岸沿いの道の脇には、瓦礫が山のように積まれ、そのすぐ近くに建っていた特別養護老人ホーム1階の窓は津波で破壊されていた。津波に襲われたとき、入所者、介護職員・看護職

津波に破壊された特別養護老人ホーム
2011 年仙台市若林区にて筆者撮影

員、事務職員は、あの絶望的な状況の中で懸命に入所者を守ったに違いない。ずいぶん後になり、この施設は別の場所で再建されたと聞いた。瓦礫を運ぶダンプカーが多く走る国道4号をさらに北上し石巻市の中心街へ入ると1階が破壊された商店が立ち並んでいた。そして、町中には強烈な臭いが漂っていた。そんな中、ふと路地に目を移すと、子供たちがボール遊びをしながらはしゃいでいた。過酷な経験をしてもなお無邪気に笑う子供達は希望の象徴であると確信した。

　この時、発災当時の活動を聞きに航空自衛隊松島基地を訪問したが、基地司令の「初めの一週間の対処方針、運用計画の策定がもっとも重要。あとはそれを軸に修正しながら回すだけ」という話は印象深かった。組織運用の基本方針を素早く策定し、あとは目の前の事柄に対処する。この基本がぐらつくと対処もおぼつかなくなるという事だった。同時に「本気で研究をするのならもっと早く来ないと」と言われたことは、今でも忘れられない。松島基地には松島救難隊が所属している。ある幹部隊員に震災当日、空からの活動ができなかった事について聞いてみた。当日の悪天候、そして基地が海岸沿いにあるという地理的な要因が大きく影響したことなどを話してくれた。どんなに備えていたとしてもその活動を制限する要因の存在を無視することはできない。地震の後、松島基地では周辺住民を受け入れ、避難場所としての役割を担った。糧食を担当する隊員が大鍋を指さして、津波のときこの鍋が流されないように懸命につかんでいたと話してくれた。その鍋で数万食の食事を提供できたのだという。

　本書では大規模災害の事例として阪神淡路大震災や東日本大震災を取り上げた。私自身、東北の被災地に幾度も訪れその被災の状況、あるいは復旧、復興の様子を見てきた。しかし本書では、全体的な動きや代表的な事例の整理にとどまり、個々の事例はほとんど取り上げなかった。被災地域を訪れ、多くの話を聞きながら、被災者にはその人の数だけの被害状況があり、被災地域にはその数だけの被害状況がある事を強く意識するようになった。それが本書の内容が全体としてメタ的な視点で書

かれていることの一つの理由である。もちろん、その個々の状況を詳細に整理することにより、別の課題が明らかになる可能性があるが、主として私自身の能力の問題で本書ではそこまでは触れられなかった。特に被災者側の状況、例えば健常者であるのかそうではないのか、自力で逃げることができるのか、介助が必要なのか[5]などについての個々の事例についての分析は別の機会に譲ろうと思う。

　また、本書でいう「統制システム」内の調整についての整理も、中央、地方それぞれの状況、事情があり、本来それを丁寧に整理すべきであるが、そこまでには至らなかった。さらに本書は主として政策学、行政学的な見地からの考察ではあるが、組織中心の考察であるため、土木工学的な見地や医学的な見地などには深く触れられなかった。特にインフラの被害状況や復旧状況は、応急対応期における投入勢力の展開にも大きく関係する[6]がそこに触れることはできなかった。また人命救助のもっとも重要な医療機関及びその活動[7]についてはほとんど触れられなかった。これらはどれも本書の分析及び内容に影響を及ぼす要因ではあるが、本書では個別の要因ではなく、大規模災害に対する政府・行政の仕組みや動きを対処をシステムとして捉えることで、その構造や課題に着目した為、個々の詳細な状況にはあえて踏み込まなかった。これらの整理や考察は今後の課題としたい。

　加えて、東日本大震災で最も過酷な状況であったであろう福島第一原子力発電所における原子力災害の対処に関する詳細な分析は行っていない。一部放水等の事例は挙げたがそれにとどまっている。これについて、一つは、本書は大規模災害の対処についての分析を行っているが、特に応急対応期の被災者に対する人命救助に焦点を当てている点、そして、福島第一原子力発電所における原子力事故災害への対処は、今なお継続中であるという点を理由とする。もちろん、この事例は防災政策、危機管理政策の観点から重要な問題であることは認識しておりその分析も今後の課題としたい。本書では読者が全体の流れをつかみ、個別の研究へ進む手がかりになることを願いながら意識的に東日本大震災への対処を

総論的に整理した。次の災害に備え、特に次世代を担う研究者、実務者にはこの分野の各論の研究を深めてもらいたい。

　大規模災害への対応、東日本大震災でも、本書で焦点を当てた各機関以外の多くの組織や団体、そして人々がこれらの機関への協力を惜しまず、また自らも救出救援に奔走し力の限りを尽くして対処したことを忘れてはならない。その尽力がなければ、被害はさらに拡大したであろう。被災地域へ通い話を聞くと、公人私人を問わず人々の懸命な努力の存在をはっきりと実感させられる。救援活動をしている自衛隊員にお菓子を差し出すおばあさんがいたと隊員から聞いた。自らも住む場所を無くし途方に暮れているであろうにと。同様の話は対処に当たった多くの人々から聞くことができる。

　津波が迫る中、祖母を背負い逃げる孫。足元がふらつく孫に、背負われていた祖母に「もうここで良いよ」と言われ泣く泣く祖母を道端に座らせ逃げた女子大生の悲しみ。一度は高台に逃げたが、愛犬の様子が気になり自宅に戻り津波にのまれた医師。娘を抱いたまま亡くなっていた父親の話。被災者の数だけ悲しみがありそれぞれの状況がある。

　消防や警察、自衛隊や行政職員、医療従事者たちが死に物狂いで頑張ったとしても、救えない命がある。地震直後、災害派遣で陸前高田市へ駆け付けた自衛官が、街が見渡せる場所に立った時、目の前に広がった光景にただただ呆然とし言葉が出なかったと話してくれた。「陸前高田市東日本大震災検証報告書（平成26年7月）」によると、陸前高田市は人口約24,246人に対し死者行方不明者1,757人、人口比で約7.2%と岩手県内では最大の被害を出している。

　東日本大震災は、関東大震災や阪神淡路大震災を経験し、もう二度とあのような被害は出さないようにと、それらの教訓を反映させた「政策」で立ち向かった。しかし、またしてもその希望は打ち砕かれた。今日、最悪の場合、死者が32万人を超えるとも想定されている南海トラフ地

震や、同じく 2 万人を超えるとも言われる首都直下地震などの大規模災害の発生が予想されている。[8]

　地震災害のみならず、この数年間、世界中を混乱させた新型コロナウイルスによる感染症災害なども、いつまた繰り返されるかわからない。災害は政策を試す。政策は次の災害にどのように立ち向かうのか。我々は自然に対する自らの力を過信せず謙虚に、しかし同時に決してあきらめることなく対策を怠らず、その政策上の限界を認識しつつも、より良い政策へ更新し続けなければならない。そして、この分野の研究を続けなければならない。それが犠牲になった人々へのせめてもの弔いであると信じている。

---

[1] 南三陸町・東北大学災害科学国際研究所（2019）「南三陸町東日本大震災職員初動対応等検証報告書」p.23、また http://memory.ever.jp/tsunami/higeki_bosai-tyosya.html を参照。
[2] 消防庁（2013）『東日本大震災記録集』p.153。
[3] 警察庁『平成 23 年警察白書』p.17。
[4] 加藤寛「東日本大震災と殉職」HAT コラム。
http://www.hemri21.jp/columns/columns020.html。
[5] この点については、中村雅彦（2012）『あと少しの支援があれば～東日本大震災　障がい者の被災と避難の記録』ジアース教育新社。岡田広之（2015）『被災弱者』岩波新書、被災後のいわゆる災害弱者については、田中幹人・標葉隆馬・丸山紀一朗『災害弱者と情報弱者～3.11 後、何が見逃されたのか』筑摩書房を参照の事。
[6] この点に関しては、道下弘子（2012）『東日本大震災語られなかった国交省の記録』JDC 出版、轟朝幸・引頭雄一（2018）『災害と空港～救援救助活動を支える空港運用』成山堂書店、米田雅子・地方建設記者の会（2012）『大震災からの復旧～知られざる地域建設業の闘い』、岩田やすてる（2013）『啓け～被災地への命の道をつなげ』コスモの本などを参照の事。
[7] 久志本成樹監修（2011）『石巻赤十字病院、気仙沼市立病院、東北大学病院が救った命～東日本大震災医師たちの軌跡の 744 時間』アスペクト、石井正（2012）『東日本大震災石巻災害医療の全記録』講談社、日本看護協会出版会

編集部（2011）『ナース発東日本大震災レポート』日本看護協会出版会、全国訪問ボランティアナースの会キャンナス編（2012）『ボランティアナースが綴るドキュメント東日本大震災』三省堂などを参照の事。
[8] 内閣府　防災情報のページ
南海トラフ地震　https://www.bousai.go.jp/jishin/nankai/index.html
首都直下地震　https://www.bousai.go.jp/jishin/syuto/index.html
NHK、災害関連 https://www3.nhk.or.jp/news/special/saigai/index.html。

謝辞

　本書は私の法政大学大学院公共政策研究科での研究を元にしています。東日本大震災から既に 12 年、阪神淡路大震災から 28 年、あまりの時間の速さに驚きながら、"あの日"の無力感は今でもはっきりと覚えています。もう二度とあのような無力感や絶望感を味わいたくないという思いと、多くの人々の悲しむ姿を見たくないという思いで政策や危機管理の分野を研究しながら、政策と災害との関係を、公共政策学、行政学、危機管理論の枠を超え、何とか政府・行政による震災対処の全体像を整理できないかとの思いから始めたのがこの研究でした。書籍化にあたり、改めて読み返すと散漫かつ稚拙な部分が少なくなく、自分の能力の低さに落胆しましたが、その都度、2011 年に被災地域で見た生涯忘れることのない光景を思い出し、なんとかまとめることができました。

　この数年間、直接あるいはメール等で貴重なお話をお聞かせ下さった、現役、OB を問わず、各自治体の職員、特に危機管理関係部署の方々、防衛省・自衛隊の方々、警察の方々、消防の方々医療従事者の方々、そして、何より思い出したくもないであろう被災体験を聞かせて下さった被災地域の方々に心から感謝いたします。

　部外者である私がおこなう被災された方々へのインタビューは、ただ嫌な記憶を思い出させるだけなのではないかと悩んでいた時期に、ふと立ち寄ったいわき市久ノ浜の食堂で「誰かがちゃんと記録して、ちゃんと考えなきゃダメなんだよ」とご自身の被災体験を聞かせてくれた女将さんの言葉は研究の力強い後押しになりました。心から感謝しています。同じ時期、研究の意味を見失いそうになっていた私に「研究者はメニューを作り提示し続けること」が大切だと諭し指導してくださった、現法政大学総長廣瀬克哉先生の言葉は、ときに無力感に襲われるこの分野の研究に向き合う私に「驕ることなく謙虚に真摯に」という心構えを教えていただいたような気がします。平素のご指導も含め心から感謝いたし

ます。また自由にのびのびとした研究環境を提供してくださった法政大学の先生方、事務職員の皆様、そして常に刺激やヒントを与えてくれた法政大学大学院公共政策学研究科の友人達に心から感謝申し上げます。

　最後に私事ですが、私がこの分野の研究を始めた頃、私からの多くの基礎的な質問に、嫌な顔一つせず、自らの災害対処の経験を交え根気強く答えてくれた亡父に感謝します。

2023（令和5）年9月1日　関東大震災から100年目の日に。

栗田　昌之

資料編

資料1　阪神大震災を受けての国会質疑

　阪神淡路大震災は、それまでの防災行政の在り方を一変させた。発災当時被災地域にいた高見裕一衆議院議員（当時）と村山富市内閣総理大臣（当時）の国会における質疑は、それまでの意識を転換させた。また当時の現地と政府の温度差も確認できる。25年経った今でも教訓として確認しておきたい。

第132回国会「衆議院予算委員会」（平成7年1月26日）
〇高見委員　つい先ほど、被災地の神戸からたどり着きました。申し上げたいこと、また御質問させていただきたいこと、あふれんばかりであります。しかし、限られた時間でございますので、簡潔にお話し申し上げたいと思います。

　私には、肉親を失い、住む家を失い、そして笑顔を失った阪神大震災の被災者お一人お一人にかわって、この場で御報告をしなければならないことがたくさんあります。

　私自身が十七日、その当日、東灘の自宅で休んでおりました。地震というものがあれほど恐ろしいものだとは夢にも想像をしておりませんでした。まるで何か怪物につかまれて振り回されているような。ベッドから突き落とされて、そのベッドが自分の上にかぶさってくる。ドアをあけようと思ってもドアがあかない。妻子が寝ている部屋にたどり着こうと思ってはっていっても、はうことさえもできない。本当に恐ろしいものでありました。まさしく死の恐怖というものを自分自身で実感をいたしました。

　そして、近くに住む母親の家に駆けつける際に、まさしく都市の死というものを、都市が死ぬ瞬間というものを自分の目で見たような思いが

いたします。家が跡形もなく瞬時にして崩れております、何十軒、何百軒と。そして、火の手があちこちで上がっております。そこに私の子供が埋まっているから助けてくれと言われて、必死で助けようとするのですが、力及びませず、やがてその家が火にのまれていくさまを直前で見るのは、地獄の苦しみでありました。

　今被災者の方々は、本当に苦しみのどん底にございます。食糧が行き渡ってきたというふうな報道もございますが、実態は、五百数十カ所もある避難所に満遍なくなかなか行き渡るものではございません。時には、いまだに冷たくなった、かたくなったお握りを食べておられます。医者がたくさん来てくれています。日本じゅうから来てくれています。しかし、まだ足りません。

　現地のコントロールを責めるのは酷だと思います。この場合は、質ではなく量でカバーするしかないのだと思います。市役所の、県庁の、あるいは消防の、警察の、その現地の人々の家族がイコール被災者であります。その方本人も、私と同じく被災者でございます。無理難題を押しつけて、今問題ばかりをあげつらうよりも、今はどうすれば前向きにそれらのことが解決するのか、それを本当に国を挙げて考え、行動する、それが肝要かと思います。

　日本には医者はもうこれ以上いないのか。日本にはガスや水道の工事に携わってくださる技術者はもうこれ以上いないのか。日本には倒壊しそうなビルや家屋を検査してくださる、そういう技術を持った方はもうこれ以上いらっしゃらないのか。そんなことはない。この国が、本当に総力を挙げて被災地を救おうとしてくださっているのか。

　それは、単に被災を受けた地域の者のエゴで申し上げるのではありません。この被災は、たまたま今回は神戸、芦屋、西宮、淡路、そのような地域の方々に降りかかったものでございますが、いつ何とき、日本じゅうのどの方の身に降りかかってもおかしくはない。

　地震というもののエネルギーがこれほど人知を超えたものであるとは、正直想像だにいたしませんでした。その恐怖。しかし、人知が及ば

ないといってあきらめるのではなく、それでも努力をし、一歩でも万全に近い準備を重ねていくという努力、あきらめないという意思、これが今問われているのだと思います。

被災者の方々に、今何が一番必要ですか、一つ一つ回ってお尋ねをすると、希望だと、展望だと。家をなくして、もうこれ以上二重ローンの重荷に自分はとても耐えられぬ、土地を市に提供しでもいいから、自分に換地と住む家を、小さくなってもいいからくれ、そんな声はたくさんたくさんこの耳で聞いてまいりました。

そして、避難所の、収容されておられる被災者の方々の多くは、少ないところで三分の一、多いところで半分近くは御老人でございます。疎開先のある方々は表に出ておられます。なかなかない、あるいは障害を持たれた老人の方々、そういった方々を抱えて出るに出られない方々が本当に困窮しておられます。何とか国家としての総力を挙げてお助けいただきたい。

それは、単に今回被災に遭われた方を助けるということだけではなく、本当に日本人、国家というものが国民の生命財産を守ること、これがその存在理由の第一義かと思います。そのあかしを立てるときである、そう思います。総理におかれましては、日本国の責任者として、その指揮を果敢にとっていただきたい、ぞうお願いをしたいと思います。

今は、一人一人、だれが悪かったとか、どこに責任があるとか、そんなことをやっていると無用の混乱を増すばかりであります。そういう時期ではないと思うのです。住む家が欲しい、皆さんがそう言っておられます。子供たちが学校に行くための万全の支援をしていただきたい、そうお母さんたちが言っておられます。家を失うこと、地震に遭うこと、それがイコール人生を失うことであってはいかぬと思うのです。

まだまだ現場では、ちぐはぐなことが多うございます。ひとつ、総理がイニシアチブをおとりいただきまして、円卓会議とでも申しましょうか、被災を受けた住民の方々、ライフラインを預かる企業の方々、消防、警察、自衛隊、そして自治体、政府、そういった方々が一つのテーブル

を囲み、今の困難な状況をどう乗り越えるか、そして、これからどう防災に強い町づくり、国づくり、本当の地域コミュニティーというものを育てていくか、そんなしっかりした情報公開に基づいた会議が必要かと思います。

　一言御決意のほどをお答え賜れればと存じます。

○村山内閣総理大臣　今高見議員から、実際に被災地におられて地震の怖さを経験をされ、同時にあの倒壊したり、あるいはその倒壊された家屋の下敷きになって助けを求めておる状況やら、そうした現状の中に駆けずり回って救援活動をやられておる高見議員のお姿も私は現地で拝見をいたしましたけれども、今またそうした方々の立場に立った切々たる訴えがございました。

　全く胸に迫る、気持ちも引き締められるような思いで今拝聴いたしましたけれども、今お話もございましたように、あの被災地の中では、そうした状況の中にもかかわらず、みんなでかばい合い、助け合い、知恵も出し合って、そして元気づけて頑張っておられる状況というものに対して何とかこたえていかなきゃいかぬ、こういう気持ちで私もいっぱいでありますから、したがって、やれる範囲のことはもう思い切ってやってほしい、こういうふうに私はお願いもしてあるところであります。

　幸いに、現地には各省のメンバーを集めた現地本部もつくってありますし、そうした現地本部を活用する中で、ボランティアの方々やら関係者の意見も十分お聞きしながら、現状に対する対応に疎漏のないように万全を期していきたいと思いますし、同時に、私自身もまた必要があれば現地に出向いていって、そしてそうした方々の意見もじかに聞きながら、何とか二度とこんなことの繰り返しのないようなそういう体制というものをしっかりつくっていくために全力を挙げて取り組んでいかなければならぬ、こういう決意でございます。

資料 2　防災問題懇談会提言（平成 7 年 9 月 11 日）

I　はじめに

1　本懇談会の方針と提言の性格

　本懇談会は、自然災害に対応した国、地方公共団体等による防災体制の在り方について検討するため、平成 7 年 3 月 28 日に内閣総理大臣により設置されたものである。懇談会においては、4 月以降 6 回にわたり審議を重ね、阪神・淡路大震災の教訓を活かし新たな防災施策の確立を目指して、1)災害情報の収集及び伝達体制の在りかた、2)消防・救急・警察・医療・自衛隊等に係る緊急即応体制の在りかた、3)広域連携体制の在りかた、4)その他の災害対応体制の在りかた、について次に述べる基本的認識のもとに、II（運用・実務面の改善を行うべき施策）及び III（法改正など制度面の改善を行うべき施策）に述べる提言をまとめたものである。

　なお、本懇談会における審議においては、人命救助及び被災者保護という観点から、災害応急対策のための組織・体制、施設の在り方について検討することを主眼とした。そのため、地震の調査研究等の科学技術に関する事項、災害からの復旧復興に関する事項、自然災害以外の災害対策の具体化に関する事項等については、本提言では触れていないが、これらの点についても、政府において積極的に改善を図ることを強く望むものである。

2　基本的認識

1)阪神・淡路大震災の教訓

　平成 7 年 1 月 17 日に発生した阪神・淡路大震災は、死者 5,502 人、負傷者 41,527 人、全壊家屋 100,282 棟、避難者最大時約 32 万人、被害総額約 10 兆円という甚大な被害をもたらした。死者の多くは家屋倒壊や家

具転倒に起因した圧迫等による死亡であったと報告されており、建築物の耐震性の確保及び住民による家庭内の身近な安全対策の実施が大きな課題であることがあらためて明らかになった。

　一方、救助・消火活動については、災害の規模や激甚さに加え、被災地方公共団体の初動体制や要員等の限界などから、地域の対応能力を超える状況にあった。これに対して直ちに広域応援体制による大量の要員・資機材の投入が必要であったにもかかわらず、広域応援を行うための各種機能、システム、指揮調整の面で万全とはいえず、実行性及び迅速性を欠いたことは大きな反省点である。

　今回の教訓から、応急対策の面で被害の軽減に関わる問題点を整理すると、概ね次のとおりである。

　1.被害情報の収集・伝達についての問題

　　地元地方公共団体及びその職員が被災し、初動対応能力が低下したことや体制面・訓練習熟面の問題から、情報連絡及び意思決定のシステムが十分機能せず、被害調査、報告、応援要請その他の基本的な対応が発災直後困難となる状態に陥ったこと。

　2.国等の緊急即応体制についての問題

　　国及び周辺の地方公共団体は、発災直後に地元地方公共団体との連絡を開始したが、被災地からの確定情報が必ずしも十分でない等の事情から、初動対応の迅速かつ効果的な実施に支障をきたしたこと。

　3.広域連携についての問題

　　地方公共団体相互の応援協定は一部についてはあったものの、全体としてみると、要請・応援のシステムが大規模災害時の混乱の中で円滑に作動しなかったこと。

　4.緊急輸送等についての問題

　　道路の損壊及び車両の集中による極度の渋滞に加え、鉄道及び港湾の損壊も著しく、要員や物資の緊急輸送に著しい支障が生じたこと。

　　また、断水等により消防水利の確保が困難となったこと。

　また、被災者の生活支援の面でも、以下のような教訓を得ることとなった。

1.被災者、国民への的確な情報提供の重要性

2.多数の避難者に対する生活必需物資、避難所等の提供のための備えの重要性

3.ボランティアによるきめ細かな諸活動の重要性

4.ライフラインや交通網の耐震性及び機能の確保の重要性

2)災害対応の考え方

　災害には、第一次的には、住民に最も身近な行政体としての市町村が当たるものであるが、これを支援する都道府県、そしてさらに広域的支援を行う国が密接に連携する必要がある。また、災害から生命・財産を守ることは行政の防災活動だけで対応できるものではなく、国民一人ひとりの役割が重要である。本懇談会はこのような観点から、以下に述べる基本的な対応をそれぞれの主体に求めるものである。

　また、災害への対応は、災害の発生から時間を経るにしたがって刻々変化するものであり、それに見合った対応及びその準備を行うべきである。

1.地方公共団体の責務

　防災に関し第一次的な権限及び責任を有する市町村並びにそれを直接支援する都道府県は、住民の安全を守る責任を果たすため、災害対策の制度、システムを理解し、習熟しておくことが必要である。特に都市直下型地震に対する認識等、その地域における災害時の状況を予想し、対応することが必要である。的確な情報と迅速な行動が応急対策の成否を分けるとの認識の下に情報収集、応援要請等について、訓練等により円滑な対応がとれるよう準備することが重要である。

　発災直後は、現地の消防・警察等が、外部からの支援や指示を待つまでもなく、持場においてただちに救助・消火活動等に全力を挙げる

ことが応急対策の基本であるが、大規模災害に対処するためには、被災地外の地方公共団体及び国による広域的な応援体制が必要となる。そのため他の地方公共団体と協定を積極的に締結するとともに、要請及び応援の迅速な実施のための手続きを定めておく必要がある。特に都道府県にあっては、市町村への支援、国への連絡等その機能を十分発揮できるよう体制整備に努める必要がある。

　また、住民の防災意識の高揚や自主的な防災組織への参加促進を図ることは、地方公共団体としての大きなテーマであり、学校教育、社会教育も含めさまざまな場で住民に対し周知することが重要である。

2.国の責務

　国は、国民の安全な生活を確保する上で大きな責任と能力を有している。地方公共団体が独力で大規模災害に必要な体制整備を行うことは困難であり現実的でもなく、その能力には限界がある。したがって、大規模災害時には国において、積極的に地方公共団体の応急対策の支援を行うべきである。特に被災地方公共団体の機能が災害により低下している場合には、国は、都道府県、市町村との役割分担を尊重しつつも、総理大臣を陣頭に国の能力を発揮し、各行政機関等が一体となって緊急事態に対処することが求められる。

　このため、国は平時から地方公共団体との連携を強化するとともに、大規模災害時には国として、自ら迅速に情報を収集し、必要な支援を行える体制を整える必要がある。

3.国民の役割

　行政はもとよりであるが、国民は災害に対して危機意識を常に持ち、防災面での対応力を高めることが重要である。一人ひとりの国民が、少なくとも発災当初は自分の身を守るのはまず自分自身であるという意識を持ち、各種の災害についての対処の仕方を身につけ、住宅、家具、身近な危険物等の対策を含む事前の安全対策、水、食料、医薬品

等の備蓄に努めるとともに、地震が発生した場合における対応を確実に実行できるよう訓練等で身につけておくことが望ましい。

　また、発災直後には、地方公共団体の救援が行われるまでにある程度の時間が必要であるので、個人が家族や近隣の人と協力し、あるいは自主防災組織の活動に参加して、初期消火や安否の確認、救助、災害弱者の援助等の個人の力でもできる初期対応を行うことが重要である。

　さらに、企業は災害に対して自衛することはもとより、地域社会の一員として災害時には応急対策活動の面で積極的な貢献が一層望まれる。

II　運用・実務面の改善を行うべき施策

1　情報収集・伝達体制の整備

　災害時の応急対策を的確に行うためには、情報を速やかに収集し、収集された情報を関係機関に伝達することが必要である。国、地方公共団体や災害対策本部においては、その情報に基づき、対策を決定するとともに広く国民に情報提供を行う必要がある。それぞれの段階において特に積極的に推進すべき点を以下に掲げるが、これらの情報システムは国家的な危機管理システムを構成するものであり、その整備を急ぐべきである。

1)初期情報の収集体制等の総合的な整備

　警察・消防・自衛隊・海上保安庁等の機関は、災害時には、現地において組織的に情報を収集し、災害の規模を把握して、応急対策に資するとともに、さらに迅速に国等に情報を伝達することが必要であり、そのため情報収集専任職員の指定等の体制の整備を図るべきである。

　また、国は初期情報の収集・集約体制の整備を図る必要がある。

　さらに、救助・消火活動の的確な実施及び国や周辺地方公共団体等の

迅速な応援を可能とするため、被害把握に基づく総合的な判断が行えるよう、国、地方公共団体においては、行政のみならず電力会社、ガス会社等の公共機関等から情報を集める体制の整備等が必要である。

　この他、発災直後の被害情報の伝達系統を多重化するため、大規模災害により被災市町村から都道府県への連絡が困難になった場合等には、その市町村が一時的に都道府県を経由せず国への情報連絡を行うことも重要である。

2)初期情報の収集システムの高度化

　国及び地方公共団体は、迅速な情報収集・伝達のため、日常の業務に使用している現有施設の増強と活用に加え、航空機による状況調査、固定型の監視装置等の画像情報収集設備を整備し、これらのシステムの運営について予め習熟する必要がある。

3)被害の早期予測システムの開発

　地震発生直後に、警察、消防等の各機関からの通常の情報に加え、震度データ等と人口、地盤、建物等のデータベースを基に、被災地域の概括的な被災状況（人的被害、建築物被害等）の即時的な予測を行うとともに、それを救助活動や物資の輸送等にも活用できるような地震防災情報システムを開発し、将来的には災害予防対策、応急対策、復旧復興対策にも利用する必要がある。

4)無線通信網の整備

　国、地方公共団体等の防災関係機関は、災害時に情報収集や出先機関、実動部隊等との連絡を行うため、衛星通信を含む情報通信設備の整備等により通信網の充実強化を図るとともに、無線通信網の相互接続等によるネットワーク相互の連携及び運用方法の確立を図る。また、電力会社等の無線通信網を運用する民間の公共的機関との協力等による通信の多重化を図る必要がある。

　さらに、学校、病院等の施設や救援機関等の間の無線通信手段の確保に努めるべきである。

　この他、国においては、電波を効率的に利用し応急用により多く割り振るためのデジタル化及び狭帯域化の技術の開発・実用化を急ぐとともに、災害時における重要通信を確保するための運用調整を行う必要がある。

5)災害対策情報のデータ化

　国、地方公共団体が応急対策を迅速・的確に決定するには、災害の発生前に応急対策要員や応急用資機材に関する情報を、データベースとして統一的なシステムの下に収集・管理することが効果的である。災害時には、被害の情報把握が概括的・部分的な段階でも、例えば被災地の要員、資材に関するデータをもとに、必要と推定される応援要員、資材について周辺地域等から緊急輸送を開始するなど先行的に対策を講じることが望ましい。

6)国民に対する情報提供

　国及び地方公共団体により収集された情報や、国及び地方公共団体が実施しようとする対策については、被災者や一般国民へ伝達し、行政の信頼性を確保することが重要である。できるだけ首長自らも被災者等に直接、対応状況を説明するなど、広報に努めるべきである。また、報道機関の大きな役割にかんがみ、安否情報の提供を含め、その積極的な協力を得ることが重要である。

　さらに、関係機関が情報の共有等に努め、各機関の個別情報はもとより総合的な情報を被災者、国民に提供する必要がある。加えて、災害時に被災者が必要とする身近で実用的な情報等にアクセスできる地域の情報拠点を、地方公共団体において設置、運営すべきである。また、パソコン通信等を利用した国民の安否情報の通信等も積極的に検討する必要がある。

　なお、情報提供については、外国人の住民、旅行者にもわかりやすく行うための伝達手段の工夫等の配慮が必要である。

2　緊急即応体制

　大規模災害時には、被災地方公共団体と周辺の地方公共団体及び国が一体となった広域的な救急・救助を実施する必要がある。被災現場、その近接の応急拠点そして被災地から離れた後方支援地域のそれぞれにおいて的確な機能分担を行い相互の機動的な連携を図るべきである。また、地域における住民自身の防災力の強化も重要な課題である。そのため、以下のような点を積極的に推進すべきである。

1)国・地方公共団体による支援体制の整備
　1.地方公共団体が協同した広域的な応援活動
　　災害が一つの地方公共団体の対応能力を超えるような大規模災害に対し、周辺の地方公共団体の消防、警察が自発的かつ迅速に応援が行えるよう、地方公共団体においては、相互応援協定の締結を推進し、非常時の連絡体制、応援の内容等について予め取り決め、事前に訓練等により習熟しておく必要がある。
　　また、広域応援のための全国ベースの消防、警察による特別の援助隊を整備し、輸送体制や装備の充実等により実践力を高める必要がある。
　2.都道府県の機能の強化
　　市町村の応急対策を支援し地域住民の安全を守る上で、都道府県は大きな役割を担うべきものであることから、都道府県の組織系統の整備や、市町村への支援体制の強化等、災害に対する都道府県の総合的な調整機能の強化を図る必要がある。
　3.国の現地対策本部
　　国が災害対策本部を設置して、その下に現地対策本部を置く場合は、災害発生直後から現地と連携してその役割を果たせるよう、現地対策

本部長、現地対策本部要員についてあらかじめ指定し（例えば国土政務次官と関係省庁幹部）、発災後ただちに政府調査団のメンバーとして現地に派遣し、そのまま現地対策本部にスタッフとして常駐させる体制を整備すべきである。

4.自衛隊の派遣体制

　自衛隊の災害派遣は、都道府県知事等の要請を受けて実施することを原則とするものであるが、例外的に、要請を待つことなく自主的に派遣を行う場合の基準を明確にすべきである。

　また、都道府県と自衛隊との緊密な連携を確保するための連絡調整マニュアルの確立や共同の防災訓練の実施、ヘリポート等の救助・輸送の活動拠点の確保等に努める必要がある。

2)現地における医療、輸送等の即応体制の整備

1.緊急医療体制の整備

　災害時の病院機能の確保のため、ヘリポート等を完備し災害時に拠点となる病院を、建物及び設備の耐震性、患者の利便や医師の参集といった面からの立地条件等を勘案しながら整備する必要がある。

　また、災害時には負傷者の優先度を見極める選別区域、治療を行う現場救護所、後方移送のための待機所の3段構えを確立すべきである。

　各地方公共団体は救護班の編成に関する情報を把握し、隣接する地区、隣接県及び国との医療協力体制を整備するとともに、広域的な後方医療施設を選定することが必要である。

　また、大規模災害に備え、医療用資機材の開発、医薬品の備蓄・供給体制の整備、災害医療の専門医の養成並びに医療機関相互の情報ネットワーク及び協力体制の整備・強化を進める必要がある。

2.緊急輸送の確保

　災害時には、救助・救急活動を有効に機能させる点から、迅速な応援部隊の移動や患者の搬送等を図れるよう、ヘリコプターによる緊急輸送を最大限に行うことのできる体制の整備を図る必要がある。この

場合、ヘリの騒音、風圧等で住民の避難や消火・救出活動を妨げることのないよう、ヘリポートの開設、飛行ルートの設定等の点で、配慮することが必要である。

3.広域的な交通規制の実施

　大規模災害時には都道府県公安委員会において適切な交通規制を実施することはもとより、広域的な支援や輸送の確保のため、国家公安委員会が広域的な交通規制の指示を迅速かつ効果的に行うことが必要である。

　また、その際警察官等による違反車両や放置車両に対する強制排除を徹底しうる体制の整備が必要である。

4.船舶の活用

　災害が沿岸地域の都市を襲った場合、応急対策のため船舶を活用することが効果的と考えられるので、海上保安庁、自衛隊等の船舶を、災害時に被災者の治療、医療関係者の宿泊、緊急物資の輸送等に積極的に活用できる体制の整備を進めるとともに、大量の物資や車両を高速で搬送することの可能な超高速船の導入を検討する必要がある。

5.危険度判定の速やかな実施

　大規模地震発生後の余震等に伴う二次災害防止のため、水害・土砂災害の危険箇所の点検や被災建築物の危険度の判定を速やかに実施できるよう、関係機関・民間の協力及び地方公共団体相互の広域的な人材支援を得て、体制を整備すべきである。

3)関係機関の連携による総合的な緊急即応体制の整備

　災害時には、機動力を有する消防、警察、自衛隊、海上保安庁等の実動機関が効果的な応急活動を行えるよう、各機関が共通の情報を持ち、総合力を発揮することが必要である。このため、国及び地方公共団体の災害対策本部と各機関との現場での連携、チームワークを重視し、相互の情報交換を図る必要がある。

4)住民を含めた地域の防災力の強化

　緊急事態の中で一番先に動くのは被災箇所及びその周辺の人々であり、市民の防災力の基礎を強化していく必要がある。そのため、行政側では、平時から日常生活を通じて、地域の災害危険性を分かりやすく住民に周知するとともに地域の防災組織の育成や住民に対する訓練の実施、資材の確保等を進める一方地域住民の側では、自主防災の組織や活動について活性化を図り、総合的に地域の防災力の強化を図る必要がある。

3　避難者の生活支援

　大規模災害時に大量に必要となる水、食料等の物資、資材の備蓄を効率的に行うため、広域的な備蓄センターの整備を検討する必要がある。一方、避難所やその近辺での分散備蓄も、初期段階に必要な物資の確保の上で重要である。また、学校その他の公共的施設は有事の際の避難所や地域住民の情報連絡所として十分機能することができるよう適切な施設整備を行い、災害に備える必要がある。

　さらに、災害時には被災後の時間経過に伴い、避難者のニーズが変化するので、それに的確に応えられるよう、保健衛生、環境、快適性を考慮した避難所の管理運営体制を検討しておくことが必要である。

4　災害対策要員の確保、訓練

　災害発生時に防災職員が直ちに参集し活動できるよう、災害対策要員の住居等についてできるだけ職場の近接地に確保する等の配慮により、緊急参集体制の整備を図るべきである。

　また、職員自身や家族の被災、交通の途絶という事態により、相当数の職員が短時間で集合できないような場合も想定し、勤務時間内と勤務時間外に分け災害時の任務を決めておくとともに、意思決定者が欠けた場合等に備え、職務代行の人員をあらかじめ決定しておくなど、緊急の事態に迅速な対処を可能とする体制の整備が必要である。

　さらに、職員の防災対応力を強化していくことが重要であり、様々な事態を想定した実践的な防災訓練の充実とともに、防災専門家の育成を図るべきである。

5　防災基盤・施設整備等

　国土の整備にあたっては、防災の観点を十分反映した基幹交通体系の整備のための国土軸構想、災害に強い交通・通信インフラ、ライフラインの整備やそれらの多重ネットワークの検討が必要である。

　また、公共施設、民間建築物等についての重要度、緊急度に応じた耐震性及び代替性の確保について十分な検討を行い対策を急ぐとともに、対策の進捗状況が国民に分かるような配慮を行うべきである。特に、高速道路や新幹線等の重要交通施設、発電施設等、いったん被災した場合に重大な直接被害や応急対策活動、経済活動等に機能障害を与える基幹施設については、必要な耐震度を勘案した上で、その安全性をより高める必要がある。また、個人住宅等の民間建築物の耐震補強を促進するための施策を推進すべきである。

　さらに、現代の情報社会の中核となっているコンピューター等の情報のバックアップ体制の整備にも努めるべきである。

　防災基盤の整備の観点からは、避難地、避難路の整備、防災拠点施設の整備、ライフラインの地中化等による耐震性の確保、消防水利の多様化等とともに、災害時の救助や緊急輸送に重要な役割を果たすヘリポートの確保を促進することが必要である。

6　民間協力等

1)海外支援の受入れと国際協力

　国際化、情報化の状況の下、大規模災害時には外国から人的、物的支援の申し出が多数寄せられるようになっている。こうした支援については、事前に外国の支援部隊についての情報を把握し、必要なものを受け入れる場合には迅速な判断ができるようにする必要がある。

　災害時に支援部隊を受け入れる場合には、被災地の関係機関に負担を
かけることを避けるため、独力で行動できる自己完結型のものを原則に
すべきである。
　また、防災面での国際協力を推進するため、国連で決議された「国際
防災の十年」の推進や閣僚レベルでのアジア防災政策会議の開催等を図
り、アジア地域の防災協力を強化すべきである。

2)ボランティア等民間協力の活用と支援

　国民の中には、自らの地域を守ることはもとより、ボランティアとし
て被災者を支援するなどの自発的行動をとるという積極的な意識が広ま
りつつある。今回の震災でも明らかなように、ボランティアは被災者の
援助に大きく貢献するものであるが、それをさらに活かすため、自主活
動を損なわない形で側面的にボランティアに対する支援を充実させるこ
とが望ましい。
　行政においては、技能等を有するボランティアやリーダーの登録制度
を始め、ボランティア団体に対する法人格の付与、経済的基盤の確立の
ための支援策等について検討するとともに、リーダーの育成を図り、ま
た、災害時には特に行政面で手薄になっている分野をボランティアに周
知して、行政がボランティアと協力して被災者への効果的な援助に当た
れるよう努めるべきである。
　また、今次震災でボランティアとして活躍した国民の熱意を尊重し、
今後さらに醸成していくため、1月17日を「防災とボランティアの日」
として位置づけ、防災訓練が主体となる9月1日の「防災の日」とは異
なる形で、関係団体・機関において国民に身近な活動を中心に啓発行事
等を実施していくことが望ましい。
　さらに、企業や地域団体の協力を得てその力を防災に活かしていく発
想が重要であり、あらかじめ地方公共団体が企業等と協定・契約を結ん
でおき、災害時にその保有する多様な能力を活用できるようにしておく
ことを検討すべきである。

III 法改正など制度面の改善を行うべき施策

1 国の災害対応体制の在りかた

　地方公共団体の対応能力を超えるような大規模災害が発生した場合には、地方公共団体の対策と調整しつつ、国が積極的に応急対策に乗り出すべきであり、国は大規模災害時の応急対策支援のため、以下の点について所要の法律改正等を図り、迅速な体制の確立に資することが必要である。

　1)総理大臣をはじめ全閣僚による災害対策本部

　　大規模災害時には国が総力を挙げて集中的に緊急対応を行うため、総理大臣を本部長とする災害対策本部を設置し、総理自らが陣頭指揮を取ることが求められる。このため、現行災害対策基本法が要件としている経済統制等を必要とするような社会経済情勢の混乱が発生していなくとも、災害が著しく大規模であれば必要に応じ総理大臣を長とする災害対策本部を設置出来るようにすべきである。併せて、今次震災に際しては全閣僚による緊急対策本部が設けられ、国のトップレベルで大規模な応急措置を行ったことにかんがみ、このような場合の災害対策本部については全閣僚を本部員とすることが適当である。

　2)調整権限の強化

　　大規模災害時には、初動段階から応急対策まで、広範な行政分野にわたる各省庁の施策を連携させ、最も効果的に実行することが肝要であり、その司令塔となる国の災害対策本部の強力な指導力の発揮が求められる。このため、政府一丸となった対策を迅速に実施できるよう、災害対策本部長の権限の強化を図り、法律で明確にすべきである。

　　なお、本部長を補佐する本部事務局である国土庁防災局については、本部長の権限を円滑に発揮できるよう、組織・体制の整備、専門家の

養成等その調整・即応能力の強化を図る必要がある。

3)自衛隊の災害派遣

　大規模災害時に行われる国の初期支援のうち、最も期待されるのが自衛隊の災害派遣であるが、自衛隊の派遣に係る要請が円滑に行われるよう、災害派遣の要請手続きの簡略化のための措置を講ずる必要がある。また、現場において自衛官が人命救助、障害物の除去等のために必要な措置をとりうるよう、災害応急対策のために必要な自衛官の権限を法律上明確にすべきである。

4)現地対策本部の法定化

　大規模災害に際しては、現地における初動期の応急対策の迅速かつ的確な実施を図るため、国の災害対策本部の内部組織として現地対策本部を設けて、現地と中央との連絡調整を行うとともに、例えば救護班派遣計画の作成などのような緊急事項について即断即決できる体制が必要となる。このため、現地対策本部を法律に位置づけ、その体制を整備すべきである。

2　地方公共団体相互の広域応援協定

　大規模な災害が発生し、一つの地方公共団体の対応能力を超える場合に備え、地方公共団体においては、支援部隊や物資等の応援を受ける体制をあらかじめ用意しておく必要がある。このため、相互応援協定を法律に位置付け、締結の促進に資すべきである。

3　消防の広域応援要請

　消防の広域応援について、被災都道府県の中枢機能に支障が生じ、速やかな応援要請が行えないような場合等においても、迅速な応援出動を確保するため、国が他の都道府県又は特に緊急を要する場合には直接市町村に応援の要請をするといった法的システムを整備する必要がある。

4　新たな防災上の課題への対応

　ボランティアの活動環境の整備、海外からの支援に対する対応、高齢者・障害者等の災害弱者に対する防災上の配慮については、今回の震災において新たな課題となったが、現在法律上は明確な位置付けがないことから、国及び地方公共団体がこれらの事項の実施に努めるべきことを法律上明らかにすべきである。

5　災害相互支援基金の設立

　大規模災害による被災者の生活を迅速かつ弾力的に支援するため、全国地方公共団体が毎年度一定の額を拠出して積み立てておき、有事に際して被災地の支援を行う基金の制度を創設することを検討する必要がある。

　この基金は防災ボランティアに対する援助、防災についての総合的な研究に対する援助等も行えるようにすることを検討すべきである。

資料3　東日本大震災 菅首相による「国民へのメッセージ」

「国民へのメッセージ」2011/3/11 付

　国民の皆様、テレビ・ラジオでご承知の通り、11 日 14 時 46 分、三陸沖を震源とするマグニチュード 8.4 の非常に強い地震が発生しました。これにより、東北地方を中心として広い範囲に発生しています。被災された方々には心からお見舞いを申し上げます。

　なお、原子力施設については一部の原子力発電所が自動停止いたしましたが、これまでのところ外部への放射性物質などの影響は確認をされておりません。

　こうした事態を迎え、私を本部長とする緊急災害対策本部を直ちに設置いたしました。国民の皆さんの安全を確保し、被害を最小限に抑えるため、政府として総力を挙げて取り組んで参ります。国民に皆様におかれても、今後引き続き注意深くテレビやラジオの報道をよく受け止めて頂き、落ち着いて行動をされるよう心からお願いを申し上げます。

（日本経済新聞 2011/3/11 付
https://www.nikkei.com/article/DGXNASFS1103C_R10C11A3000000/）

資料4　菅首相記者会見 冒頭発言（平成23年4月1日）

　今日で震災発生から、ちょうど3週間が経過をいたしました。先ほどの持回り閣議で、今回の震災について「東日本大震災」と呼ぶことを決定をいたしました。改めて犠牲になられた皆様、御家族に心からお悔やみを申し上げ、被災された皆さんにお見舞いを改めて申し上げたいと思います。また、支援に当たっておられる自治体関係者、自衛隊、消防、警察など、本当に身を賭しての活動をされていることに心から敬意を表し、また、そうした公務員を持っていることを、私は総理として誇りに思っているところであります。

　更には世界から多くの支援の申し出を受け、御支援いただいていることも、この場を借りて改めてお礼を申し上げたいと思います。

　さて、今日は4月1日、新年度がスタートをいたしました。今年度予算は既に一部の関連法案とともに成立をいたしております。しかし、この予算提案後に起きた「東日本大震災」を受けて、まず最優先すべきはこの震災に対して被災者の支援、更には復旧復興に向けての政策を最優先しなければなりません。そこで、成立した予算ではありますけれども、一部を執行停止して、そして、そうした大震災の被災者に充てるための補正予算の準備に入りたいと思っております。補正予算は復旧復興の段階に応じて何段階かで必要になると考えておりまして、まず第一弾としてはがれきの処理、仮設住宅、更には雇用の確保、そして産業復旧の準備、こうしたことを第一弾として準備をしてまいりたい。今月中には第1次補正の中身をかためて、国会に提出をしていきたいと考えております。

　次いで、いよいよ復興に向けての準備に入らなければなりません。復

興は従来に戻すという復旧を超えて、素晴らしい東北を、素晴らしい日本をつくっていく。そういう大きな夢を持った復興計画を進めてまいりたいと思っております。この間、被災を受けられた自治体の市町村長の皆さんと電話などでいろいろと御意見を伺いました。そうした御意見も踏まえて、例えばこれからは山を削って高台に住むところを置き、そして海岸沿いに水産業、漁港などまでは通勤する。更には地域で植物、バイオマスを使った地域暖房を完備したエコタウンをつくる。そこで福祉都市としての性格も持たせる。そうした世界で1つのモデルになるような新たな町づくりを是非、目指してまいりたいと思っております。

　更に復興の中でも雇用の問題が重要であります。この地域はいろいろな部品の工場など、製造業もありますが、同時に農林漁業、特に漁業の盛んな地域であります。何としても1次産業を再生させていく、このことが重要だと考えております。

　こうした復興に向けて、その青写真を描くために、有識者や地元の関係者からなる「復興構想会議」を、震災1か月目となる今月11日までに立ち上げたいと、このように考えております。それとともに、この「復興構想会議」から出されるいろいろな提案や計画を、実行に移すための政府としての態勢づくりに入り、今月中にはその態勢もかためてまいりたいと、このように思っております。

　この復旧復興に関しては、野党の皆さんも積極的に協力を申し出ていただいておりますので、与野党超えて協力をして推し進める態勢をつくっていくことを考えており、また、そうなることを私としては切望をいたしております。

　次に、福島原発についてであります。この原子力事故に対しては3つの原則に立ってこれまでも取組み、これからも取り組んでまいります。

　その第一は、何よりも住民、国民の健康そして安全を最優先して事に当たる。このことであります。

　第二には、そこまでやらなくてもよかっただろうと言われるぐらいに、しっかりとリスクマネジメントをして対応していくということであります。

　そして第三には、あらゆる起こり得ることについてきちんとシナリオを予想し、それらに対してどういう状況が起きても、きちんと対処できるような態勢をつくっていくということであります。

　この３つの原則に立って現在、対応を進めているところであります。

　福島原発を安定状態に戻すため、現在２つの力を結集して対応を進めております。

　１つは言うまでもありません。政府、そして事業者である東京電力や関連企業、更には原子力委員会など、専門家の皆さん総力をあげ協力をして、この問題に取り組んでいただいている、あるいは取り組んでおります。

　もう一つは国際的な協力であります。特にアメリカの関係者は既に事故対策に本格的に加わっていただき、共同作業に入っていただいております。また、オバマ大統領も先日の電話対談で、改めて全面的な協力を約束いただきました。昨日来日されたサルコジ大統領は、原発先進国としてフランスの関係者による協力に加えて、Ｇ８、Ｇ20の議長として、そうした立場での協力を申し出ていただきました。

　更にＩＡＥＡも既に専門家を派遣いただいて、いろいろと対応をいただいております。この福島原発については、長期戦も覚悟して、必ず勝ち抜いていく。その覚悟をもって臨んでまいります。国民の皆様にもいろいろと御不便をおかけいたしますけれども、必ずこの問題に打ち勝って、安心できる体制に戻していくことをお約束いたしたいと思います。

　次に、この震災発生から３週間の中で、私は本当にある意味でこの悲惨な震災ではありますけれども、一方で、大変心を揺さぶられるような姿を今、見ております。それは日本の中で、そして世界の中で、私たち日本のこの危機に対して、連帯して取り組もうという、そういう機運が非常に高まっていることであります。

　国内でも、ややもすれば日本では人と人との絆が薄れてきたと言われてきましたけれども、今回の震災に関しては、自治体の皆さん、企業の皆さん、ＮＰＯの皆さん、そして個々人が自らの意思で何とか支援をしよう、協力をしよう、立ち上がっていただいております。私はこうした人々の絆が改めて強く結ばれ、その結び付きが広がっていることは、日本の新しいすばらしい未来を予感されるもの。必ずやすばらしい未来を勝ち取ることができると確信をいたしております。

　災害について多くの随筆を残した物理学者の寺田寅彦さんは、日本人を日本人らしくしたのは神代から今日まで根気よく続けられてきた災害教育だと、その随筆の中で述べておられます。

　私は、今回の「東日本大震災」を乗り越える中で、日本人が改めて絆を取り戻し、そしてすばらしい日本を再生することができると確認いたしております。そしてその中で私自身、そして私の内閣は、皆さんの先頭に立って全力を挙げて頑張り抜くことをお約束を申し上げて、この記者会見冒頭の発言とさせていただきます。

どうもありがとうございました。

（首相官邸 HP　「菅内閣総理大臣記者会見」平成 23 年 4 月 1 日
https://www.kantei.go.jp/jp/kan/statement/201104/01kaiken.html）

尚、記事としては以下。
asahi.com（朝日新聞社）: 震災発生から 3 週間　菅首相の記者会見全文
〈4 月 1 日〉東日本大震災
https://www.asahi.com/special/10005/TKY201104010533.html

資料5　災害応急対策に関する基本方針

災害応急対策に関する基本方針

平成 23 年 3 月 11 日
平成 23 年宮城県沖を震源とする地震
緊急災害対策本部

　本日 14 時 46 分頃に発生した地震は、東北を中心に北海道から関東地方にかけての広い範囲を中心に、地震動、津波等により、激甚な被害が発生している模様である。さらに、今後の余震により、被害が拡大する可能性も考えられる。

　このため政府として、以下の基本方針に基づき、地方自治体と緊密に連携し、被災者の救援・救助をはじめとする災害応急活動に総力をあげて取り組むとともに、国民生活及び経済活動が早期に回復するよう全力を尽くす。

1.災害応急活動が円滑に行えるよう、関係省庁は情報の収集を迅速に行い、被害状況の把握に全力を尽くす。
2.人命の救助を第一に、以下の措置により被災者の救援・救助活動、消火活動等の災害応急活動に全力を尽くす。
　⑴　全国から被災地に、自衛隊の災害派遣部隊、警察広域緊急援助隊、緊急消防援助隊、海上保安庁の部隊及び災害派遣医療チーム（DMAT）を最大限派遣する。
　⑵　応急対応に必要な人員、物資等の緊急輸送路を確保するため、高速道路や幹線道路等の通行路の確保に全力を挙げる。
　⑶　救援・救助活動等の応急対策を適切に進めるため、必要に応じて航空情報（ノータム）の発出等により、関係機関、関係団体の協力の下、

被災地上空及びその周辺空域における航空安全の確保を図る。

3.被災地住民の生活の復旧等のため、電気、ガス、水道、通信等のライフラインや鉄道等の交通機関の復旧に全力を挙げる。

4.応急対応に必要な医療物資、食料、飲料水及び生活必需品、並びに緊急輸送路・ライフライン等の復旧のための人員、物資を確保するため、全国からの官民一体となった広域応援体制を確保する。

5.被災地の住民をはじめ、国民や地方自治体、関係機関が適切に判断し行動できるよう、的確に情報を提供する。

引用文献

※以下項目ごと五十音順で整理

Donald F. Kettl. *The next government of the United States,* W.W.Norton & Company Ltd.,2009,p.25

Herbert A.Simon,*The sciences of the artificial*, The MIT Press,2019,pp.3-8

John W.Kingdon. Agendas, Alternatives,and Public Policies, Second Edition, Pearson Education Limited,2007,p.172

United States Government Us Army. *Field Manual Fm 3-0 Operations*, 2017,p.25

青山佾（2002）『自治体職員のための危機管理読本』都政新報社

浅野一弘（2010）『危機管理の行政学』同文館出版

秋吉貴雄・伊藤俊一郎・北山俊哉（2010）『公共政策学の基礎』有斐閣ブックス

足立敏之（2014）『これからの国土づくりを考える—2020 年オリンピック・パラリンピックを見据えて—』国土技術研究センター

足立幸男（1994）『公共政策学入門〜民主主義と政策』有斐閣

伊藤廉（2014）『日本の災害対策のあらまし』一般財団法人日本防火・危機管理促進協会

岩崎正洋編（2012）『政策過程の理論分析』三和書籍

遠藤美恵子（2014）『虹の向こうの未希へ』文藝春秋

生田長人（2013）『防災法』信山社

大泉光一（2006）『危機管理学総論 理論から実践的対応へ』ミネルヴァ書房

大川小学校事故検証委員会（2014）『大川小学校自己検証報告書』

大槌町（2018）『東日本大震災津波における大槌町災害対策本部の活動に関する検証報告書』

大橋洋一（2010）『政策実施』ミネルヴァ書房

越智文雄（2011）『東日本大震災における自衛隊の医療活動』The Japanese Journal of Rehabilitation Medicine、48

海上保安庁（2019）『海上保安レポート2019』

鍵屋一（2011）『自治体の防災・危機管理のしくみ』学陽書房

風間規男（2013）『新制度論と政策ネットワーク論』『同志社政策科学研究』、14(2)

加藤朗（1999）『危機管理の概念と類型』『日本公共政策学会年報』セッション1

加藤直樹・太田文雄（2010）『危機管理の理論と実践』芙蓉書房出版

上富良野町（1998）『上富良野百年史』

河田恵昭（1997）「大規模地震災害による人的被害の予測」日本自然災害学会『自然災害科学』3-13

京都大学防災研究所編（2003）『防災計画論』山海道

警察庁（1996）『平成8年警察白書』

警察庁（2011）『平成23年警察白書』

警察庁緊急災害警備本部（2014）『平成23年（2011年）東北地方太平洋沖地震の被害状況と警察措置』広報資料

高坂正堯, 桃井真共編（1973）『多極化時代の戦略（下）さまざまな模索』日本国際問題研究所

上妻博明（2007）『災害対策基本法の解説』一橋出版

災害救助実務研究会（2011）『災害救助の運用と実務　平成23年版』第一法規

災害対策法制研究会編（2014）『災害対策基本法改正ガイドブック』大成出版社

榊原清則（2010）「『人工物とその価値』の研究」『組織科学』　Vol44

佐々淳行（1997）『公務員研修双書　危機管理』ぎょうせい

佐藤仁（2020）「『防災省』を創設せよ」『Voice 令和2年4月号』PHP研究所

佐藤洋 (2004)『日本における危機管理システムの動向とクライシスアセスメント手法』『安全工学』Vol. 43, No5

新治毅・杉山徹宗 (2013)『危機管理入門〜危機にどのように立ち向かうか』鷹書房

七十七銀行 (2017)『調査月報』

城山英明、鈴木寛、細野助博編 (1999)『中央省庁の形成過程』中央大学出版部

城山英明、鈴木寛、細野助博編 (2002)『続・中央省庁の政策決定過程』

消防庁 (2013)『東日本大震災記録集』

消防庁防災課監修、防災法研究会編 (1987)『災害対策基本法解説』全国加除法令出版

消防庁編 (2018)『消防白書 (平成30年)』

消防基本法制研究会 (2013)『逐条解説消防組織法第三版』東京法令

庄司潤一郎 (2019)『朝鮮戦争と日本の対応 (続)――山口県を事例として』『朝鮮戦争と日本』防衛研究所

高見裕一 (1995)『阪神・淡路大震災 官災・民災 この国の責任』ほんの木

高寄昇三 (1996)『阪神大震災と自治体の対応』学陽書房

中央防災会議 (1997)『防災基本計画』

中央防災会議 (2014)『防災基本計画』

中央防災会議 (2020)『防災基本計画』

東京都防災会議 (2012)『東京都地域防災計画 (震災編)』

内閣府 (2004)『平成16年防災白書』財務省印刷局

内閣府 (2008)『1959 伊勢湾台風報告書』災害教訓の継承に関する専門調査会

内閣府 (2014) ナショナル・レジリエンス (防災・減災) 懇談会第1回資料

永井幸寿他 (2012)『災害救助法徹底活用』クリエイツかもがわ

中澤俊輔 (2018)『20世紀の警察と防災』『史学雑誌』127巻6号

永田尚三『消防・防災政策の形成と展開』ミネルヴァ書房（2013）『公共政策の歴史と理論（第 4 章）』ミネルヴァ書房

中邨章・市川宏雄編（2014）『危機管理学〜社会運営とガバナンスのこれから』第一法規

浜谷英博・松浦一夫編（2012）『災害と住民保護』三和書籍

早川純貴・内海麻利・田丸大・大山礼子（2004）『政策過程論〜政策科学への招待』学陽書房

火箱芳文（2015）『即動必達』マネジメント社

防衛庁（2005）『平成 17 年版防衛白書』

防災行政研究会編集（2016）『逐条解説災害対策基本法　第 3 次改訂版』ぎょうせい

松尾庄一（2018）『明治期の警察に関する諸考察』警察政策学会資料、第 101 号

松下圭一（1993）『政策型思考と政治（第 4 刷)』、東京大学出版会

松島悠佐（1996）『阪神大震災自衛隊かく戦えり』時事通信社

真山達志編（2016）『政策実施の理論と実像』ミネルヴァ書房

宮川公男（2002）『政策科学入門（第 2 版)』東洋経済新報社

村上薫（1974）『防衛庁』教育社新書

村上友章（2013）『自衛隊の災害派遣の史的展開』、『国家安全保障』第 41 巻第 2 号

村松鋭一（2010）『制御工学入門』養賢堂

吉田典史（2012）『もの言わぬ 2 万人の叫び封印された震災死その真相』世界文化社

和田英夫、小林直樹、深瀬忠一、古川純（1987）『平和憲法の創造的展開 総合的平和保障の憲法学的研究』学陽書房

参考文献・参考資料

⑴全編を通し利用したもの

朝雲新聞社編集局（各年）『自衛隊装備年鑑』朝雲新聞社

岩手県（2013）『岩手県東日本大震災の記録』岩手県

生田長人（2013）『防災法』信山社

海上保安庁（各年度）『海上保安レポート』日経印刷

気象庁（2018）『気象庁防災業務計画（平成30年8月）』

京都大学防災研究所編（2001）『防災学ハンドブック』朝倉書店

警察庁（各年度）『警察白書』

警察庁（2013）『平成23年回顧と展望　東日本大震災と警察』警察庁

災害救助実務研究会（2012）『災害救助の運用と実務（平成23年版)』第一法規

災害対策制度研究会編『日本の災害対策』(初版:1986、改訂版:1991、新版:2002)

消防庁（各年度）『消防白書』

消防庁（2013）『東日本大震災記録集』消防庁

消防庁防災課監修、防災法研究会編（1987）『災害対策基本法解説』全国加除法令出版

総理府(2000)『阪神・淡路大震災復興誌』総理府

田中淳・吉井博明（2008）『災害危機管理入門』弘文堂

田中淳・吉井博明（2008）『災害情報入門』弘文堂

大規模災害応急対策研究会編(1996)『我が国の新しい大規模災害応急対策』ぎょうせい

中央防災会議（各年度）『防災基本計画』

内閣府（各年）『防災白書』

永松伸吾（2008）『減災政策論入門』弘文堂

日本安全保障・危機管理学会編（2014）『究極の危機管理』内外出版

ひょうご震災記念21世紀研究機構災害対策全書編集企画委員会（2012）『災害対策全書』（1〜4、別冊）ぎょうせい

福島県（2013）『東日本大震災の記録と復興への歩み』福島県

防衛省・防衛庁（各年度）『防衛白書』

防衛省・防衛庁（各年度）『防衛省（庁）防災業務計画』

防災行政研究会編（各年）『逐条解説災害対策基本法』（第二版、改訂版、第三次改訂版）ぎょうせい

防衛年鑑刊行会（各年）『防衛年鑑』防衛メディアセンター

松澤勲（1988）『自然災害科学事典』築地書館

宮城県（2012）『東日本大震災-宮城県の6か月間の災害対応とその検証』宮城県

⑵東日本大震災関連

a）全般

稲継裕昭編（2018）『東日本大震災大規模調査から読み解くさいがい対応自治体の体制・職員の行動』第一法規

岩本由輝編（2013）『歴史としての東日本大震災　口碑伝承をおろそかにするなかれ』刀水書房

関西大学社会安全学部編（2012）『検証東日本大震災』ミネルヴァ書房

関西大学社会安全学部編（2016）『東日本大震災復興5年目の検証』ミネルヴァ書房

佐々木晶二（2017）『防災・復興法制 東日本大震災を踏まえた災害予防・復旧・復興制度の解説』第一法規

震災対応セミナー実行委員会（2012）『3.11 大震災の記録』民事法研究会

b）手記等

＜消防関係＞

久保信保（2017）『我、かく闘えり 東日本大震災と日本の消防』近代消防社

後藤一蔵（2014）『消防団　生い立ちと壁、そして未来』近代消防社

消防大学校編（1996）『救急実務』ぎょうせい

高橋文雄（2016）『東日本大震災　直後の被災地で』近代消防社

瀧澤忠德（2012）『消防・防災と危機管理 全国自治体職員のための入門・概説書』近代消防社

Jレスキュー編（2011）『ドキュメント東日本大震災救助の最前線で』イカロス出版

日本消防協会編（2012）『消防団の闘い 3.11 東日本大震災』近代消防社

日本消防協会編（2013）『消防団 120 年史　日本消防の今日を築き明日を拓くその歩み』近代消防社

　＜警察関係＞

岩手県警察本部監修（2013）『証言・岩手県警察の 3.11　使命』岩手日報社

講談社ビーシー編（2014）『あなたへ。東日本大震災　警察官援護記録』講談社

福島県警察本部監修（2012）『ふくしまに生きる　ふくしまを守る　警察官と家族の手記』福島県警察互助会

山野肆朗（2013）『警察の本分 いま明かす石巻署員がみた東日本大震災』総和社

　＜自衛隊関係＞

大場一石（2014）『証言自衛隊員たちの東日本大震災』並木書房

須藤彰（2011）『東日本大震災自衛隊救援活動日誌』扶桑社

白濱龍興（2004）『知られざる自衛隊災害医療』悠飛社

高嶋博視（2014）『武人の本懐 東日本大震災における海上自衛隊の活動記録』講談社

瀧野隆浩（2012）『ドキュメント自衛隊と東日本大震災』ポプラ社

火箱芳文（2015）『即動必遂　東日本大震災　陸上幕僚長の全記録』マネジメント社

　＜海上保安庁関係＞

海上保安協会編（2012）『東日本大震災 そのとき海上保安官は』成山堂

書店
　＜医療関係＞
石井正（2012）『東日本大震災　石巻災害医療の全記録　最大被災地を医療崩壊から救った医師の7カ月』講談社
石巻赤十字病院、油井りょう子（2016）『石巻赤十字病院の100日間』小学館文庫
海堂尊監修（2011）『救命〜東日本大震災、医師たちの奮闘』新潮文庫
久志本成樹監修（2011）『石巻赤十字病院、気仙沼市立病院、東北大学病院が救った命〜東日本大震災医師たちの奇跡の744時間』
全国訪問ボランティアナースの会キャンナス編（2012）『ボランティアナースが綴るドキュメント東日本大震災』三省堂
日本看護協会出版会編集部編（2011）『ナース発東日本大震災レポート』日本看護協会出版会
岩田やすてる（2013）『啓け〜被災地への命の道をつなげ』コスモの本
轟朝幸・引頭雄一（2018）『災害と空港〜救援救助活動を支える空港運用』成山堂書店
道下弘子（2012）『東日本大震災語られなかった国交省の記録』JDC出版
米田雅子・地方建設記者の会（2012）『大震災からの復旧〜知られざる地域建設業の闘い
　＜国土関係＞
岡田広之（2015）『被災弱者』岩波新書
田中幹人・標葉隆馬・丸山紀一朗（2012）『災害弱者と情報弱者〜3.11後、何が見逃されたのか』筑摩書房
中村雅彦（2012）『あと少しの支援があれば〜東日本大震災　障がい者の被災と避難の記録』ジアース教育新社
松下忠洋（2005）『防災と国創り』山海堂
　＜政治家・首長・自治体等＞
猪瀬直樹（2015）『3.11気仙沼公民館に取り残された446人　救出』河出書房新社

海江田万里（2012）『海江田ノート　原発との闘争176日の記録』講談社

菅直人（2012）『東電福島原発事故　総理大臣として考えたこと』幻冬舎新書

菅野典雄（2011）『美しい村に放射能が降った　飯館村長決断と覚悟の120日』ワニブックス

北澤俊美（2012）『日本に自衛隊が必要な理由』角川グループパブリッシング

越野修三（2012）『東日本大震災津波　岩手県防災危機管理監の150日』ぎょうせい

小滝晃（2013）『東日本大震災緊急災害対策本部の90日~政府の初動・応急対応はいかになされたか』ぎょうせい

佐藤仁（2014）『南三陸町の3年　あの日から立ち止まることなく』河北新報出版センター

自治労・岩手自治労連編　晴山一穂監修（2014）『3.11岩手　自治体職員の証言と記録』大月書店

下村健一（2013）『首相官邸で働いて初めてわかったこと』朝日新書

田坂広志（2011）『官邸から見た原発事故の真実』光文社新書

立石秀清（2017）『東日本大震災震災市長の手記』近代消防社

戸羽太（2011）『被災地の本当の話をしよう　陸前高田市長が綴るあの日とこれから』ワニブックス

福山哲郎（2012）『原発危機　官邸からの証言』ちくま新書

松本健一（2014）『官邸危機』ちくま新書

村井嘉浩（2012）『復興に命をかける』PHP研究所

村井嘉浩（2012）『それでも東北は負けない　宮城県知事が綴る3.11の真実と未来への希望』ワニブックス

　＜その他＞

池上正樹（2011）『東日本大震災石巻の人たちの50日間　ふたたび、ここから』ポプラ社

池上正樹、加藤順子（2012）『あのとき、大川小学校で何が起きたのか』

青志社

河北新社編集局（2012）『再び、立ち上がる！河北新報社東日本大震災の記録』筑摩書房

河北新報社（2011）『河北新報のいちばん長い日　震災下の地元紙』文藝春秋

小菅信子（2014）『放射能とナショナリズム』彩流社

杉田敦（2012）『3・11の政治学　震災・原発事故のあぶりだしたもの』シーエービー出版

東京電力福島原子力発電所事故調査委員会（2012）『国会事故調報告書』徳間書店

NHK取材班（2012）『あれからの日々を数えて　東日本大震災・一年の記録』大槻書店

東野真和（2012）『駐在記者発大槌町震災からの365日』岩波書店

東野真和（2012）『駐在記者発大槌町震災2年目の365日』岩波書店

福島原発独立検証委員会（2012）『福島原発事故独立検証委員会 調査・検証報告書』日本再建イニシアティブ

福島原発事故記録チーム編（2013）『福島原発事故 東電テレビ会議49時間の記録』岩波書店

読売新聞社（2011）『記者は何を見たのか　3.11東日本大震災』中央公論新社

⑶阪神淡路大震災

朝日新聞大阪本社（1996）『阪神・淡路大震災誌』朝日新聞社

朝日新聞『論壇』編（1995）『激論・阪神大震災』朝日新聞社

阿部泰隆（1995）『阪神・淡路大震災に学ぶ政策法学 大震災の法と政策』日本評論社

大島章嘉（1996）『阪神淡路大震災に学ぶ行政の防災対策は大丈夫か』日新報道

小川和久（1998）『ヘリはなぜ飛ばなかったか』文藝春秋

小里貞利（1995）『震災大臣特命室』読売新聞社

貝原俊民（1995）『大震災100日の記録　兵庫県知事の手記』ぎょうせい

貝原俊民（2005）『大震災は何を語りかけたのか　大地からの警告』ぎょうせい

貝原俊民（2009）『兵庫県知事の阪神・淡路大震災　15年の記録』丸善

神谷秀之（2004）『阪神・淡路大震災10年　現場からの警告　日本の危機管理は大丈夫か』神戸新聞総合出版センター

神戸市消防局雪編集部・川井龍介（2012）『阪神淡路大震災 消防隊員死闘の記』旬報社

神戸新聞社（2000）『大震災問わずにいられない』 神戸新聞総合出版センター

神戸都市問題研究所（1996）『都市政策』勁草書房、特にNo.82、84

後藤武（2004）『阪神・淡路大震災　医師として何ができたか』じほう

塩崎賢明・西川榮一・出口敏一、兵庫県震災復興研究センター（2002）『大震災100の教訓』クリエイツかもがわ

高見裕一（1995）『阪神・淡路大震災 官災・民災この国の責任』ほんの木

高見裕一（1995）『官邸応答せよ』朝日新聞社

高寄昇三（1996）『阪神大震災と自治体の対応』学陽書房

滝実（1995）『阪神淡路大震災の熱く長い一日』日本法制学会

中谷和夫（1995）『医師たちの阪神大震災』TBSブリタニカ

松島悠佐（1996）『阪神大震災　自衛隊かく戦えり』時事通信社

松島悠佐（2005）『大震災が遺したもの　教訓は生かされたか阪神淡路十年目の事実』内外出版

村山富市（1998）『そうじゃのう・・・村山富市首相体験のすべてを語る』第三書館

森田武（2005）『震災の教訓を生かそう～阪神・淡路大震災から10年』近代消防社

陸上自衛隊中部方面総監部（1995）『阪神・淡路大震災災害派遣行動史』

柳田邦男（2004）『阪神・淡路大震災10年　新しい市民社会のために』岩波新書

⑷その他の災害等
朝日新聞社『奥尻その夜』取材班（1994）『奥尻その夜』朝日新聞社
稲泉連（2014）『ドキュメント豪雨災害　そのとき人は何を見るか』岩波新書
鐘ヶ江管一（1993）『普賢、鳴りやまず』集英社
鎌田浩毅（2015）『西日本大震災に備えよ　日本列島大変動の時代』PHP新書
河田惠昭（2016）『日本水没』朝日新聞出版
河田惠昭（2018）『津波災害　減災社会を築く』岩波新書
国分郁男・吉川秀夫（1999）『ドキュメント東海村　火災爆発と遭遇した原子力村の試練』ミオシン出版
坂篤郎・地震減災プロジェクトチーム監修（2005）『巨大地震　首都直下地震の被害・防災シミュレーション』角川書店
高橋裕（2012）『川と国土の危機　水害と社会』岩波新書
高橋裕（2015）『国土の変貌と水害』岩波新書※1971年版の復刊
土屋信行（2014）『首都水没』文春新書
長岡市災害対策本部編（2005）『中越大地震　自治体の危機管理は機能したか』ぎょうせい
永田尚三（2009）『消防の広域再編の研究　広域行政と消防行政』武蔵大学出版会
平田直（2016）『首都直下地震』岩波新書
山岡耕春（2016）『南海トラフ地震』岩波新書
山と渓谷社編（2014）『ドキュメント御嶽山大噴火』山と渓谷社

⑸危機管理関係
浅野一弘（2010）『危機管理の行政学』同文館出版

石井延幸・長井健人・松井照吾（2009）『パンデミックBCP構築ガイドブック』日刊工業新聞社

石井隆一（2004）『地方分権時代の自治体と防災・危機管理』近代消防社

井堀利宏（2004）『リスク管理と公共財供給』清文社

大泉光一（1997）『クライシス・マネジメント　危機管理の理論と実践』同文館

大泉光一（2006）『危機管理学総論』ミネルヴァ書房

加藤直樹・太田文雄（2010）『危機管理の理論と実践』芙蓉書房出版

佐々淳行（1997）『危機管理』ぎょうせい

佐々淳行（2007）『危機管理最前線』文藝春秋

高橋滋・渡辺智之編（2011）『リスク・マネジメントと公共政策』第一法規

武井勲（1998）『リスク・マネジメントと危機管理』中央経済社

多々納裕一・高木朗義編（2005）『防災の経済分析 リスクマネジメントの施策と評価』勁草書房

中邨章・市川宏雄編（2014）『危機管理学 社会運営とガバナンスのこれから』第一法規

中邨章・牛山久仁彦編（2012）『政治・行政への信頼と危機管理』芦書房

新治毅・杉山徹宗（2013）『危機管理入門危機にどのように立ち向かうか』鷹書房弓プレス

一般社団法人日本安全保障・危機管理学会編（2014）『究極の危機管理』内外出版

畑中洋太郎（2011）『東日本大震災に学ぶ未曽有と想定外』講談社現代新書

畑中洋太郎（2011）『「想定外」を想定せよ　失敗学からの提言』NHK出版

(6)全般・その他
青山貴洋（2019）『「自助・共助・公助」と「市民」による地域防災力：

食料危機管理政策からみた災害時空白期間における相互補完的防災体制の可能性』法政大学大学院公共政策学研究科

五百旗頭監修・大西裕編（2017）『災害に立ち向かう自治体間連携』ミネルヴァ書房

五百旗頭真監修・御厨貴編（2016）『大震災復興過程の政策比較分析』ミネルヴァ書房

市川宏雄・中邨章編（2018）『災害発生時における自治体組織と人のマネジメント』第一法規

井野盛夫（2018）『地域を「地区防災計画」で守る』羽衣出版、植田和弘（2016）『被害・費用の包括的把握』東洋経済新報社

今井良（2019）『内閣情報調査室公安警察、公安調査庁との三つ巴の闘い』幻冬舎

今村都南雄（2006）『官庁セクショナリズム』東京大学出版会

宇佐美淳（2023）『コミュニティ・ガバナンスにおける自治体職員の役割 "地域密着型公務員" としての「地域担当職員制度」』公人の友社

大西裕（2017）『災害に立ち向かう自治体間連携』ミネルヴァ書房

木下誠也（2018）『自然災害の発生と法制度』コロナ社

金山泰介（2013）『警察行政概論』立花書房

京都大学防災研究所編（1997）『地域防災計画の実務』鹿島出版会

京都大学防災研究所編（2003）『防災計画論』山海堂

小原隆治・稲継裕昭（2015）『震災後の自治体ガバナンス』東京経済新報社

斎藤徳美（2005）『地域防災・減災自治体の役割岩手山噴火危機を事例に』イマジン出版

齊藤誠（2015）『震災と経済』東洋経済新報社

酒井明子・菊池志津子（2018）『災害看護 看護の専門知識を統合して実践につなげる』南江堂

佐島尚子（2001）『誰も知らない防衛庁 女性キャリアが駆け抜けた、輝ける歯車の日々』角川書店

高木照男（2016）『市町村のための防災・危機管理』星雲社

高木照男（2017）『市町村のための防災・危機管理Part Ⅱ』星雲社

田村正（2015）『警察行政法解説　第二版』東京法令出版

津久井進（2012）『大災害と法』岩波新書

辻中豊編（2016）『政治過程と政策』東洋経済新報社

都政新報編集部（2012）『東京の3・11　東日本大震災からの教訓』都政新報社

戸田俊彦（1977）『防災前線』全国加除法令出版

永澤義嗣（2018）『気象予報と防災　予報官の道』中公新書

中村八郎（2005）『これからの自治体防災計画 予防こそ災害の基本』自治体研究社

西澤雅道・筒井智士（2014）『地区防災計画制度入門』NTT出版

平居秀一（2019）『警察行政法』立花書房

平田直・佐竹健治・目黒公郎・畑村洋太郎（2011）『巨大地震巨大津波 東日本大震災の検証』朝倉書店

廣井脩（1991）『災害情報論』恒星社厚生閣

廣井脩監修（2000）『災害 放送・ライフライン・医療の現場から』ビクターブックス

防災行政研究会編（2006）『大規模災害に於ける緊急消防援助隊ハンドブック』東京法令出版

松岡京美・村山徹編（2016）『災害と行政』晃洋書房

馬奈木俊介編（2013）『災害の経済学』中央経済社

南裕子・山本あい子編（2007）『災害看護学習テキスト 概論編』日本看護協会出版会

室田哲夫（2018）『自治体の災害初動対応近年の災害対応の教訓を活かす』近代消防社

山根峯治（2005）『ヘリコプター災害救助活動』内外出版

⑺参照 URL（頻繁に参照した主なものを中心に機関別に記載）

首相官邸　https://www.kantei.go.jp/

内閣官房　https://www.cas.go.jp/

内閣府　https://www.cao.go.jp/

内閣府防災　http://www.bousai.go.jp/

中央防災会議　http://www.bousai.go.jp/kaigirep/chuobou/index.html

国家公安委員会　https://www.npsc.go.jp/

警察庁　https://www.npa.go.jp/

国会公文書館　http://www.archives.go.jp/

法務省　http://www.moj.go.jp/

公安調査庁　http://www.moj.go.jp/psia/

厚生労働省　https://www.mhlw.go.jp/

文部科学省　https://www.mext.go.jp/

地震調査研究推進本部（地震本部）　https://www.jishin.go.jp/

環境省　http://www.env.go.jp/

原子力規制委員会 HP　https://www.nsr.go.jp/

総務省　https://www.soumu.go.jp/

総務省統計局　https://www.stat.go.jp/

総務省消防庁　http://www.fdma.go.jp/

国土交通省　http://www.mlit.go.jp/

運輸安全委員会　https://jtsb.mlit.go.jp/

海上保安庁　https://www.kaiho.mlit.go.jp/

気象庁　https://www.jma.go.jp/

国土地理院　https://www.gsi.go.jp/top.html

復興庁　https://www.reconstruction.go.jp/

防衛省　https://www.mod.go.jp/

統合幕僚監部　https://www.mod.go.jp/js/

陸上自衛隊　https://www.mod.go.jp/gsdf/

海上自衛隊　https://www.mod.go.jp/msdf/

航空自衛隊　https://www.mod.go.jp/asdf/

政府広報オンライン https://www.gov-online.go.jp/

政府統計の総合窓口　https://www.e-stat.go.jp/

衆議院　http://www.shugiin.go.jp/

参議院　https://www.sangiin.go.jp/

国立国会図書館　https://www.ndl.go.jp/

岩手県　https://www.pref.iwate.jp/

宮城県　https://www.pref.miyagi.jp/

福島県　https://www.pref.fukushima.lg.jp/

兵庫県　https://web.pref.hyogo.lg.jp/

東京都　https://www.metro.tokyo.lg.jp/

陸前高田市　https://www.city.rikuzentakata.iwate.jp/

大槌町　https://www.town.otsuchi.iwate.jp/

女川町　http://www.town.onagawa.miyagi.jp/

南三陸町　https://www.town.minamisanriku.miyagi.jp/

全国消防長会　http://www.fcaj.gr.jp/

警視庁　https://www.keishicho.metro.tokyo.jp/

宮城県警　https://www.police.pref.miyagi.jp/

全国知事会　http://www.nga.gr.jp/

ひょうご震災記念 21 世紀研究機構　http://www.hemri21.jp/

河北新報　https://www.kahoku.co.jp/

＜図表の著作権に関して＞
本書で使用した地図は、商用、非商用とも利用できるデータを利用した。
店舗名：三角形（英語表記：3kaku-K）　https://3kaku.work
その他、図表、画像は断りがない限り筆者が作成、撮影したものを使用した。

【著者紹介】

栗田　昌之（くりた　まさゆき）

1966 年東京都生まれ。

博士（公共政策学）

法政大学大学院公共政策研究科　兼任講師

専門は公共政策学、行政学、防災政策、危機管理論。

政策と災害
あの日、政策は命を救えたのか

2024 年 1 月 28 日　初版第 1 刷発行

著　者　栗田　昌之
発行所　ブイツーソリューション
　　　　〒466-0848 名古屋市昭和区長戸町 4-40
　　　　電話 052-799-7391　Fax 052-799-7984
発売元　星雲社（共同出版社・流通責任出版社）
　　　　〒112-0005 東京都文京区水道 1-3-30
　　　　電話 03-3868-3275　Fax 03-3868-6588
印刷所　モリモト印刷
ISBN 978-4-434-33375-0